ELECTORAL GOVERNANCE IN JAPAN
Electoral Management Reform in Comparative Perspective

選挙ガバナンスの実態
日本編
——「公正・公平」を目指す制度運用とその課題——

大西 裕
編著

ミネルヴァ書房

はしがき

本書は，日本の選挙ガバナンスの実態を描くことを目的に編まれたものである。具体的には，全国の市区町村選挙管理委員会が選挙に関してどのような役割を果たしてきたのか，選挙管理にはどのような人々が携わり，近年話題となっている選挙制度上の争点にどのような影響を与えているのかを，明らかにすることを目的としている。

本書は，日本の選挙管理について政治学・行政学の観点から論じる初めての研究書である。日本でも，選挙制度自体に関する研究はこれまで多くの研究者が論じてきた。それは，選挙制度のあり方が民主政治に大きな影響を与えるからである。日本においても，選挙制度は選挙結果に重要な影響を与えている。衆議院議員総選挙が中選挙区制から小選挙区比例代表並立制に変更されて以降，政党政治のあり方が大きく変わったことを思えば，制度変更の効果のほどは理解できるであろう。

しかし，選挙がどのように管理されているのかに対しては，実務家や一部の法学者を除けばほとんど関心が持たれず，一般市民もほとんど気にもとめなかった。選挙管理は大学入試センター試験における試験監督のようなもので，うまくできて当たり前，全国統一のルールで行われており，裁量の余地もないのが当然である。それゆえ適正に管理するための技術論はなされても，実態に関心を持つ意味はほとんど感じられなかった。たしかに，世界的に見ても，選挙管理，選挙ガバナンスに関して問題となるのは，多くの場合非民主主義国か民主化して間もない国であった。日本を含む先進国では，選挙ガバナンスが不全であるなどとはおよそ想定されることはなく，選挙ガバナンス改善の対象として研究関心を向けることもなかったのである。

しかし近年，選挙ガバナンスは先進国においても重要な関心事となりつつある。2000年のアメリカ大統領選挙の混乱以降，アメリカでは選挙ガバナンスそのものが政治的争点になり，選挙管理のあり方に党派性が存在することが明確になった。その他の先進諸国でも，在外投票，日本の期日前投票に相当する

i

事前投票，電子投票や，在留外国人や犯罪者，精神疾患者の投票権が話題となり，インターネットの浸透による選挙運動の変化にも注目を集めるようになってきた。日本においても，これら先進国に見られる動きは同様に現れている。

　ところが，日本における選挙ガバナンスの実態は，ほとんど知られていない。選挙ガバナンスの中心的役割を担う選挙管理委員会と事務局の姿は，ほとんどの人々からすれば秘密のベールに包まれたままといっても不思議ではない状況なのである。そこで，筆者を研究代表者とする選挙ガバナンス研究会は，2013年に「全国市区町村選挙管理委員会・事務局調査」を実施し，日本の選挙ガバナンスの実態を分析してきた。焦点となるのは，選挙ガバナンスを担当する主体と，選挙ガバナンスの問題点である。前者は選挙管理委員会，選挙管理委員会事務局，地方自治体首長，事務局職員からなり，後者では，選挙管理ミス，選挙公報とインターネット，緊急時対応，総務省との関係，有権者との関係を論点とした。

　本書は，これまでの分析結果をまとめたものである。本書は，日本においても選挙ガバナンスは技術論に終始しない，政治的に重要なテーマであることを示している。全国一律と考えられていた選挙管理のあり方も，実は自治体によりバリエーションに富んでいるのである。読者は，無味乾燥，地味の極致といわれてきたこの分野が実はまったく異なることに気づかれるであろう。

　同時に本書は，日本の地方政治のあり方が規制行政に与える影響をも理解することに繋がっている。20世紀末から21世紀初めになされた地方分権改革が，地方政治・地方自治のあり方を大きく変えてきていることは多くの研究が言及しているが，それは選挙管理の領域にも見られるのである。選挙管理が規制行政の側面を有することを考えれば，他の行政領域にも一般化可能な検討素材を提供することに繋がるであろう。

　本書が対象とする選挙ガバナンスは，選挙研究，行政学，比較政治学にまたがる新領域である。本書を契機にこの領域の開拓が進むこと，そして，この領域の開拓が3つの学問に対し新たな刺激になることを願ってやまない。

選挙ガバナンスの実態　日本編
──「公正・公平」を目指す制度運用とその課題──

目　次

はしがき

序　章　日本の選挙ガバナンス……………………………………大西　裕…1
　　　　──世界の中でどう位置づけるか──
　1　選挙管理の「神話」………………………………………………………1
　2　選挙ガバナンスの定義……………………………………………………3
　　　日本の選挙管理と選挙管理機関　　選挙ガバナンス　　積極的投票権保障
　3　選挙管理機関………………………………………………………………8
　　　日本の選挙管理機関　　選挙管理機関の独立性　　政策・監視部門
　　　実施部門
　4　世界の中の日本の選挙管理………………………………………………12
　　　比較の中の日本の選挙管理　　選挙管理機関の形態
　　　選挙管理機関の独立性　　積極的投票権保障
　5　選管アンケート調査の概要………………………………………………17
　6　本書の構成…………………………………………………………………18

第Ⅰ部　選挙ガバナンスを動かすもの

第1章　選挙管理委員とは誰か………………………………………品田　裕…29
　　　　──選挙管理委員のなり手と委員会の型──
　1　なぜ選挙管理委員会について調べるのか………………………………29
　2　選挙管理委員の属性………………………………………………………30
　　　選挙管理委員の全体像　　人口規模と選挙管理委員
　3　回答数のばらつき…………………………………………………………33
　4　委員会の型がもたらすもの………………………………………………36
　　　型の違いはどこに現れるか　　型の違いはどのように現れるか
　5　委員会の型をもたらすもの………………………………………………44
　　　型の特徴を明らかにするもの　　型の特徴が形成されるプロセス
　6　選挙管理委員会の型と将来の姿…………………………………………51
　　　「元政治家型」委員会は回避すべきか　　選挙管理委員会の型とその課題

iv

目　次

第2章　選挙管理委員会事務局の能力・専門性・自律性……曽我謙悟…57
──選管アンケート調査に見るその実態──

1　選挙管理と大学入試……………………………………………57

2　先行研究と分析の視点…………………………………………58
　　先行研究の整理と検討　　分析の視点と本節以降の構成

3　選管事務局の実態──規模，配属年数，専任率……………61

4　選管事務局のあり方を規定する要因…………………………64

5　選管事務局のあり方の帰結(1)──委員会への影響や業務のアウトプット…65
　　委員会への影響　　選挙管理業務への効果

6　選管事務局のあり方の帰結(2)──選挙のアウトカム……70
　　選挙アウトカムの指標　　分析結果とその考察

7　民主制を支える行政……………………………………………73

第3章　首長は選挙管理に影響を与えるか………………藤村直史…77
──市長の選挙戦略と選挙管理委員会事務局の意識──

1　首長と選挙管理員会の関係……………………………………77

2　首長の誘因………………………………………………………78
　　再選と投票率　　投票権保障　　理論

3　仮説：首長の選挙環境と選挙管理……………………………82

4　データと方法……………………………………………………83
　　従属変数　　独立変数

5　分析結果…………………………………………………………88
　　仮説1の検証　　仮説2の検証　　分析結果のまとめ

6　首長と選挙管理委員会事務局の関係…………………………98

第4章　選管職員の中の「積極的投票権保障」とその困難…秦　正樹…101
──全国選管職員調査のテキスト・計量分析より──

1　積極的投票権保障をめぐる選管職員の「困難」…………101
　　積極的投票権保障と厳密性をめぐるパズル
　　選管職員の意識に注目する意義

2　本章で用いるデータについて………………………………104

v

本調査の代表性(1)——選管業務の従事期間

　　　本調査の代表性(2)——専任か兼任か

　3　選挙管理上の課題……………………………………………………107

　　　積極的投票権保障と選挙ミスの関係　　内容分析の準備

　　　各課題に関する頻出単語の確認　　対応分析の結果

　　　小括：選管職員が抱える課題

　4　「積極的投票権保障」と「業務の効率性」の関係……………………113

　　　積極的投票権保障に対する職員意識　　業務の効率化に対する職員意識

　　　積極的投票権保障と業務の効率化はトレードオフか

　5　「積極的投票権保障」と「業務の効率性」の規定要因………………118

　　　応答変数と推定方法　　説明変数について　　多項ロジット推定の結果

　　　推定結果を用いたシミュレーション結果

　6　選管職員の中の「積極的投票権保障」………………………………124

　　　積極的投票権保障をめぐるジレンマ　　本章の課題

第Ⅱ部　選挙ガバナンスの課題

第5章　選挙ミスが生じる背景とその防止策……………河村和徳…131
　　　　　　　　——再発防止委員会の経験をふまえて——

　1　仙台市青葉区で生じた不適正な選挙事務処理………………………131

　2　選挙ミスが生じる背景………………………………………………132

　　　意外に多く発生している選挙管理でのミス　　選挙制度改革の影響

　　　人件費削減傾向による影響　　心理的な圧力の影響

　3　選挙ミス発生とミス防止策の関係…………………………………139

　　　ミス防止策の状況

　　　ミス防止策を従属変数とするロジスティック回帰分析

　4　選挙ミスを減らすためへの動き……………………………………144

　　　2015年仙台市議選で再度起こった選挙ミス

　　　「人」を担保する仕組みづくり　　ICT活用の道も

目　次

第6章　選挙公報とインターネット……………………………岡本哲和…151
——地方選挙における選挙公報のネット掲載——

1　選挙管理研究におけるインターネット……………………………151

2　選挙公報のインターネット掲載——それに至る過程とその結果………152

3　地方選挙における選挙公報のインターネット掲載状況…………153
　　調査の対象　　ネット掲載状況の概観

4　選挙公報のインターネット掲載を規定する要因…………………156
　　政治的要因の重要性　　政治的要因の影響についての予想

5　データと分析………………………………………………………159

6　多変量解析による分析……………………………………………161
　　使用する変数　　分析の結果

7　今後の研究課題……………………………………………………164

第7章　緊急時対応と選挙管理…………………………………河村和徳…169
——温度差がある将来の災害への備え——

1　災害発生と選挙事務………………………………………………169
　　災害大国日本　　少ない先行研究　　本章の位置づけ

2　制度比較からみた日本の選挙管理………………………………171

3　緊急時対応マニュアルの作成状況………………………………173
　　緊急時対応マニュアル作成の背景　　選管調査の結果

4　緊急時対応から見た日本の選挙管理の弱さ……………………179
　　垂直的分業に伴う弱さ　　人材確保の課題　　投票所と避難場所の重複

第8章　総務省と選挙管理委員会 ………………………………大西　裕…187
——積極的投票権保障をめぐって——

1　選挙管理と総務省…………………………………………………187

2　理論的検討…………………………………………………………188
　　選挙管理の政治性　　トラスティーシップモデル

3　総務省からの逸脱…………………………………………………192
　　積極的投票権保障　　選挙管理機関の構成

4　パフォーマンスの逸脱の説明……………………………………196

vii

逸脱の理由　　逸脱の検証

5　積極的投票権保障の複数性……………………………………200

6　「神話」崩壊の意味……………………………………………203

第9章　選挙管理への信頼の低下は何をもたらすのか… 善教将大…206
――有権者を対象とする意識調査を通じた検討――

1　なぜ選挙管理への信頼か………………………………………206

2　背景と問題意識…………………………………………………207

選挙管理上の不正の発覚　　不十分な選挙管理への信頼研究

選挙管理への信頼研究の問題点

3　理論と仮説………………………………………………………211

選挙管理への信頼と代議制の安定性

選挙管理への信頼の直接効果と間接効果モデル

4　データと分析手法………………………………………………214

使用データ　　独立変数　　従属変数　　分析手法

5　実証分析…………………………………………………………218

媒介分析による直接・間接効果の推定

その他要因の効果を統制したモデルによる推定

6　選挙管理への信頼を構築するために…………………………224

あとがき　229

資料1　「全国市区町村選挙管理委員会・事務局調査」質問票　233

資料2　「全国市区町村選挙管理委員会・事務局調査」コードブック　244

人名索引　275

事項索引　277

序章　日本の選挙ガバナンス
—— 世界の中でどう位置づけるか ——

大　西　　裕

1　選挙管理の「神話」

　おそらく，日本のほとんどの選挙関係者，選挙研究者は，日本では公平かつ
公正に選挙管理業務が執行されており，選挙管理のあり方そのものが選挙結果
に影響を与える可能性はほとんどないと考えているであろう。開発途上国でよ
く見られるような，開票結果の不正やそれを原因とする暴動は日本では見られ
ない。2000 年のアメリカ大統領選挙において，フロリダ州の選挙管理のあり
方が共和党寄りと判断されかねない事例が発生したが，特定の党派に偏った立
場を選挙管理委員会がとることも日本ではあり得ない。選挙管理は非政治化さ
れ，純粋に行政実務の世界に属し，他の分野のように行政裁量もほとんどない
という意味で，「地味の極致」である。しかしそれゆえに，選挙結果の公正性
保障が可能なのだという「神話」が長い間信じられてきたのである。

　ところが，2000 年代に入ると，以前の日本では考えられなかったような選
挙管理ミスが，国政選挙や統一地方選などの全国規模の選挙が行われるたびに
発生している。選挙管理ミスとほぼ同義である，選挙の管理執行上問題となっ
たケースは，図序-1 に示されるように過去 10 年間で 10 倍に急増している。
単なるミスとは済まされない事例も出てきている。2014 年の高松，2015 年の
仙台と続いた，特定の候補者の票を意図的に隠蔽した事案は衝撃的であった。
より深刻なことには，滋賀県の旧安土町[(1)]や名古屋市[(2)]の選挙管理委員会（以下，
選管と略す）のように，選挙そのものではないが，住民投票関連業務に際し，
選管が特定の政治勢力の意向を否定するかのような裁量権を行使し，社会問題
化するといったことも生じている。こうした現象は，選挙管理のあり方が，日
本においても民主政治の基礎をなす選挙結果への信頼を揺るがせうることを示
している。

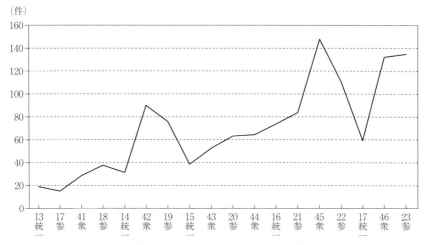

図序-1 管理執行上問題となった事項・件数等の推移
注：総務省選挙部よりデータ提供。

　日本において，選挙管理が公平かつ公正であり，選挙の正統性を揺るがすことはないということを，私たちは疑いもしなかった。そのため，ほとんどの研究者は，選挙管理のあり方を研究対象として考えたこともなく，それゆえに日本で選挙がどのように運営されているのかは，実務関係者を除くとほとんど知られていなかった。いわば，選挙管理は空気のような存在だったのである。しかし，選挙管理の「神話」がもはや通じなくなり始めている今日，私たちは選挙管理のあり方についてきちんと理解する必要が生じている。大気汚染や地球温暖化が深刻になれば，私たちは，これまで学校で勉強しただけで普段意識することもない空気の組成を意識しないわけにはいかなくなる。選挙管理についても同様である。

　本書はその一助となるべく編集されたものである。日本における選挙管理とはそもそも何であるか，選挙管理は誰がどのように行っているのか，在外投票，期日前投票や18歳選挙権など，選挙に関する新しい動きに対しどのような対応がなされているのか，法制度的なことが意外と知られておらず，実態となると全国的で体系立った学問的調査もこれまでほとんどなされてこなかった。本書はこれらの解明に挑むが，本章ではその前提として，以下の作業を行う。第1に，日本の選挙管理はどのように位置づけられるのか，いくつかの角度から

検討する。そもそも選挙管理，より広く選挙ガバナンスとはいかなる領域なのか，選挙管理を担当する機関はどういう性格を有するのか，国際的に見て日本の選挙管理はどのように位置づけられるのかを検討する。第2に，日本における選挙ガバナンスの実態を明らかにするために，筆者を代表とする研究グループが行った調査の概要を説明する。第3に，選挙ガバナンスの実態を明らかにしていく，本書の構成を説明する。

2 選挙ガバナンスの定義

日本の選挙管理と選挙管理機関

はじめに，日本の選挙管理に関する，概念上の検討を行う。

選挙は，選挙人団という合議制の機関が特定の職に就くべき者を選出する行為である（選挙制度研究会編 2007：1）。ここでいう特定の職はさまざまであり得る。民間団体における代議員や執行権者の選出，学校における児童会や生徒会のリーダーの選出までも含みうるが，本書が対象とするのは，国や地方における公職である。すなわち，国会議員，地方自治体の長および地方議会議員など公職選挙法において選出対象とされている職である。これに加えて，農業委員会委員，海区漁業調整委員会委員など他の法律によって選挙による選出が決められているものも該当し，選挙ではないが，同様の手続きがとられる住民投票，最高裁判所裁判官国民審査なども選挙に準じる行為として取り扱う。

選挙人団は，選出対象となる職によって異なるが，普通選挙制をとる日本において最も一般的には，日本国籍を有する18歳以上の男女で構成される。選挙人団の構成員が，投票によって集団的に意思決定を行い，特定の職に就くべき者を選出することが選挙という行為となる。

選挙管理とは，以上に述べた選挙に関する事務を指す。具体的には，(1)選挙人資格認定，(2)立候補受付，(3)投票行為指揮，(4)開票，(5)票の集計，の計5つの要素からなる事務を選挙のプロセスに応じて行うことである。この行為を担う機関が，選挙管理機関である。日本では，この他に，あらゆる機会を通じて選挙人の政治意識の向上のための努力を行うこと（常時啓発）と，選挙に際して，投票の方法，選挙違反その他選挙に関し必要と認める事項を選挙人に周知させること（臨時啓発）も選挙管理機関の重要な職務とされている。

日本の選挙管理機関は，大きく２つに分かれる。１つは常設の選挙管理機関で，衆参両院の比例代表選挙を主管する中央選挙管理会，都道府県選挙管理委員会，市区町村選挙管理委員会，政令指定都市の行政区に設置される区選挙管理委員会がある。もう１つは，選挙の度に設置される投票管理者，開票管理者，選挙長などである。後者も選挙にあたって重要な役割を果たすが，選挙管理全体を行い主要な役割を果たすのは前者であり，後者については意思決定の主体からはとりあえず切り離して位置づけるのが妥当であろう。

以上が，日本における標準的な選挙管理の説明である。これに依拠する限り私たちは，選挙管理とは他の政策領域とは異なり，ほとんど裁量の余地がなく，実務家による技術論が支配するものと考えて不思議ではない。しかし，このような選挙管理の扱い方は，選挙という行為を理解するうえで適切ではなく，かつ世界に共通して一般的に理解可能なものでもない。というのも，選挙という行為は，被選挙人対象者の立候補から，選挙人の投票，開票と当選者の公示という一連のプロセスに限定されるものではないからである。

選挙ガバナンス

国際的には，選挙管理は，選挙ガバナンス（Electoral Governance）の一部として議論される。[3]選挙ガバナンスとは，選挙を成り立たせる一連の活動のセットのことであり，その中には，選挙に関するルール作成，ルールの適用，ルールによる決着が含まれる（Mozaffar 2002）。つまり選挙には，政治家の選挙活動と有権者の投票によって成立する政治活動のみならず，選挙を行うためのルールを作り，そのルールを政治家と有権者に守らせ，選挙事務を管理し，選挙不正があればそれを処罰するなどの活動も含んでいる。

選挙ガバナンスは機能的な概念であり，特定の機関の活動内容を示すものではない。その機能を複数の機関が担当することも当然あり得る。ただし，ほとんどの民主主義国では，選挙管理機関が選挙ガバナンスの中軸的役割を担っている。それゆえ選挙ガバナンスという概念は選挙管理と混同して使用されがちである。

選挙管理は，選挙ガバナンスの一部であり，かつ中核的機能である。しかし，選挙管理と聞いて思い浮かぶ業務は，世界各国で異なる。先ほど定義した選挙ガバナンスのうち，どの機能を選挙管理機関が担っているのかが国によって大

4

きく異なるからである。選挙ガバナンスのうち，日本の選挙管理に関して挙げた5つの要素は，選挙管理機関が担うべき本質的要素と考えられている（http://aceproject.org/）。つまり，これらの要素は選挙管理の必要条件である。しかし，その他にどのような機能を選挙管理機関が担うべきかについての国際的な共通理解はない。選挙区割りのように，日本でなら明らかに立法府に属する機能を選挙管理機関が担当していることもあれば，選挙不正を裁く選挙管理機関も存在する。選挙ガバナンスに比べて，選挙管理を国際的に定義することは難しい。しかし他方で，選挙管理を5つの本質的要素に限定することも適切ではない。選挙管理は，公職者が統治に関する行為を行うための民主的正統性を担保する。選挙管理が適切に機能していなければ，正統性を確保することはできない。しかし，そうした正統性は，5つの要素を厳正に行うことのみで得られるものではない。選挙結果はもちろんであるが，それ以前に選挙のあり方そのものが妥当であると人々が受け入れることが必要であり，そのためには5要素に限られない機能が必要とされる。それゆえ本書では，選挙管理とは選挙管理機関の業務であり，それには選挙管理の本質的要素を含むと定義する。

　日本では，選挙管理とは，5つの本質的要素と，常時啓発と臨時啓発と呼ばれる有権者教育のことを指している。次に問題となるのは，これらのみを選挙管理機関が担うことの意味である。

　選挙ガバナンスを，時間の流れに沿って整理してみよう。選挙は一定の期間をおいて周期的に行われるので，選挙ガバナンスの機能も周期的に展開される。これを選挙サイクルという。ノリスによると，選挙サイクルは次の11のステップからなる（Norris 2014）。すなわち，選挙法，選挙手続き，選挙区確定，選挙人登録，政党および候補者登録，メディア活動，選挙資金管理，投票，票の集計，結果公表，選挙管理機関である。選挙ガバナンスはこれらすべての過程に関わるとするのが，国際社会における標準的な理解である。選挙サイクルに合わせて選挙ガバナンスの機能を整理すると，図序-2のようになる。選挙サイクルは，大きくは，選挙前期間，選挙期間，選挙後期間に分かれる。選挙前期間では，選挙の企画，選挙管理スタッフの訓練，有権者教育，政党活動監視，選挙人登録などが主要な作業で，選挙期間中については先述の本質的要素に加えて選挙キャンペーンおよびマスメディアの監視があり，選挙後期間には選挙管理の評価，選挙事犯調査，選挙争訟解決，選挙区画を含めた改革，選挙

<選挙期間前>
選挙企画…予算，選挙スケジュール，<u>資源管理</u>，<u>選挙スタッフ確保</u>，<u>選挙関連備品等調達</u>
訓練…<u>手続きの整備</u>，<u>選挙事務のための訓練</u>
情報提供…<u>有権者教育</u>，関係者への連絡，選挙監視人認定
<u>登録</u>…<u>政党資金管理</u>，政党登録，<u>選挙人登録</u>

<選挙期間>
候補者指名…<u>候補者登録</u>，行為規範
キャンペーン…メディアへのアクセス管理，キャンペーン調整，紛争解決
投票…<u>投票用紙の印刷配布</u>，<u>投票</u>，<u>特別・例外投票</u>
結果…<u>開票</u>，結果作成，不満の処理，<u>公式結果発表</u>

<選挙期間後>
点検…会計監査，評価
改革…調査，<u>立法提案</u>，選挙システム・選挙区画改訂，選挙管理機関改革
戦略…<u>有権者登録更新</u>，関係機関とのネットワーク強化，制度強化・専門能力開発

図序-2 選挙政策のサイクル
注：ACE Electoral Knowledge Network より筆者作成。
　　下線箇所は日本の選挙管理機関が担当している業務。

制度に対する助言などがある。

　このうち日本の選挙管理業務は，以下の点で限定的であると指摘できる。すなわち，第1に，選挙期間後の立法，司法的領域に関与する機能をほとんど含まない。選挙を厳正中立に実施することは可能でも，選挙のあり方そのものに民主的正統性が担保されるように働きかけることはできない。第2に，選挙期間中においても，選挙を機能させるために有権者や政治家に働きかける機能をほとんど含まない。有権者への働きかけは臨時啓発と，選挙公報など選挙公営に限られる。立候補者や政党に対する事務的管理は当然含むが，選挙活動などに関する取り締まりや，キャンペーン活動の管理は選挙管理に含まない。つまり，日本の選挙管理は限定的で，選挙ガバナンスのごく一部のみを担っているということができる。

表序-1　日本における積極的投票権保障の展開

1997年	投票時間の延長
2000年	在外投票制度
2002年	電子投票制度
2003年	郵送投票制度
2003年	期日前投票制度
2013年	インターネット選挙解禁
2016年	選挙権年齢の18歳引き下げ，共通投票所制度

注：筆者作成。

積極的投票権保障

　以上のように限定された範囲でありながら，選挙管理として選挙管理機関が担うべき業務量は，近年日本でも拡大している。それは，世界的に広まってきている，積極的投票権保障の動きに関連する。

　今日，全ての成人が選挙権を有する普通選挙制はごく当たり前の政治参加制度である。とはいえ，選挙権が存在しても実質的にその行使が難しいケースが，これまで少なからず見られた。在外国民や投票日が就業日の被用者などがそれである。有権者の範囲も，国家の構成員と同じではないことが不思議ではなかった。未成年者，囚人，精神疾患を抱える一部障がい者などがそうである。くわえて，有権者の中でも，環境の違いによって，選挙に関する情報を豊富に持つ人々もいればそうでない人もいた。こうした状況を変え，国家の構成員のできるだけ多くの人々に選挙権を賦与し，選挙情報へのアクセスを保障し，投票しやすい環境を整備することで，実質的に投票権を保障しようという動きが，近年世界的に見られる（Hanmer 2009；Alvarez, Hall, Hyde eds. 2008）。これを，積極的投票権保障と呼ぶ。

　日本でも積極的投票権保障の動きが20世紀末から活発化している。表序-1に示されるように，1997年の投票時間の延長以降，次々と投票環境を改善する制度改革がなされている。選挙情報へのアクセスは2013年のいわゆるネット選挙解禁以降急速に改善した。さらに2016年には未成年者である18歳，19歳の男女に選挙権が賦与された。

　これら一連の制度改革に日本の選挙管理機関は関与していないが，そのため

に明らかに業務量が増大している。投票環境改善は有権者にとって好ましいかもしれないが，選挙管理機関が投票業務に携わる時間は明らかに増えており，誰が選挙権を行使したか確認する作業も増大している。選挙権年齢の引き下げは，中学校，高校への出前授業の開始など，常時啓発業務の質と量を大きく変えている。本章冒頭に掲げた選挙管理ミスの急増は，こうした制度改革がもたらす業務負担の増大と無関係とはいえないであろう。

3　選挙管理機関

日本の選挙管理機関

　第2に，選挙管理を担う，日本の選挙管理機関について理論的に検討する。

　はじめに，日本の選挙管理機関の概要を説明する。前節で述べたように，日本の選挙管理機関は，主として国レベルの中央選挙管理会と，都道府県および市区町村における選挙管理委員会である。これらの機関は行政委員会であり，法制度的には立法府および執政府から独立して業務を行う。選管は合議制の機関であり，4名（中央選挙管理会では5名）の選挙管理委員から構成される（選挙制度研究会 2007：第3章）。選管を代表して事務を取り扱う選挙管理委員長は存在するが，委員長は委員会内で選出され，委員会を代表して行う業務の他は，意思決定への関与について特段の権限を有するわけではない。選管には，事務スタッフとして書記長（都道府県，市および区のみ），書記，その他の職員を置く。法的には設置する必要はないが，ほとんどの選管は事務スタッフで構成される事務局を置いている。事務局職員の発令権者は選管であるが，その職員は当該自治体の職員を以て充てることとなっている。選挙管理に関する財政的支出は，当該自治体の首長が行う（川崎市選挙管理実務研究会 1993：第2章）。

　選管間は業務上垂直的に密接に関係している。中央選挙管理会は衆参両院の比例代表選挙，都道府県選管は当該都道府県の首長・議会議員選挙，市区町村選管は当該市区町村の首長・議会議員選挙，政令指定都市の行政区の選管は政令指定都市の首長・議会議員の選挙をそれぞれ管掌することとなっているが，国政選挙も都道府県単位の選挙も投開票業務を実際に担当するのは市区町村選管である。それゆえ，自らが管掌する選挙について，中央選挙管理会は都道府県選管に対し，都道府県選管は市区町村選管に対し，それぞれ助言・勧告する

8

権限を与えられている。1999年の地方分権改革によって，選挙管理業務が機関委任事務から法定受託事務に再編成される以前，国，具体的には総務省自治行政局選挙部は選挙に関する包括的な監督権限を有しており，その範囲は本来自治事務である当該自治体の首長，議会議員選挙にも及んだ。これらは現在法定受託事務に限定した助言，勧告権に変更されているが，公職選挙法上の疑義が生じた場合は現在でも，市区町村選管は都道府県選管に問い合わせ，都道府県選管は総務省選挙部に問い合わせる関係が続いている。

選挙管理機関の独立性

　選挙管理機関を論じる際に，国際的に最も関心が持たれるのは，それが政府・与党から政治的に独立しているかどうかである[4]。選挙は，有権者が自らの代表を候補者のなかから選択するゲームといえる。政治家は自由で公正な競争を経て，有権者の信頼を得て勝利することで，国民の代表であるという正統性を獲得できる。しかし他方で，候補者たちは選挙で勝たねば政治活動を行うことができないので，選挙というゲームをできる限り自分に有利なように展開させたいと考える。いいかえれば，選挙管理のあり方に介入したいというインセンティブが生まれる。

　そこで問題となるのは，選挙管理機関の独立性である。選挙を管理するのは選挙管理機関なので，特定党派，特定政治家に選挙が有利になるか否かに，選挙管理機関の行動が影響しうる。他方で，もし選挙管理機関が偏向しているか，あるいはそう一般有権者から見なされれば，選挙結果に対する正統性は得られず，民主政治の基盤が崩壊することになる。それゆえ，選挙管理機関がどの程度各党派から中立的でかつ独立していることが重要になる。

　行政機関の中立性，独立性を保証する，最も一般的な方法は制度設計である。ACE（http://aceproject.org）などの選挙管理に関心を持つ国際機関やロペス-ピントール（Lopez-Pintor 2000）など選挙管理研究者の多くは，世界各国の選挙管理機関を分類して，選挙管理の政治的中立性を確保するための制度設計を次のように検討している。

　彼らは，選挙管理機関を，選挙管理に関する意思決定および選挙監視を管轄する政策・監視部門と，選挙管理の実務を担当する実施部門から構成されるとする。その上で，両部門いずれもが行政から独立的であるものを独立モデル，

逆にいずれもが行政の一部である場合を政府モデルとし，政策・監視部門は政府から独立的だが，実施部門は行政の一部である場合を混合モデルとする。その上で，彼らは選挙管理上最も望ましいとして独立モデルを推奨している。独立性が最も低いのは政府モデルであろう。

　日本の選管をこの議論上に位置づけると，形式的には独立モデルだが実質的に混合モデルであり，しかも立法府なり執政府の意向が反映しやすい制度設計であるということができる。

　形式的には，選管は既に述べたように行政委員会であり，その決定に立法府も執政府も介入することはできない。政策・監視部門を構成する選管は独立性が保証されており，その構成員である委員は政府の職員ではなく，実施部門である選管事務局の職員も選管が発令権者である。それゆえ，形式的には独立モデルだということができる。しかし，事務局職員は，当該自治体の公務員の中から任命することとなっていること，選挙管理委員が全員非常勤職であり，事務局人事に関与可能なほど集合的意思形成をなすことが難しいことを考えると，選管が事務職員に対する人事権を行使することは不可能で，実質的な人事権は首長にあるとなる。それゆえ，日本の選管は実質的に混合モデルとして制度設計されているということができる。

　ただし，混合モデルは，どの程度首長や議会の影響力が及ぶかでバリエーションが大きい。政策・監視部門の構成員が政府職員であれば，それは政府モデルと変わるところがなく，政策・監視部門の構成員が裁判官であるなど政府からの独立性が高い上に，法的知識を有するなど専門性が高ければ，独立モデルに限りなく近くなりうる。混合モデルが政治的中立性，独立性という実質的な部分についてどの程度考慮されて制度設計されているかは，より細かな制度を見る必要がある。

政策・監視部門

　政策・監視部門について検討してみよう[5]。最も重要なのは，その構成員の性格である。パストール（Pastor 1999）は，次のような4類型を考えるべきであるとする。すなわち，一般政府官僚が選挙を主管する政府内アプローチ，特別に選出された判事が選挙行政を担当する司法的アプローチ，党代表たちが選挙機構を構成する複数政党的アプローチ，政党が合意を通じて独立性を保証する

と考えられる専門家を任命する専門家アプローチである。

　これらのアプローチは，それぞれに選挙結果の公正性を保障するための強みを持っている。政府内アプローチは専門性の点で優れており，正確性を期すことができる。選挙管理機関が実務において必要とする知識や技術は通常の行政機関と同じではないが，その応用によりまかなうことが，他のアプローチよりも可能になる。司法的アプローチは，選挙結果に対し一般市民の支持を調達しやすい。司法官は法律に基づいて正確な判断を下せるうえ，多くの場合司法官は任期を保障されているので政治的介入が難しい。類似のことは専門家アプローチにも該当する。複数政党的アプローチは政治エリート間での支持を調達しやすい。

　これに対し，日本の選管における構成員の性格に関する規程は曖昧である。委員は，選挙権を有する者で，人格が高潔で，政治および選挙に関し公正な識見を有するものとされているが（選挙制度研究会編 2007：第3章），その判断基準は示されておらず，事実上当該自治体の議会に委ねられており，パストールのいういかなるアプローチをとるか，あるいはそもそもとらないかは運用次第である。同一党派同一政治団体に属するものの選出が1名まで（中央選挙管理会は2名まで）とされているので，複数党派的アプローチが意識されてはいるが，政党人が選出されるべきとはされておらず，意識されている程度にとどまるといえるであろう。

　選管の構成を考える上でもう1つ重要なのは，選出母体である。委員会を構成する委員は，いずれも議会によって選出され，首長は選出に関与しない。しかし，日本の地方政府のように，機関間対立を前提とする二元代表制のもとでの選挙管理機関の政策・監視部門は，いずれの機関からも自立的であるよう，各機関から委員を選出するなどの工夫がなされていることが多いが，日本にはそれがない。それゆえ，首長と議会が対立した場合，選挙管理委員会は議会の代表として機能する危険性がある。

　最後に，日本の選管は財政的に独立していない。予算についての決定権は首長が有しているので，首長と議会が対立した場合，あるいは機関間対立でなく，党派間対立が生じる場合でも，首長与党に有利な財政運用をされる可能性がある。

実施部門

　実施部門について検討してみよう。既に述べているように，事務局を構成する公務員は選管が所属する自治体職員でなければならない。ほとんどの場合，彼らは選管事務局にとどまるのではなく，いずれ首長部局に戻るため，復帰後のことを考えれば首長の意向に反した行動はとりにくい。くわえて，選管事務局の職員は他の部局と兼任であることが少なくない。彼らが総務部局に所属するなど首長のもとにあるならば，首長の影響力はさらに直接的となる可能性がある。

　つまり，日本の選挙管理機関は，政策・監視部門部分は議会の党派性を帯びやすく，実施部門は首長の党派性を帯びやすいため，原理的には中立的で政治的であるとはいえなくなるのである。

4　世界の中の日本の選挙管理

比較の中の日本の選挙管理

　前節までの議論をまとめると，日本の選挙管理には，次のような特徴があるといえる。第1に，選挙管理の範囲が狭い。とりわけ，立法，司法的領域に関する機能をほぼ含んでいない。第2に，選挙管理機関は混合モデルである。第3に，混合モデルの中でも，執政府，立法府からの独立性が十分保証されているとはいえない。第4に，選挙管理の範囲が狭いにもかかわらず，積極的投票権保障に関する広範囲な対応が求められ，業務量が増えている。

　しかし，以上の特徴は，理論的に検討して指摘できるだけのことであり，選挙管理に関するある種の理想から乖離しているということのみを意味している可能性がある。世界各国の選挙管理もまた，同様に理想から乖離しているのであれば，以上の指摘は選挙管理という領域そのものに対する原理的な批判と考えねばならないであろう。それゆえ，次にするべき作業は，日本の選挙管理を国際的に位置づけてみることである。ただし，選挙ガバナンスの研究は世界的にも始まって間がないため，国際的に比較可能な形でのデータはまだほとんど整備されていない。本章では，比較的体系的に収集されている，ACE のデータを利用して可能な限り上記の点につき日本を位置づけていきたい。ACE は，2016 年に全世界212 カ国（選挙を実施しない国と地域を除く）を対象に選挙ガバ

表序-2 EMB の変化

選挙管理モデル（ロペス-ピントール調査 2000）			選挙管理モデル（ACE 調査, 2016年）			合計
			政府	独立	混合	
ロペス-ピントールがカウントできなかった国	度　数		23	39	6	68
	％		33.8	57.4	8.8	100.0
政　府	度　数		14	11	4	29
	％		48.3	37.9	13.8	100.0
独　立	度　数		1	71	4	76
	％		1.3	93.4	5.3	100.0
混　合	度　数		7	23	9	39
	％		17.9	59.0	23.1	100.0
合　計	度　数		45	144	23	212
	％		21.2	67.9	10.8	100.0

注：大西（2017）を転載。

ナンスに関する全世界的な調査を行い，データを公表している（http://aceproject.org/epic-en）。もっとも，ACE のデータで世界各国の選挙管理の状況が分かるのは，第 2 点以降である。第 1 点については比較可能な形でデータが整備されていない。それゆえ，日本の選挙管理が国際的に見ても狭いと客観的にいうことはできないが，日本よりも広い事例について挙げることは可能である。詳しくは世界編（大西編著 2017）を参照されたい。

選挙管理機関の形態

第 2 点の選挙管理機関のモデルから見てみよう。選挙管理機関の形態は，ACE がデータを整備する以前から関心が持たれており，20 世紀末にロペス-ピントールが体系的な分類を行った。それと ACE のデータをクロスさせると，表序-2 を得ることができる。なお，ACE のデータはロペス-ピントールのそれよりもカバーしている国の範囲が広いため，国家数は一致しないが，重要な傾向ははっきりしている。それは，独立モデルの普及である。彼が調査した時点では，対象にした 148 カ国中，政府モデルが 20 ％，混合モデルが 27 ％，独立モデルが 53 ％であった。しかし，ACE のデータでは，政府モデル 21.2 ％，混合モデル 10.8 ％，独立モデル 67.9 ％となっており，独立モデルが急速に数

を増やし，混合モデルが半減してしまっている。表序-2を見れば分かるように，かつての混合モデルのうち半数以上は独立モデルに変化しており，政府モデルも4割近くが独立モデルへと変わっている。他方，独立モデルは93％が独立モデルのままである。つまり，政府モデルと混合モデルの国は急速に独立モデルへと選挙管理機関の形態を変化させている。日本が分類される混合モデルは，世界的には絶滅危惧種となっているといえよう。

選挙管理機関の独立性

　第3点の独立性についてはどうであろうか。独立性を直接測定する指標はACEにはないが，関連するものとして，財政的統制のあり方や，選管委員の選出母体などいくつかの項目が存在する。そのうち，比較的多くの国が回答している，支出統制と選出母体を見てみよう。選挙管理機関に対する支出統制の主体は，回答のあった170国中，政府部局が34，議会が62，その他が58，政府内別組織が40である。このうち，議会での決定は議会内の複数党派のチェックを受けていることを示すので，財政的に独立性を保ちやすいということができるであろう。回答として議会が最も多いのは理解できるところである。他方，政府部局は財政的に選挙管理機関が政府に従属していることを示すので，独立性は持ちにくいであろう。日本は政府部局に相当するので，支出統制の点では少数派に属するといえる。

　選出母体についてはどうであろうか。回答のあった205カ国中，日本と同じ議会との回答は86カ国であり，議会が選出に関与することは一般的に見られるといえるであろう。なお，議会以外には，国家元首91カ国，司法41カ国，執政長官35カ国が多いが，回答はかなり分散している。ただし，日本のように議会のみが選出母体となる国は少なく，21カ国にとどまる。議会が選出母体となる国でも，大半が議会以外のアクターも選出に関与しているのである。機関間対立を前提とすると，選挙管理機関のうち，政策・監視部門の構成員は複数の機関から選出される方が，独立性は高まるといえる。そうであれば，議会のみに選出を任せるのは適切とはいえないであろう。なお，議会に限らず，複数の機関が選出母体となる国は，205カ国中119カ国であり，過半数の国がこの点に注意を払っていると考えられる。以上より，総じて日本の制度設計は国際的に見て独立性の担保に欠けるといってよいであろう。

積極的投票権保障

　第 4 点の積極的投票権保障についてはどうであろうか。積極的投票権保障は多岐にわたっているが，近年話題になっているいくつかの項目に絞って ACE のデータを紹介しその中に日本を位置づけてみよう。

　選挙権拡大に関しては，選挙権年齢引き下げ，精神疾患者，犯罪者に関する議論が近年盛んである。選挙権年齢引き下げについてはほとんどの国が 18 歳としており，それ以上の紹介をここでする必要はないので，その他 3 つについて ACE のデータをみてみよう。なお，選挙権資格に関するデータの収集状況は選挙管理機関のそれらに比べ著しく低いため，注意は必要である。

　精神疾患者に関連して，日本は長らく禁治産者，準禁治産者に対する選挙権，被選挙権を認めていなかったが，2013 年の公職選挙法改正で成年被後見人に対する選挙権制限が撤廃されて以降，制限はなくなっている。世界的には，111 カ国中 82 カ国でなんらかの制限がなされている。

　犯罪者に対しては，収監中の犯罪者で 111 カ国中 76 カ国，有罪判決宣告者で 27 カ国，拘留中の被疑者で 26 カ国が制限を科している。日本では，収監中，有罪判決に対して制約がある。選挙権拡大についていえば，日本は精神疾患者に対しては世界的な動向に比して拡大の方向にあるが，犯罪者に対してはやや閉じているということができるであろう。

　積極的投票権保障が行政コストに直接関係する，投票環境の改善に関してはどうであろうか。在外投票，事前投票，電子投票についてみてみよう。在外投票は，日本でも 2005 年の最高裁判決を契機に制度整備が進められている[6]。在外投票制度に関して論点となるのは，第 1 に，誰がこの制度を利用できるのかで，第 2 にどこで投票できるかである。第 1 点では，外交官，軍人など公務で海外に滞在する一部の人々のみに認める場合から，旅行中を含む全ての国民に認める場合まで考えられる。前者の場合選挙管理機関による管理は容易であるが，積極的投票権保障を抑制する。後者ではその逆となる。第 2 点では，大使館や領事館のみで投票可とする場合から，郵送投票など本人が投票所に出向かなくてもよくする場合までがある。在外投票ではこの便宜の違いは重要である。国内と異なり政府が管理可能な投票所の設置が大幅に限定される海外では，投票所が遠ければ投票は事実上不可能になるからである。以上の論点のうち，日本は在外投票を海外に 3 カ月以上居住する国民にのみ認めており，ある程度制

限的だが，郵送投票も可としているので投票権保障に積極的な面もあるということができるであろう。ただしそれはそれだけ本人確認などの点で行政コストを増大させているということができる。ACE のデータによると，在外投票制度がまったくない国は 195 カ国中 54 カ国である。しかし，可能な国も多くは無制限ではなく，在外居住者であれば構わないとする国が 107 カ国，旅行者でも構わないとする国が 61 カ国である。在外投票が可能な 141 カ国のうち，郵送投票が可能な国は 51 カ国，代理投票が可能な国は 16 カ国，特別の投票所を設置する国は 35 カ国で，大使館ないしは領事館に出向いて投票しなければならない国がかなり多いといえよう。

　日本では，不在者投票と期日前投票に分類される事前投票は，いずれも広く認められているが，とりわけ期日前投票で多くの行政コストがかかっている。これに関する ACE のデータを見ると，データが収集されているのが 104 カ国と少ない点は留保するとして，事前投票を認めている国は 47 カ国に過ぎない。このうち，日本の期日前投票に相当する，誰でも事前投票が可能とする国は 12 カ国で，多くの国では事前投票とは不在者投票を意味していると考えられる。なお，日本については ACE データ上事前投票に対する回答はない。

　電子投票は，世界的にはまだごく一部の国にしか普及していない。タッチパネルなどの電子機器を使った電子投票を行っている国は 201 カ国中 16 カ国にとどまり，インターネットを使った本格的な電子投票を行っている国は 5 カ国である。日本では前者は制度的に可能となっており，一部自治体で実施されたことがあるが現在はない。後者は制度そのものがない。

　以上をまとめると，理論的に検討した日本の選挙ガバナンスの特徴は，世界各国の中に位置づけても，ほぼ同様の指摘となる。日本の選挙管理の範囲は広いとはいえず，選挙管理機関の類型は少数派で，執政府や立法府からの独立性保障は弱い。その一方で，積極的投票権保障には積極的な方である。

　ただし，既に指摘したように，日本のような混合モデルの選挙管理機関は，細かい制度のあり方や制度の運用によって，執政府や立法府から独立的にも従属的にもなり得，外形的な制度を概観するだけでは選挙ガバナンス全体としてのパフォーマンスが分からないことが多い。日本の選挙管理・選挙ガバナンスの実態を知るためには，具体的な制度の運用を調査する必要がある。

5 選管アンケート調査の概要

　日本の選挙ガバナンスに関する調査は，少数の事例研究や一部地域に限りかつテーマを絞り込んだものを除き，ほとんどなされていない（桑原 2010；山内 1990，1991，1997）。そこで，筆者を代表者とする研究グループ（選挙ガバナンス研究会）は，2013 年に全国市区町村の選管事務局に対してアンケート調査を行い，実態把握を行うこととした。本調査は，日本学術振興会科学研究費補助金（基盤研究(A)研究課題名「選挙ガバナンスの比較研究（研究課題番号：23243022)」）を得て，2013 年の 2 月から 3 月にかけて実施した。[7] ただし，選管を対象とする全国調査が日本で初めてということもあり，いくつかの選管事務局から聞き取りをした上で，選挙管理上の課題を把握し調査を行った。すなわち，はじめに大阪市・大阪府の選管事務局に対し全般的なヒアリングを行い，ヒアリング調査のフォーマットを作成した。その内容をもとに，石川県，香川県，山口県，熊本県，札幌市，高槻市，高石市，三田市，加西市，高松市，山口市，熊本市，菊陽町，産山村等でヒアリングを行い，都市部・多自然地域や自治体規模の違いにも対応した設問票を作成した。[8]

　本調査は，㈱日本リサーチセンターに委託して郵送方式で実施した。調査対象は，全国の市区町村（政令指定都市を含むすべての市町村，東京都 23 特別区，政令指定都市の区）の選管事務局であり，1919 の事務局に郵送で回答を依頼した。回答率は 79.3 ％であり，計 1521 の市区町村から回答があった。この種の調査としてはきわめて高い数字である。ただし，回答状況の詳細を都道府県ごとに返ってきた回答の数とその割合で検討してみると，最も多い都道府県で 95.0 ％，少ない所で 51.4 ％とかなり幅がある。ただし，これを地域別（表序-3）でみると，最大で東海地方の 85.5 ％，最小で近畿の 72.3 ％となり，差は小さくなる。また，表序-4 は市区町村の区分の回答率を示したものだが，これも大きな差はない（86.1〜72.6 ％）。人口規模（表序-5）で見ても，最も回答率が高かったのは 20 万〜30 万人の市で 93.0 ％，最も低かったのが 1 万人未満の市町村で 70.0 ％と，やはりその差はそれほど大きくない。ただ人口規模が 20 万より少なくなってゆくにつれ回答率が少しずつではあるが低くなっていることには留意する必要がある。

表序-3　地域別の回答状況

地域	回答数	総数	回答率（%）
北海道・東北	331	421	78.6
関東・東京	301	361	83.4
北陸甲信越	153	193	79.3
東　海	159	186	85.5
近　畿	180	249	72.3
中　国	89	119	74.8
四　国	68	95	71.6
九州・沖縄	230	295	78.0
合　計	1511	1919	78.7
不明分	10		
合　計	1521	1919	79.3

注：選挙ガバナンス研究会（2014）より引用。

表序-4　市区町村別の回答状況

	回答数	総数	回答率（%）
市区（市・特別区）	682	792	86.1
町　村	684	932	73.4
政令市	15	20	75.0
行政区	127	175	72.6
合　計	1508	1919	78.6

注：選挙ガバナンス研究会（2014）より引用。

表序-5　人口規模別の回答状況

人口規模（市町村のみ）	回答数	総数	回答率（%）
30万人以上の市	44	51	86.3
20万〜30万人未満の市	40	43	93.0
5万〜20万人未満の市町村	364	427	85.2
3万〜5万人未満の市町村	202	241	83.8
1万〜3万人未満の市町村	357	452	79.0
1万人未満の市町村	341	487	70.0
合　計	1348	1701	79.2

注：選挙ガバナンス研究会（2014）より引用。

　質問票の内容は，大きく前後2つのパートに分かれる。前半では，それぞれの選挙管理委員会と選挙管理委員会事務局の体制や業務内容について尋ねた。すなわち，選挙管理委員会の構成，選挙管理委員会事務局の構成，明るい選挙推進協会（明推協）・他市町村との関係，投票所など選挙態勢のあり方，事務局運営，選挙当日の業務内容などである。後半では，啓発活動や投開票の現場の様子などについて，回答者個人としての意見を尋ねた。なお，回答は，比較的長く選挙管理業務を担当し，業務内容に精通した職員にお願いしている。設問内容の詳細と簡単な集計結果は巻末資料を参照されたい。

6　本書の構成

　本書は2013年に実施した選管アンケート調査をもとに，日本の選挙ガバナンスの実態を解明する。そのために，本書は2部構成で進めていく。第Ⅰ部で

は，日本の選挙ガバナンスを担当する主体に焦点を当て，どのような人々が選挙ガバナンスを担っているのか，その特徴を明らかにする。一般的な理解では，日本で選挙管理を担うのは選管事務局に勤める公務員であるが，これは不正確である。実際には選挙管理委員会，地方議会，首長も関与しており，とりわけ首長の関与が選挙ガバナンスのあり方に大きな影響を与えている。公務員もまた，無個性で均質な人々ではない。

　第1章の焦点は，選挙管理委員会を構成する選挙管理委員である。そもそも，どのような人々が日本では選挙管理委員になるのか，選挙管理委員会の構成は選挙管理のあり方に影響を与えるのか，選挙管理委員会の構成に影響を与える要因は何であろうか。これらの疑問に答える研究はほとんどなく，実態は知られていない。本章は，選挙管理委員会は，そのメンバー構成により，元議員から構成される「元政治家型」，非議員で自治体内の指導的立場にある人物で構成される「名士型」，2つの中間形態である「中間型」に分類されることを示し，全国的な状況を把握した上で，とりわけ元政治家型が発生する要因を少数の事例も用いて検討する。全国的に見れば選管では名士型が多数を占めるが，人口の多い都市部ほど元政治家型が多くなる。選管のタイプの違いは，投票所数の変化や繰り上げ閉鎖の実施有無など選挙管理のあり方に影響を与え，元政治家型の方が投票環境改善に積極的である。こうした元政治家型となるのは地方議会が実質的に委員を選んでいる場合に限定され，その背景には地方議会の政党化の進展度合いが影響している。

　第2章の焦点は，選管事務局である。選挙管理機関の実施部門である事務局は，公平・公正な選挙が実施されるための実質を支えている組織である。つまり，選管の活動に首長は影響を与えていると考えられる。しかし，それがいかなる組織なのか，その構成，規模，組織的特徴，特徴の由来，事務局のあり方の違いが選挙管理業務にどのような影響を与えるのかはほとんど知られていない。言い換えれば，我々は選管事務局の実態をほとんど知らないのである。本章では，選管アンケート調査に基づいてこれらを明らかにする。選管事務局はおおむね小規模であり，勤務する職員の在職期間は通常の地方公務員の人事ローテーションよりやや長めで，他の部局との兼職が多い。しかし自治体によって相当のバリエーションが存在する。自治体による違いは自治体の規模などのように直感的に類推可能な要因が影響しているが，それだけではない。また，

組織的特徴の違いは，啓発活動や投票所の繰り上げ閉鎖の有無，選挙管理上のミスに影響を与えている。

　第3章の焦点は，市町村長である首長である。首長は選挙管理に関する陰のキーパーソンである。既に説明したように，法制度的には選管は独立した行政委員会であり，委員会のメンバーも地方議会が決定するので，その決定に首長が介入することはできない。しかし，委員会メンバーの選定に首長部局が関与していることは少なくなく，委員会を支える事務局の人事権は事実上首長の下にある。それゆえ，首長が間接的に選挙管理に影響を与えることはあり得る。他方，公選職である首長は，自身の再選に関心を持つので，再選に有利なように選管が活動することを望むであろう。すなわち，一般的に投票率が低いほど現職は再選されやすいので，首長は投票率の引き上げに繋がる積極的投票権保障のための政策実施に消極的になるはずである。選管調査を分析したところ，上記の仮説に従う意識が選管職員に存在することが確認される。

　第4章の焦点は，選管事務局の職員である。選挙管理に携わる職員は，選挙管理業務に対しどのように考えているのか。第2章で論じたように，選挙管理業務は組織的に行われているので，組織としての特徴が業務のパフォーマンスに出ると理解するのはきわめて自然であるが，選管事務局が平均的には少人数で組織されていることを考えれば，それに携わる職員個々人の存在も重要になる。そこで本章は選管アンケート調査に回答した個々の職員の業務に関する意識を分析する。焦点となるのは積極的投票権保障と業務の効率性である。選管アンケート調査は選択肢を用意した設問の他，記述式の自由回答欄を多く設けているので，それらを利用して内容分析を行い，個人の意識に迫る。その結果，選管事務職員の業務に対する意識はバリエーションに富んでいること，積極的投票権保障と業務の効率性に対する認識も，個人の勤務年数や組織の規模など外的な属性よりも，職員個人に内在する心理変数が影響を与えていることが分かる。

　第II部は，第I部で指摘された構造的特徴を踏まえて，選挙ガバナンス上の問題がなぜ発生しているのかを分析する。現在日本で発生している問題は，実は第I部で示される構造に根本的な原因がある。それらは，たまたま今までは見えにくかったが，一歩間違えれば選挙の正統性を揺るがしかねないところがある。くわえてここで示される問題は，選挙ガバナンスのみならず日本の地方

自治全般に当てはまる。つまり，日本の地方自治の課題も，選挙ガバナンスの観点から照らすとよりはっきり見通すことが出来る。

第5章では，選挙管理ミスがなぜ生じるのかを分析したうえで，それはどのようにすれば防止できるのかを検討する。一般的に，他国と異なり日本は選挙管理ミスがほとんど発生しないと信じられている。たしかに，選挙結果を覆さねばならないような深刻なミスは少ないが，ミスそのものは日本でも意外に多く，平均すると2，3週間に1回は全国のどこかで生じている勘定になる。なぜミスが発生するのか，本章は，衆参両院の複雑な比例代表選挙導入のように，選挙制度改革の結果として選挙管理業務が複雑化している一方で，地方自治体の財政難などの影響で人件費削減の傾向があること，マスメディアなどの注目度の上昇による心理的圧迫などに答えを求める。もちろん選管はミス防止策を講じているが，その代表例であるマニュアル作成が意外に有効ではない。以上を踏まえて人材育成などの対策が検討される。

第6章では，有権者を取り巻く選挙に関連する情報環境の改善が，いかなる場合に生じるのかを，選挙公報のインターネット掲載を題材に分析する。2011年の東日本大震災を契機に，選挙公報をインターネット上のウェブサイトに掲載することが可能になった。選挙公報は有権者が候補者の政策に簡易に接することが可能な情報源であり，実際に投票にあたって最も参考にされているものの1つである。しかし，以前は紙媒体でのみ閲覧可能で，2011年にネット掲載がいわば「解禁」された。ただし，その後の選挙におけるネット掲載の有無は判断が分かれており，掲載していない所も少なくない。本章は，何がこの違いをもたらすのかを明らかにする。分析結果から明らかになるのは，選挙管理委員会のメンバーを誰が選んでいるかが影響するということである。メンバーを首長部局が選んでいる場合，ネット掲載に消極的になる。すなわち，本章は，第2章同様，首長が選管のパフォーマンスに影響を与えていることを示唆している。

第7章では，災害時における選挙管理について検討する。2011年東日本大震災直後に実施された統一地方選挙が象徴的に示すように，日本は災害大国であり，災害の発生が選挙管理に影響を与えうる。実際に，東日本大震災ほどではないにしても，選挙時に台風などの自然災害によって対応が迫られた例は少なくない。それゆえ，災害発生は投票所閉鎖などの形で有権者の選挙権行使に

直接影響するので，対策を講じておく必要があるが，意外にも緊急時危機対応マニュアルが整備されている，ないしは整備を検討している自治体は多くない。本章はその原因を検討する。また，緊急時対応という点で日本の選挙管理が脆弱である点を指摘する。

第8章では，積極的投票権保障への選管の対応を手がかりに，総務省と選管の関係の変化について検討する。序章で指摘したように，日本の選挙管理は，制度的には首長や地方議会の意向が入りやすく，地方政治に巻き込まれやすい領域である。にもかかわらず選挙は公平公正に行われていると考えられ，かつ実態としてそうであったのは，総務省（旧自治省）との関係があったためである。総務省選挙部は全国の選管にとって，日本の複雑な選挙法に対して一義的な解釈を行う権威であり，指揮監督権を持つ権力であった。ところが，2000年の地方分権一括法で選挙管理に対する指揮監督権を総務省が手放したため，依然権威ではあり続けるが権力としての存在感を低下させた。そのため，選挙管理に対し首長が影響力を発揮するようになり，選管自体もその意向を重視するように変わってきている。積極的投票権保障の点で総務省と選管の間に齟齬が見られるのはそのためである。

第9章では，選挙管理のあり方が有権者に与える影響を検討する。選挙への信頼が棄権の増加などの形で有権者の政治意識や投票行動に影響を与えることは先行研究で分析が進められているが，選挙管理への信頼が有権者に与える影響はまだ世界的にも研究が緒に就いたばかりであり，ほとんど分かっていない。とりわけ，日本を含む先進国では問題意識すら持たれていなかったが，近年先進国でも選挙管理が当たり前になされることが実は当たり前ではないことに注意が向けられるようになってきた。本章は，2015年2月に，有権者を対象に実施されたインターネット調査を用いて，選挙管理への信頼と有権者の政治意識・投票行動の関係を研究する。分析の結果，選挙管理への信頼は，投票参加，参加経験，選挙の正統性認識，民主主義体制以外の政治体制への選好などに対し，直接間接の影響を与えること，とりわけその低下は代議制民主主義の危機をもたらす要因になり得ることが明らかになる。

本書は，日本ではもちろん，国際的にも全体像を見通すことが難しい選挙ガバナンスの多様性を把握することを目的にしているという点で，姉妹編である

『選挙ガバナンスの実態　世界編』と目的を共有している。選挙ガバナンスを理解するためには，関連の法制度を理解することはもちろん必要であるが，制度がどのように運用されているのか，制度がいかなる効果をもたらしているのか，そもそもなぜそのような制度が形成されたのかも理解する必要がある。しかしこれらのことをすべての国で深く理解することはきわめて困難である。本書は日本の実態を把握することを目的としているが，その追求は同時に国際的な選挙ガバナンス研究に対し優れた素材を提供することに繋がると確信している。なぜなら，制度運用を全国レベルで明らかにするのは国際的に見ても本書が初めてであるからである。

　選挙ガバナンスの実態を知るには制度運用を知る必要があるが，それは容易な作業ではない。制度運用のあり方は，とりわけその核心部分に至るほど，体系的かつ比較可能な形で書かれていないからである。筆者を代表とする研究グループはこの困難を克服するために，各地の選挙管理委員会の協力を得ながら集中的かつ密度の濃いヒアリングを行って議論の焦点をつかみ，次いで全国的なアンケート調査によって一般化可能なデータを収集した。本書はこうして得たデータ分析の全体像を示したものであり，制度運用の実態をある程度明らかにできたと考えている。

　とりわけ重要なのは，ACE などの選挙ガバナンスに関する国際的な機関や研究者が指摘してきた，選挙管理機関の執政部からの独立性である。地方分権一括法の実施以降，地方自治体の首長の持つ政治的影響力がさまざまな政策分野で検出されるようになっているが，選挙ガバナンスもその例外ではない。しかし，首長が公選職である以上，選挙ガバナンスに特定党派の影響が及ぶことは望ましくない。国際的に独立モデルが推奨された理由が，本書で改めて示されたのである。興味深いのは，『世界編』との違いである。『世界編』では，独立モデルを推奨することは必ずしも適切ではなく，選挙の正統性は選挙管理機関の独立性のみでは保障されないということが示された。本書の結論はそれとは乖離がある。両書の違いをどのように受け入れるべきなのか，さらに検討する必要があるであろう。

　選挙ガバナンスの研究は国際的にも始まったばかりである。本書が，今後の研究の進展の一助になれば幸いである。

注

(1) 2009 年 5 月，近江八幡市との合併問題に関連して安土町の住民団体が町長のリコールのために集めた署名の効力を確認する作業として，安土町選挙管理委員会は，署名した住民に対し，署名を集めに来た人の名前を尋ねる文書を郵送した。選管の行為は署名の効力の確認として本来用いられる内容ではないため，リコール潰しなど，公民権行使の自由の侵害の疑いがもたれた。『日本経済新聞』2009 年 5 月 31 日。

(2) 2010 年 11 月，名古屋市の河村たかし市長が主導した議会の解散請求署名活動は，議会解散のための住民投票が可能となる署名数を集めて名古屋市選管に提出したが，少なからぬ署名の効力を認めず，一度は住民投票を実施しないこととした。その後，異議申し立てを受けて再審査を行った結果，12 月に住民投票実施が決定された。『日本経済新聞』2010 年 12 月 15 日。

(3) 以下の説明は，大西（2017）を簡潔にまとめたものである。詳しくは，同書第 1 章参照のこと。

(4) 詳しくは，大西（2017）参照。

(5) 詳しくは，大西（2017）参照。

(6) 在外国民の選挙権は，以前はまったく認められていなかったが，1998 年に公職選挙法改正により衆参両院の比例代表選挙については認められるようになった。しかし選挙区選出議員の選出には依然認められていなかった。これを違憲としたのが 2005 年 9 月の最高裁判決である。判決後，2007 年に公職選挙法改正がなされ，在外投票が全面的に認められるようになった。

(7) 調査実施にあたって，総務省選挙部の支援を受けた。謝して記す。

(8) 具体的な設問内容と形式については巻末資料を参照のこと。ご協力いただいたすべての関係者に感謝の意を表する。

参考文献

大西裕（2017）「選挙管理と積極的投票権保障」大西裕編著『選挙ガバナンスの実態 世界編——その多様性と「民主主義の質」への影響』ミネルヴァ書房。

桑原英明（2010）「自治体選挙管理行政の一考察——選挙管理委員会制度を中心として」『総合政策論叢』1。

選挙ガバナンス研究会（2014）「「全国市区町村選挙管理委員会事務局調査」についての報告(1)」『選挙時報』2014 年 10 月号。

選挙制度研究会編（2007）『実務と研修のためのわかりやすい公職選挙法［第 14 次改訂版］』ぎょうせい。

山内和夫（1990）「市選挙管理委員会事務局の組織形態——都市行政委員会等に関する

実態調査からの報告」『東海大学紀要（政治経済学部）』22。

山内和夫（1991）「市選挙管理委員会事務局の兼務体制——都市行政委員会等に関する実態調査からの報告」『行動科学研究』36。

山内和夫（1997）「選挙行政の理論」白鳥令編『選挙と投票行動の理論』東海大学出版会。

Alvarez, R. Michael, Thad E. Hall, Susan D. Hyde eds. (2008) *Election Fraud : Detecting and Deterring Electoral Manipulation*, Brookings Institution Press.

Hanmer, Michael J. (2009) *Discount Voting : Voter Registration Reforms and Their Effects*, Cambridge University Press.

Lopez-Pintor, Rafael (2000) *Electoral Management Bodies as Institutions of Governance*, UNDP.

Mozaffar, Shaheen (2002) "The Comparative Study of Electoral Governance—Introduction," *International Political Science Review*, 23(1).

Norris, Pippa (2014) *Why Electoral Integrity Matters*, Cambridge University Press.

Pastor, Robert A. (1999) 'A Brief History of Electoral Commissions,' in Andreas Schedler, Larry Diamond, Marc F. Plattner eds., *The Self-Restraining State-Power and Accountability in New Democracies*, Lynne Rienner Publishers, Inc.

第Ⅰ部

選挙ガバナンスを動かすもの

第1章　選挙管理委員とは誰か
――選挙管理委員のなり手と委員会の型――

品　田　　裕

1　なぜ選挙管理委員会について調べるのか

　選挙は言うまでもなく民主主義の根幹である。したがって選挙に関する報道は非常に多く，研究においても比較的に多くの成果が蓄積されてきた。政党間の力関係を示す選挙結果や有権者の投票行動の理由について，多くの関心が社会的にも学術的にも寄せられる。しかし，その選挙がどのように行われているかという実施過程については，それほど多くの関心が集まるわけではない。とくに近年の日本ではこの傾向が強いのではないか。それだけ選挙は滞りなく行われて当然という認識が共有されている。つまり，今日の日本にとって，選挙は水か空気のようなものになっている。それゆえ選挙の執行過程に関する研究は実務的なものを除くとほとんどない。しかし，世の中のさまざまなスポーツやコンテストと同様に，選挙においても，ルールの制定や運用が決定的な役割を果たすことがある。民主主義が立ち上がったばかりの新興国家では，しばしば選挙の実施そのものが国家の大きな目標の1つとなっている。日本でも時折，選挙でのミスが報じられるが，それは，選挙が選ばれた公職者や政権の正統性を保証する根拠だからである。

　本章は，前著（『選挙管理の政治学』）に引き続いて，日本の選挙管理委員会に注目する。選挙管理委員会は日本の選挙，大袈裟に言うのならこの国の民主主義の正統性を根拠づける機関であるにもかかわらず，その実態はこれまで明らかにされてこなかった。人々はプレイヤーばかりに注目して，審判にはそれほど関心を払わない。しかし，子供の頃の遊びを別にすれば，審判はいないと困るのである。ルールも整備されていなくてはならない。もめ事の決着がつかないと前には進めないし，第一，正統なものとして人々が受け入れられない。著者らは，この点に注目し，日本の選挙の行司役である選挙管理委員会にとくに

第Ⅰ部　選挙ガバナンスを動かすもの

関心を寄せ，各地で聞き取り調査を実施してきた。その成果をまとめたものが前著であった。

　前著では，いくつかの自治体の事例の検討を通じて興味深い知見が得られた。たとえば，委員の構成について，一部の都市部では元議員が就任する事例が多かった。すると，そこから新しい疑問が生じる。そのような傾向は全国的なものなのか。そこで，著者らのグループは，2013年2月に全国の市区町村選挙管理委員会事務局に対し調査を行った。本章では，その調査に基づき，とくに選挙管理委員会の構成に注目した。以下では，まず調査結果から全国の選挙管理委員の属性を明らかにする。また，その際には，その知見が人口規模によって異なるのかという点について注意する。また，訊ねた事項により回答数が異なる点について注目する。この作業を通じて，やはり「元政治家型」と「名士型」の存在が見出されるはずである。次いで，この2つのタイプの違いが，それぞれの委員会の政策に影響をもたらすのかを検討する。また最後に，そもそもこの2つのタイプの違いがどうして生じるのかという点についても議論する。ただ，最後の点は，現時点でわれわれが持つデータだけでは十分な説明ができない。そこで本章では，いくつかの自治体の事例を参考に探索的に要因を探り，今後の参考となる点を示したい。

2　選挙管理委員の属性

選挙管理委員の全体像

　今回の調査に回答いただいた自治体（政令指定都市の行政区を含む）の数は1521である。選挙管理委員は1つの自治体で4名選任されるので，計6084名分の情報を得ることができる。しかし実際には，個人情報ということもあり，選挙管理委員について回答を差し控えられた自治体も少なくない。したがって文字通りの悉皆情報ではないが，全体像を理解することはできる。

　今回，調査した項目は，性別・年齢・在任期数・党派・前職の5つである。まず性別であるが，今回，約92.5％の方について回答が得られた。回答が得られた人のうち，80％以上が男性であり，女性は5人に1人以下であった。多くの自治体で委員の1名が女性であるが，全員男性という所も少なくないと考えられる。[1]

30

年齢については，10歳ごとの年代で示してもらった。情報を得られた委員は約90％分で，性別より少しだけであるが，回答が減っている。回答を得た中で，最も多かったのは60代でほぼ半数を占める。次いで70代で，この2つの年代ではほぼ9割近くになる。残りを50代，80代，40代で分ける。最も若い委員は30代で，逆に最高齢の委員は90代であった。平均すると60代後半（68〜69歳）となる。つまり，一般社会においては現役を退いてしばらくした時期で，ちょうど地域社会で最も重きをなす頃である。

在任期数は，回答のあった時点で何期目かという質問に答えてもらった。この質問にも回答がなかった委員の数は，約10％であった。回答があった委員の約半数が現在1期目で，次に多かったのが2期目の委員だった。両者で約8割を占める。以下，3期目が11％，4期目6％というように長期になるほど少なくなっていく。きわめて例外的だが，非常に長期にわたって委員を務める人もいる。上述の年齢と併せて考えると，現役を退いて比較的時間が経っておらず，地域社会で信用を集める人が順番に就任している様子が理解できる。

党派についても回答があったのは約9割だった。これについても回答が揃っているわけでないのは個人情報ということであろうか，約1割の自治体が回答を回避していることになる。各自治体で各党派からは1名しか選出できないので，理論的には各党派は総数の最大25％を占めることができる。しかし実際には，委員のほとんど（約95％）が無所属であり，党派に属することは，全国で見ればきわめて稀であることが分かる。所属している人の中で多いのは公明党と自民党で，民主党と共産党に属する人がその半分ほどである。これには，2つの理由が考えられる。まず，日本の地方政治，とくに基礎自治体レベルでは政党が十分に浸透していないことが挙げられる。市で6割近く，町村では9割近くの地方議員が無所属であり，選管委員として地方で党派を名乗る必要性がそもそもない。くわえて，選挙管理委員が党派に属さない比率が，地方議会の無所属率よりもさらに高いことを考えると，日本全体で見ると選挙管理委員に党派所属を求めない傾向がきわめて強いことが示唆される。

最後に，前職について見てみると，まず回答数が少ないことに気が付く。これまではほぼ90％前後の回答があったが，この項目に関しては67％と非常に少ないレベルに留まる。回答が少なかったのは，さまざまな意味で答えにくかったことが大きいのでないかと思われる。この点については後で検討する。回答

があったのは4080名であり，そのうち最も多かったのは公務員で21％を占める。各自治体で多くの場合，4人のうち1名が行政OBOGを選任していることになる。次いで多いのが農林水産業（12％），会社員（11％），教員（9％）が目立つ。それ以下は，自営業（7％），会社役員（7％）が続き，地方議員出身者も4％と一定数を占めている。全国をならしてみると，多様な職業的なバックグラウンドをもつ人から構成されているといえる。

人口規模と選挙管理委員

ここまで全体像を記述してきた。しかし，日本の基礎自治体は，政令指定都市の行政区を加えると1900[5]を超える。その中には，人口350万を超える横浜市から，反対にわずか約160人からなる東京都青ヶ島村まで大小さまざまな市区町村が含まれている。これらの自治体はどこも等しく4名の選挙管理委員を選んでいるのであるが，その規模によって選ばれた委員の顔ぶれにバリエーションがあるかもしれない。

以下では，特別区・政令指定都市・同行政区・市・町村に分けて，選挙管理委員の属性を検討する。なお，市は人口に応じて，20万人超，10万人超〜20万人以下，5万人超〜10万人以下，5万人以下の4つのカテゴリに細分化した検討もしてみた。先ほどと同様，性別・年齢・在任期数・党派・前職について順に見ていこう。

まず性別であるが，既にみたように全国的に男性が多いのだが，その中でも，特別区や政令指定都市が約9割近くで最も多い。これに対し，人口10万人超20万人以下の都市で女性が多く，約4分の1になる。これらの市では，ほぼ必ず1人の女性委員がいる計算になるが，これは政令市の倍以上の比率になる。[6]町村がその中間で男性比率は約85％である。政令市で男性が多いのは経歴と関係があると思われるが，その点は後に述べる。

次に年齢であるが，これは人口規模とほとんど関係がない。つまり全体に対する記述は，市区町村のどのカテゴリにもほぼ当てはまる。どの自治体でも，人口規模にかかわらず，60代と70代の委員が多く，平均年齢はほぼ70歳弱である。これに対して，在任期数は都市の規模と関係がある。特別区・政令指定都市・同行政区では8割程度の委員が1期目であるが，その他の市や町村では，ほぼ6割に留まる。人口が多い都市部ほど在任期数が短い。また市をさら

に細かく見ると，人口20万人超の市では1期目の委員の割合が多くなり，政令市などと小都市の中間の傾向を示す。他方，小規模の市町村では，2期目の委員が約25％おり（2期目以降で約4割），委員のうち1人ないし2人は留任していることが分かる。平均期数で見ると1年強から2年分ほどの差がある。年齢と期数を合わせて考えると，年齢はだいたい同じであるから，これは初任時の年齢差でもある。都市部ではやや高めの年齢で就任し1期務めるのに対し，市町村ではやや若い（といってもわずかであるが）人が就任し少し長く務める傾向があるといえる。

　党派についても，在任期数と似た傾向がある。特別区や政令市のように人口規模の大きい都市部ほど無所属の委員が減り，どこかの党派に所属する比率が高くなる。特別区では無所属の人は半数以下，政令市で約6割であるのに対し，その他の市町村では無所属の比率は9割以上になる。さらに人口規模で市を細かく見ると人口が多いほど無所属比率が低く，政令市と小規模自治体の中間的な性格を示すことが分かる。大都市化は党派化を進めるのである。

　最後に前職についてである。人口規模ごとに見た時に，全体傾向と最も顕著な違いが見られるのが，この委員の前職についてである。全体では5％程度だった元議員は，特別区で6割弱，政令市で4割と圧倒的な存在を示す。人口20万人超の都市でも2割であり，人口規模が大きいほど元議員が増える傾向が見て取れる。同様に，人口の多い都市部で選出されるのが弁護士（数としては少数である）である。これに対し，人口規模の小さい市町村で多いのが，農業を含む自営業や会社員である。公務員も元議員が多い所では少なくなるので，小さい市や町村で多くなる傾向にある。会社役員は比較的人口の多い都市部，教員は人口規模では中間の市で多いという特徴がある。以前に品田（2013）は，元議員が委員を務める「元政治家型」とそれ以外の「名士型」の存在を指摘したが，全国的にみても数こそ少ないものの都市部を中心に「元政治家型」が存在するといえそうである。

3　回答数のばらつき

　さて，選挙管理委員の属性に関する回答状況を検討してきたが，既にみたように，前職の回答状況だけは他の属性と比べ，著しく回答率が低いという問題

第Ⅰ部　選挙ガバナンスを動かすもの

表 1-1　選挙管理委員の属性に関する回答状況と都市規模

(％)

	返送率	有効回答率					性別と前職の差
		性別	年齢	党派	期数	前職	
特別区	78.3	88.9	77.8	77.8	83.3	62.5	26.4
政令指定都市	75.0	93.3	73.3	86.7	93.3	78.3	15.0
行政区	72.6	86.6	81.1	78.7	81.9	43.9	42.7
市	84.4						
人口20万人超		100.0	96.0	95.1	100.0	83.6	16.4
人口10万〜20万人以下		95.2	91.3	89.2	91.9	72.1	23.1
人口5万〜10万人以下		96.6	95.6	93.5	96.4	67.7	28.9
人口5万人以下		94.4	91.7	90.6	91.9	73.9	20.5
町　村	73.7	90.4	86.6	89.3	86.5	64.8	25.6
合　計	78.0	92.6	89.5	89.9	89.6	66.5	26.0

があった。この点について，とくに確認しておきたい。

　表 1-1 では，今回調査の回答率（返送率）をまず都市規模ごとに掲げている。最も返送率が高かったのは市で 84 ％強，逆に最も低かったのが行政区で 72.6 ％，町村も低く 73.7 ％であった。行政区や町村では担当者が非常に少なかったり，掛け持ちしていたりで回答に至らなかったのでないかと考えられる。最終的には，上述の通り，1521 通の回答が寄せられたが，そのうち自治体名が不明だったものを除くと，最大で 6044 名の委員についての情報が入手できる可能性があった。これに対し，各属性について，有効な情報がどの程度，得られたかを有効回答率で示す。

　この表によると，有効な回答が最も多く得られたのは性別で 92.6 ％の回答があった。年齢・党派・在任期数についてもほぼ 9 割の有効な回答が寄せられている。しかし，前職については上述の通り回答率は芳しくない。もともとの返送率を考えると，前職に関する情報はかろうじて半数を超える程度しか得られていない。さらに困ったことに，もし回答状況になんらかのバイアスがあった場合，全国の状況を正しく把握することが困難になる。前職についての回答率は全体としても低いが，とくに行政区で最も低く（約 44 ％），特別区や町村でも 6 割前半と低い。同じ自治体の性別に関する回答状況と比べても，その差は都市規模によって随分と違いがある。なぜ，前職についてだけ回答が少なく，また都市規模によって違いが生じるのだろうか。

34

第1章　選挙管理委員とは誰か

　回答が少ない理由としては，(a)技術的な困難，(b)個人情報の保護，(c)「社会的望ましさバイアス」による回避が考えられる。このうち(a)技術的困難というのは，単純に答え方が分からない，手間がかかるというものである。たとえば，今回の調査では，事務局が委員について答える形をとったが，委員が複数の職業を有したり過去に経験したりした場合にどの職を選ぶべきか，事務局としては，本人でないので判断に迷う可能性がある。あるいは，どのように記述をすべきかよく分からなかったのかもしれない。調査票には例示や説明を記し，なるべく詳述してもらい再コードする方針をとったが，それらが不十分だった可能性も残る。また，性別・年齢・在任期数・党派は選挙管理委員会事務局として必ず把握すべき情報であるが，前職は必ずしもそうではない。今回の調査でこの部分だけをわざわざ再調査する必要があったとすると，担当者が少ない場合などには回答を省いたかもしれない。

　次に(b)個人情報保護の観点に関しては，本調査でも慎重に対処した。匿名でも構わなく，また年齢についても10歳刻みで回答可などとしたが，やはりどこの誰かも定かでない研究者の質問に対し，なにがしかの心理的抵抗感があったとしても不思議ではない。少なくとも委員本人がそのように感じる可能性があるとすれば，事務局としても回答するのは難しいであろう。年齢や性別についても回答を避けたケースは1割程度あるが，前職を明らかにすることについての心理的抵抗は少なくとも同程度にはあったはずであり，それら以上だった可能性も否定できない。

　さらに(c)「社会的望ましさバイアス」については，たとえば，選挙直後の社会調査において実際には棄権した人が，棄権は好ましくないという社会的な「正解」を忖度して，率直に回答しないことを指す。この場合，特定の職業を回答することに対し，社会的には「正解でない」との批判がありうると感じた人が回答を回避したことが考えられる。選挙管理委員の前職について以前から見られる批判は，元議員の就任に対してである。マスコミやネットにおいて，しばしば「天下り的に運用されている」点，あるいは月給制に関する判決記事とともに「高額報酬である」という点，事務的なミスや疑義に関する記事とともに「公平性が保たれるのか」という点などが論点として批判的に取り上げられている。このような批判を回避するために回答しないことはありそうである。

　表1-2は，元議員の選挙管理委員が比較的多いと思われる都市部の9都府

第Ⅰ部　選挙ガバナンスを動かすもの

表1-2　委員が「元議員」であったかについての回答状況と独自集計の差（9都府県）

	アンケート回答			独自集計		
	合計	非議員（％）	元議員（％）	合計	非議員（％）	元議員（％）
市	580	91.7	8.3	958	91.0	9.0
政令市	31	48.4	51.6	48	37.5	62.5
行政区	157	91.7	8.3	415	91.1	8.9
特別区	48	45.8	54.2	89	37.1	62.9
合　計	816	87.4	12.6	1510	86.2	13.8

県（町村を除く）について，本調査とは独立に選挙管理委員が元議員であるかを個別に調べた結果である[13]。この表によると，もともと議員出身者の少ない一般の市や政令市の行政区では，本調査の回答結果と個別集計の間にはほとんど差がないのに対し，議員出身者の多い特別区や政令指定都市では10％近くも回答結果の方が独自調査より小さい値を示している。それだけ本調査で回答のなかった区や市で，実際には元議員の委員が多かったことが分かる。この部分に関しては，「社会的望ましさバイアス」が影響した可能性が高い。

　以上の点をまとめると，現代の日本の選挙管理委員は，

(1)男性が多く，年齢は70歳ぐらい。1〜2期務める人が多い。

(2)党派としては無所属が圧倒的に多いが，都市部では党派化が進んでいる。

(3)前職は多岐にわたるが，公務員出身者が選出されることが多い。また大都市部では元議員が非常に多く，他の地域ときわめて対照的である[14]。

　上記の知見の(2)と(3)に関しては，前著で提示した「元政治家型」か「名士型」かという分類とほぼ重なる。日本全国で見れば決して多くはないが，首都圏やその他の大都市圏の特別区や政令指定都市などで「元政治家型」が数多く見られたのである。

4　委員会の型がもたらすもの

型の違いはどこに現れるか

では「元政治家型」と「名士型」では，選挙管理委員会の活動にどのような

違いが生じるのだろうか。以下では，この点を確認していきたい。

　しかし，この違いはたいへん見つけにくいのではないかと考えられる。第1に，選挙管理委員会のなすべきことは公職選挙法などによって規定されている。「元政治家型」委員会が独自のことを試みようとしても，法令など全国共通の制約があるために，その活動は標準化されるはずである。第2に「元政治家型」は3ないし4人の元議員で委員会が構成されるが，1党派からは1人しか選出されないので，通例，多くの党派の元議員が参加することになる。元議員の委員たちがそれぞれ異なる出身党派の利害を代表するならば，当然，現役時代さながらに相互に牽制するだろう。ある党派だけが有利になりかねないことは実現されにくいはずである。その結果として無難なことが優先的に行われれば，それほど特徴的な活動は生じないと考えられる。第3に，そもそも選挙管理委員会の動向が大きな影響を及ぼすこと自体がきわめて少ない。仮に社会が非常に微妙な均衡状態にあれば，選挙管理委員会のちょっとした決定でも思わぬ大きな政治的結果を生み出すことがあるかもしれない。しかし，そのような状態は稀である。むしろ，選挙の行方に関して，大勢が既に明白なことが多い。そのような状態になんらかの影響を与えて結果を変えようとする動きは，コストもリスクも非常に大きいはずで，そのような無理は普通，誰もしない。「元政治家型」委員会だからと言って劇的な違いは観察されにくい。

　以上の理由から，「元政治家型」委員会の特徴的な活動を見出すことは一般的に難しいと考えられる。ただ，上記の理由が「元政治家型」委員の手足を縛り，その特徴を見出しにくくしているのであれば，それらと逆の状態を考えれば，何らかの手がかりになるかもしれない。

　第1の理由に関連づけると，法が規定せず，総務省の見解も及ばない裁量の部分があれば，そこには選挙管理委員会のタイプの違いがなんらかの影響を及ぼす可能性があるのではないか。たとえば，投票所をどこに設置するか，あるいは有権者の本人確認の方法をどうするかなどの事項は，各地の選挙管理委員会の判断にかなりの程度，委ねられている。「元政治家型」委員会の特徴が表れるとすれば，裁量に関してだと考えられる。これは，いわば基本的な条件である。

　第2の理由も，その逆，つまり各党派の相互牽制が作用しない場合を考えるとよいのではないか。元議員の委員たちはいずれも議会の各党派を代表するこ

とが多いと考えられる。通例，議会内で各党派は競争しているから，委員たちも相互牽制する。言い換えると，相互牽制が効くのは各党派の利害が互いに異なるからである。では逆に利害が共通していればどうだろうか。たとえば，議会の外に共通の脅威がいて一致団結して対抗しなければならない場合である。議会そのものがリコールされた事態などが典型的な例になる。あるいは，「敵」[15]はいなくても，議会全体の利益になることであれば，「元政治家型」の選挙管理委員会の内部で相互牽制は働かないと考えられる。たとえば，議会全体の正統性を高めるような動きを「元政治家型」委員会は一致して推進するのではないか。[16]

　第3の理由の逆パタンとして考えられるのは，仮にコストやリスクが大きくても，あえて事態をひっくりかえさないといけないほどの重大事案の場合である。「元政治家型」委員会からすれば，出身の議会が危機に瀕するような状況である。しかし，繰り返しになるが，そのような事態は滅多に起こらない。われわれのように調査に基づく手法では，そんな事態に遭遇することはまずない。[17]むしろ，観察すべきは，そのような緊急時のための備えがなされているかどうかである。伝家の宝刀を抜いた瞬間を捉えようとするのではなく，伝家の宝刀を抜ける環境が整備されているかどうかを調べればよい。これら第2・第3の逆パタンは，元議員の委員が特徴を発揮する契機となるものである。

　したがって，以下では，(1)選挙管理委員会に判断が委ねられており，同時に(2)議会全体の正統性を高める，あるいは(3)不測の事態にも対応しやすいよう態勢を整えていると考えられる事例に関してなされた設問を今回の調査から抜き出し，それらに対する回答において，「元政治家型」と「名士型」に違いが生じているかを検討したい。差が見つかれば，やはり条件次第で，「元政治家型」の特徴が発揮される場合があるといえる。言い換えれば，「元政治家型」と「名士型」の委員構成の違いには機能的に意味があることになる。

　上記のパタンは，必ずしも厳密に区別できるものではないが，もっぱら(2)として考えられるのは，いかに有権者から票を投じてもらうかという点である。議員の正統性の根拠は，有権者の投票にある。投票所を増設したり，投票所が開いている時間を長くしたりすることで，より多くの市民に投票してもらうことができれば，それだけ選ばれた側の正統性が高まる。「元政治家型」委員会は，議会の正統性を高めるために，「名士型」委員会よりも投票所を増やし，

表1-3 「名士型」と「元政治家型」の選挙管理委員会

		元議員の数					計
		名士型	中間型		元政治家型		
		0人	1人	2人	3人	4人	
特別区		2 11.1%	3 16.7%	3 16.7%	7 38.9%	3 16.7%	18
政令指定都市		4 26.7%	1 6.7%	4 26.7%	4 26.7%	2 13.3%	15
行政区		104 81.9%	15 11.8%	7 5.5%	0 0.0%	1 0.8%	127
市	20万人〜	50 61.7%	9 11.1%	13 16.0%	4 4.9%	5 6.2%	81
	〜20万人	549 93.8%	34 5.8%	2 0.3%	0 0.0%	0 0.0%	585
町　村		665 97.1%	18 2.6%	1 0.1%	1 0.1%	0 0.0%	685

投票所を長い時間開こうとすると考えられる。本調査では，過去5年間で投票所の数を増やしたかどうかを訊ねている。投票所の増設は，一義的には有権者の数や地理的条件に依存するはずではある。しかし，実際にはより利便性を求める住民の声を考慮しつつ，他方で財政的な事情なども斟酌しながら決めざるをえない場合も多い。このような時，「元政治家型」は「名士型」よりも住民の声をより重視するのだろうか。また，投票所の開設時間について，繰り上げ閉鎖を行ったかどうかを聞いている。[18] 繰り上げ閉鎖については，その是非はともかく，実施している自治体が相当数にのぼる。繰り上げ閉鎖を行うべきかどうかの判断に委員会のタイプの違いは影響するのであろうか。

(3)に関しては，一般的に考えれば，人事と予算であろう。ただし，予算については今回の調査では尋ねていないので，人事関係の設問に注目したい。具体的には，委員の人選を誰がしているかという点である。議会だけで行っている，つまり人事権を議会自身がコントロールできているのであれば，少なくても最小の備えにはなる。逆に首長部局や事務局など議会外部で人選が進められるのであれば，いざという場合も，そちらの意向が強く反映されるのではないかと考えられる。本調査では，まさにこの点を訊ねている。

(2)や(3)に関する上記の点は，いずれも各地の選挙管理委員会の裁量・運用に

第Ⅰ部　選挙ガバナンスを動かすもの

表1-4　過去5年間での投票所数の変化と選挙管理委員会のタイプ

投票所数		名士型		中間型		元政治家型	
全　体	増えた	62	76.5%	16	19.8%	3	3.7%
	かわらない	1004	91.9%	81	7.4%	8	0.7%
	減った	296	95.8%	10	3.2%	3	1.0%
町　村	増えた	10	90.9%	1	9.1%	0	0.0%
	かわらない	535	96.7%	17	3.1%	1	0.2%
	減った	111	99.1%	1	0.9%	0	0.0%
20万人以下の市	増えた	28	90.3%	3	9.7%		
	かわらない	362	93.1%	27	6.9%		
	減った	156	96.9%	5	3.1%		
20万人超の市・政令市・特別区	増えた	11	47.8%	9	39.1%	3	13.0%
	かわらない	28	50.9%	20	36.4%	7	12.7%
	減った	17	73.9%	3	13.0%	3	13.0%
行政区	増えた	13	81.3%	3	18.8%		
	かわらない	79	82.3%	17	17.7%		
	減った	12	92.3%	1	7.7%		

任されている部分である。つまり(1)の条件を満たす範囲内である。以下では，これら3つの設問に関し，「元政治家型」・「中間型」・「名士型」で差違が実際にあるかどうかを検討する。なお，ここでは，当該自治体の4名の選挙管理委員の内，1名も元議員がいない場合を「名士型」とし，逆に3ないし4名の元議員が委員会を構成している時は「元政治家型」とした。「中間型」は文字通り，その間で，委員の1～2名が元議員の場合である。[19]各タイプの分布状況は表1-3の通りである。

型の違いはどのように現れるか

まず，投票所の増設についてである。問3(1)で，過去5年間にその数に変化があったかどうかを訊いているので，委員会のタイプ別にその回答を集計したのが，表1-4である。

この表によると，ここ5年で投票所を増設した自治体の中では，「中間型」や「元政治家型」が多く，反対に数を減らした所では「名士型」が多い。「元政治家型」や「中間型」は全体の8.4%に過ぎないが，投票所が増えた自治体の中では23.5%になる。委員会の型と投票所の増減は関係がある（有意水準0％）。やはり，元政治家の方が財政事情よりも住民の声を大事にするのであろ

うか。しかし，ここで考えておかなければならないことがある。もともと「元政治家型」や「中間型」は都市部に多く見られる。都市部では，人口が増えている所も多く，投票所を増やさざるをえない所もあるだろう。他方，非都市部で多く見られるのは「名士型」である。中山間部などでは過疎化が進行し，人口が減り，また市町村合併が多くなされた結果，投票所が減る傾向にある。委員会のタイプよりも都市規模が影響している可能性がある。つまり，都市規模による見せかけの相関なのかもしれない。そこで，表1-4では都市規模で自治体を分類した上で，同様の集計作業を行った結果も示している。都市規模による分類は，「町村」・「人口20万人以下の市」・「人口20万人以上の市＋政令指定都市＋特別区」・「行政区」の4つに分けた（以下，町村部・小都市・大都市・行政区と呼ぶ）。

　都市規模で分けてみても，やはり委員会のタイプは違いを生んでいる。町村部・小都市・大都市のいずれにおいても投票所を減らすのは「名士型」が多い。反対に数が増えた所に多いのは「元政治家型」や「中間型」である。また，大都市部において，投票所を減少させた場合と他の2つのパターン，すなわち投票所数に変化がなかった，あるいは増設した場合の間に差がある[20]。積極的に投票所を増やすだけでなく，数が減るのを防ぐという意味でも，元議員が選挙管理委員にいることの影響が及んでいる可能性がある。

　次に投票所の繰り上げ閉鎖について検討する。本調査では，問10で繰り上げ閉鎖があったかどうかを訊ねている。ここでも，委員会の型と繰り上げ閉鎖の有無に関係があるかないかを表1-5でみたい。

　この表によると，繰り上げ閉鎖があった所では「中間型」や「元政治家型」は少なく，逆に繰り上げ閉鎖がなかった所では，その数が多くなる傾向がある。「中間型」と「元政治家型」は，上述の通り，併せて8.4％であるが，繰り上げ閉鎖をしたグループでは，両類型はわずか3.4％に過ぎないが，繰り上げ閉鎖をしなかったグループでは12.7％である。元議員がいると，投票所の繰り上げ閉鎖は少なくなる（有意水準0％）。

　ただし，繰り上げ閉鎖についても都市規模の影響を考えることができる。町村部は選挙区の面積が広く，夜間の投票者はかなり少ないこともあり，繰り上げ閉鎖が多い。一方，都市部では1つの選挙区は面積が小さく，夜間に活動する有権者も多いことから，繰り上げ閉鎖をする環境にない。そこで，都市規模

第 I 部　選挙ガバナンスを動かすもの

表 1-5　投票所の繰上げ閉鎖と選挙管理委員会のタイプ

繰上げ閉鎖		名士型		中間型		元政治家型	
全　体	あり	680	96.6％	21	3.0％	3	0.4％
	なし	686	87.3％	89	11.3％	11	1.4％
町　村	あり	373	98.4％	5	1.3％	1	0.3％
	なし	288	95.4％	14	4.6％	0	0.0％
20万人以下の市	あり	269	96.4％	10	3.6％		
	なし	278	91.4％	26	8.6％		
20万人超の市・政令市・特別区	あり	29	78.4％	6	16.2％	2	5.4％
	なし	27	41.5％	27	41.5％	11	16.9％
行政区	あり	9	100.0％	0	0.0％		
	なし	93	80.9％	22	19.1％		

をコントロールするために，都市規模ごとに同様の関係を確認した。しかし，都市規模ごとに見ても，繰り上げ閉鎖をしなかったグループでは「中間型」や「元政治家型」が相対的に多い。逆に，繰り上げ閉鎖をした自治体では，「名士型」が相対的に多くなる。具体的には，町村部では「名士型」は約56％が繰り上げ閉鎖を行うが，「中間型」と「元政治家型」だとその割合は32％を下回る。大都市部に至っては，繰り上げ閉鎖を行わない確率は，「名士型」の約48％に対し「中間型」と「元政治家型」は約8割である。人口にかかわらず，選挙管理委員会の型と投票所の繰り上げ閉鎖の有無の間には有意な関係がある[21]。元議員の選挙管理委員がいるかどうかということと，有権者が遅くまで投票所に行けるということの間には関連がある。「中間型」や「元政治家型」は有権者の投票参加をより増やそうとする指向があると考えられる。

　それでは，人事についてはどうだろうか。本調査の問20では，実際に選挙管理委員になる人を選んでいるのは誰かを訊ねている。公的な手続きとしては，議会が選ぶのであるが，実質的になり手を探すのは誰かということである。議会が探し，事務局や首長部局に関係なく決めた人の方が，事務局や首長部局に頼まれて就任した人より，議会の意向をより重視すると考えられる。議会からすれば，いざという時のためには，自分たちの意向をより聞いてくれそうな人を選んでおきたいところである。この点を調べたのが表1-6である。

　まず全体的には「元政治家型」の全て，また「中間型」でも8割以上の自治体が，議会で実質的に選ばれている。市町村長らの行政幹部や選挙管理委員会

第1章　選挙管理委員とは誰か

表1-6　委員人事を決める人と選挙管理委員会のタイプ

		名士型		中間型		元政治家型	
全　体	市町村長ら役所幹部	222	97.4%	6	2.6%	0	0.0%
	市町村議会	678	86.3%	92	11.7%	16	2.0%
	事務局	382	98.2%	7	1.8%	0	0.0%
町　村	市町村長ら役所幹部	127	96.2%	5	3.8%	0	0.0%
	市町村議会	300	96.5%	10	3.2%	1	0.3%
	事務局	194	98.0%	4	2.0%	0	0.0%
20万人以下の市	市町村長ら役所幹部	87	100.0%	0	0.0%		
	市町村議会	275	88.7%	35	11.3%		
	事務局	151	99.3%	1	0.7%		
20万人超の市・政令市・特別区	市町村長ら役所幹部	7	100.0%	0	0.0%	0	0.0%
	市町村議会	31	41.3%	29	38.7%	15	20.0%
	事務局	17	94.4%	1	5.6%	0	0.0%
行政区	市町村長ら役所幹部	1	50.0%	1	50.0%		
	市町村議会	71	78.9%	19	21.1%		
	事務局	20	95.2%	1	4.8%		

事務局の介在する余地は非常に小さい。他方，「名士型」でも約半数が議会で選ばれるが，なお残りの半数は，行政側などが選ぶ。言い方を変えれば，自治体の執行部や事務局が選んでいると答えた所はほぼ「名士型」であるが，議会側が選んでいるとする所は「中間型」や「元政治家型」の比率が有意に高い。委員会の型と人選を行う人は誰かという問いの間には明らかに関連がある（有意水準0%）。

　ただ，ここでも都市規模は考慮する必要があろう。町村では，議会のリソースはより厳しい状況にある。また，行政区は，その性質上，委員の選び方が特別区を含む市町村とは異なるであろう。したがって，ここでも都市規模を考慮してより詳細に検討している。

　町村では，もともと「中間型」・「元政治家型」が少ないこともあり，誰が人選するかということと選挙管理委員会のタイプの間に有意な関係は見られなかったが，「20万人以下の市」でも「20万人超の市・政令指定都市・特別区」の大都市でも，「中間型」や「元政治家型」では明らかに議会が人選を行っており，行政幹部や選挙管理委員会事務局の役割はほぼない（いずれも0.1%水準で有意）。これに対し，「名士型」では議会は約半数しか人選を行っておらず，そのぶん，行政幹部や選管事務局の果たす役割が大きくなっている。行政区に関

43

しては，そもそも地元選出の市議会議員が推薦を行うなどしていることもある
のか，「名士型」でも議会が人選で果たす役割が比較的に大きく，結果的に有
意な差は見出せないが，やはり「元政治家型」の方が，直接議会が人探しをす
る比率が大きい[22]。

　以上の結果をまとめると，投票所を増やし，あるいは繰上げ閉鎖を行わない
ことで，より多くの有権者の投票参加を増やすことに，「元政治家型」や「中
間型」の選挙管理委員会は「名士型」委員会より熱心であった。都市規模を考
慮しても，この傾向は確認された。また，選挙管理委員の人選を誰が行うかと
いう点でも明らかな傾向の違いが見られた。すなわち，「元政治家型」や「中
間型」ではほぼ議会が人選を行うが，「名士型」では議会の役割は相対的に小
さく，行政幹部や選挙管理委員会事務局が代わって人を探してくる比率が高く
なる。これらの点は，われわれが事前に予想した通りである。「元政治家型」
委員会の方が，議会とより強く結び付いていると考えてよい。議会全体の正統
性を高め，また，いざという場合には議会の利益を代弁できる人選を行ってい
ると解釈できる。

5　委員会の型をもたらすもの

型の特徴を明らかにするもの

　では，どのような自治体が「元政治家型」になるのであろうか。以下では，
なぜ「元政治家型」の選挙管理委員会が生まれるのかについて検討したい。こ
こまでの知見では，「元政治家型」は政令指定都市や中核市などのような大都
市に集中していた。大都市というのは，人口規模が大きい所，あるいは都市と
しての集密度が高い所である。そういう地域での政治は，都市生活における他
の分野と同様に，複雑になり，専門的に分化したものになるのではないかと考
えられる。それに伴い，大都市における選挙管理もまた専門性が求められ，こ
れに答える人材として元議員がその職に就くと考えられる。

　政治的に見れば，「元政治家型」が観察されるのは，政党化あるいは党派化
が進んでいる，つまり無所属が少ない所である。言い換えると党派化が進んだ
環境の下で元議員が選管委員に選出される傾向にある。他方，比較的小規模の
自治体で多く見られるような無所属議員がほとんどといった所では，元議員が

その職に就くことは稀である。「元政治家型」委員会を構成する元議員の委員に期待されているものは，「名士型」のそれとは異なると考えられる。さらに定義的には，「元政治家型」委員会は3人以上の元議員が含まれることであるが，選挙管理委員は原則的に1党派から1人しか選出できないで，元議員の委員が多くいるということは（中間型の一部を含め），それだけ多党化が進んでいると考えられる。このような委員会では，元議員がそれぞれの出身党派の利害を背負って参加し，調整機能を果たしている（少なくとも果たせる体制を作っている）のではないか。逆に言うと，政党化ひいては多党化が進んでいるということは，選挙管理委員会に党派間の調整や相互抑制の機能が生じていると考えられる。チーム分けが明確になって対抗戦が始まると，各チームの元プレイヤーが代表として審判団に参加し，ルールの統一的解釈を行うようなものであろうか。政治的には，政党化と多党化がキーワードである。

　財政的には，どうであろうか。経済的に恵まれている地域では政治に対する期待が相対的に小さい。逆に財政的に厳しい市町村では，利害競争に参加する者は多く，パイは比較的に小さい。利害が激しくぶつかり合えば，それだけ政治的な解決がたびたび求められると考えられる。さまざまな地域や団体や党派の利害調整が必要になってくるとすれば，最終的には競争のルールを司る選挙管理委員会の構成も社会における諸勢力の均衡を政治的に図るものになり，その結果，元議員を登用すると予想される。つまり，財政的に厳しい所ほど「元政治家型」は出現しやすいはずである。

　ただ，これらの観察や予測は，1つの変数ずつで行ったものなので，互いにコントロールした時に独自の影響があるかどうかまでは分からない。そこで，元議員の委員の人数を従属変数として回帰分析を行った。独立変数は，上記の要因である。大都市であるか否かを示す人口規模と集密度（人口密度），政治状況を示す変数として，政党化率と多党化を示す有効政党数，財政状況を示す財政力指数である。

　その結果を表1-7に示す。この表によると，まず人口規模・人口密度・財政力指標はいずれも予想通りの効果をもつことがわかった。人口が非常に多く，人口密度の高い大都市ほど，また財政状況の良くない自治体ほど，元議員の選挙管理委員がいる。

　また政治的変数も，これらの社会経済的状況とは独立に効果をもつ。ただし，

第Ⅰ部　選挙ガバナンスを動かすもの

表1-7　「元政治家型」選挙管理委員会の要因および政党化・多党化の影響

	係数	標準誤差	標準化係数	t	有意確率
(定数)	-0.871	0.136		-6.398	0.000
人口(2010年国勢調査・対数)	0.135	0.016	0.336	8.670	0.000
人口密度(2010年国勢調査)	3.939E-05	0.000	0.149	4.151	0.000
財政力指(2012年)	-0.238	0.059	-0.130	-4.043	0.000
政党化率	-0.947	0.220	-0.349	-4.309	0.000
有効政党数	-0.218	0.026	-0.424	-8.268	0.000
政党化率＊有効政党数	0.574	0.069	0.858	8.268	0.000

有効政党数		2.5	3	3.5	4	4.5	5
	0.4	-0.35	-0.34	-0.34	-0.33	-0.33	-0.32
	0.5	-0.30	-0.27	-0.23	-0.20	-0.16	-0.13
政党化率	0.6	-0.25	-0.19	-0.13	-0.06	0.00	0.06
	0.7	-0.20	-0.11	-0.02	0.07	0.16	0.25
	0.8	-0.16	-0.03	0.09	0.21	0.33	0.45
	0.9	-0.11	0.04	0.19	0.34	0.49	0.64
	1.0	-0.06	0.12	0.30	0.48	0.65	0.83

調整済決定係数　　0.280

多党化は政党化を当然の前提としている。政党化がなければ多党化はないからである。そこで，多党化を示す操作的指標として採用した有効政党数について[25]，政党化率との交互作用をも検討した。総合的に検討した結果が表1-7の右半分である。その結果によると，まず政党化がかなり進まないと元政治家の委員を増やす独立の効果が表れない。効果として0.25人を増やすためには少なくとも（有効政党数が5の時に）70％の議員が政党・会派に所属しなければならず，同様の場合，0.5人超の増加効果を得るには政党化率が80％を超える必要がある。他方，政党化率を固定した場合，有効政党数の増加も影響をもつ。たとえば，議員全員がどこかの政党に属した場合（政党化率100％），効果が0.25人を上回る時の有効政党数は3.5であり，0.5人を超すのは有効政党数で4.5である。目に見えて顕著な効果は，ほぼ完全に政党化が進み（無所属議員がほとんどおらず），なおかつ，多党によるかなり破片的な政党間競争が行われている所で観察されると言ってもよい。

形の特徴が形成されるプロセス

　これらの分析は，現在の「元政治家型」の委員会の特徴を改めて明らかにするものであった。ただ，それは今の相関関係，つまり現在，どんな自治体が「元政治家型」の選挙管理委員会を形成しているかを示すものであり，過去の経緯，つまり，どんな時，あるいはどんな状況で元議員が選挙管理委員に就任し，やがて当地の選管委員会の多数を占めるようになったのかまでは明らかにできない。「元政治家型」委員会形成のプロセスは分からないのである。そこ

で，「元政治家型」委員会を抱える自治体で過去に誰が選挙管理委員に就任したかを時系列的に検討してみた。ただ現時点では，いくつかの政令指定都市と特別区しか確認できていない。また仮に全ての「元政治家型」選挙管理委員会の自治体を調べることができたとしても，それらの「元政治家型」と近似した人口規模や政治状況等を持ちながら「名士型」を維持している自治体がある場合に，それらとの比較検討ができていないことに留意する必要がある。[26]

　ここでは，まず6つの自治体について，委員の就任状況を表1-8で示す。縦軸は期数と西暦で，下が古く，上に行くほど新しい。4つの委員ポストの任用状況を示している。具体的には，委員全員の在任期数平均，元議員の委員の[27]人数，元議員の委員の在任期数平均である。これらの自治体は，今も「元政治家型」，あるいは「中間型」である。[28]

　これらの自治体が「元政治家型」になる時期はばらばらである。A市の場合は，9期目で党派化（4党体制）が完成したと同時に，元政治家が4人委員に就任した。B市の場合，8期目で党派化が進み3党体制となり，その後すぐ9期目で元議員が3人となる。さらに13期目で党派化が完成し4党体制となった後で，元議員が4人になった時期がある。その後は3人から4人の間を動いている。C区の場合は，21世紀になってようやく4人の元議員が委員になり，その後も3人が元議員という状態が続いている。ただ党派化はあまり進んでおらず2党＋無所属の時代が長く続いている。[29]D区では，早くに（9期目あたりで）2党から2人の元議員を出すようになったが，その後，この「中間型」を維持してきた。E区は逆に複数の党派の元議員が委員に就任するようになったのは，かなり後である。F区では，一時期，元議員が3人になったが，すぐに2人体制に戻った。

　このように個別の来歴をみると「元政治家型」あるいは「中間型」になった時期はばらばらで共通のパタンを見出すのは難しいように思える。しかし，戦後すぐから通期で見た場合に，共通点があることにも気が付く。第1に，これらの自治体ではどこでも戦後のかなり早い時期から複数の元議員が選挙管理委員に就任している。[30]戦後すぐの時期に元議員が選挙管理委員となることが一般的なことであったのか，他の自治体の例を調べる必要があるが，1つのヒントがここにあると考えられる。上述のように，都市の職業生活は高度に細分化される傾向にあるが，政治においても「職業的な政治家」が都市には戦後すぐの

第Ⅰ部　選挙ガバナンスを動かすもの

表1-8　都市部自治体の「元政

		A市				B市				C区		
		平均期数	元議員人数	元議員期数		平均期数	元議員人数	元議員期数		平均期数	元議員人数	元議員期数
20	2015	1	3	1	2016	1	3	1	2015	1	3	1
19	2011	1	4	1	2012	1	2	1	2011	1	3	1
18	2007	1	4	1	2008	1	2	1	2007	1	2	1
17	2003	1.25	4	1.25	2004	1	3	1	2003	1	4	1
16	1999	1	4	1	2000	1	4	1	1999	1.25	2	1
15	1995	1.25	4	1.25	1996	1.25	3	1.33	1995	1	2	1
14	1991	1	4	1	1992	1	3	1	1991	1	1	1
13	1987	1	4	1	1988	1.5	3	1.67	1987	2	1	4
12	1983	1	4	1	1984	2	3	1.33	1983	2	1	3
11	1979	1.25	3	1.33	1980	2	3	1.67	1979	2.5	1	2
10	1975	1.5	4	1.5	1976	1.75	3	1.67	1975	1.5	1	1
9	1971	1.25	4	1.25	1972	1	3	1	1971	2.25	2	3
8	1967	1.5	2	1	1968	1.75	2	2	1967	1.5	2	2
7	1963	1	1	1	1964	1.5	1	2	1963	1.75	3	1.33
6	1960	4.25	1	4	1961	1	2	1	1960	2	2	1.5
5	1957	3.25	1	3	1958	2.25	1	0	1957	1.75	2	2
4	1954	3	1	2	1955	2	0	0	1954	1.25	1	2
3	1951	2	2	2	1952	1.25	2	1	1951	1	2	1
2	1948	1.5	2	2	1948	1.5	1	1	1948	1.75	4	1.75
1	1946	1	3	1	1946	1	0	0	1946	1	4	1

時期に既におり，これが選管委員の人材プールになったのかもしれない。ある
いは戦前からの議会政治の蓄積が大都市には存在したのかもしれない。つまり，
「元政治家型」や「中間型」の自治体では，早い時期に元議員の委員就任が見
られ，他方，「名士型」では過去にもそのような例が見られないのであれば，
戦後初期の経験という経路依存が重要となる。さらには，どうしてそれらの自
治体だけが戦後の早い時期に元議員を委員にしたのかという疑問が残る。逆に
戦後すぐの時期には元議員が選挙管理委員になることが（少なくとも都市部で）
一般的だったとすると，どうしてこれらの自治体でだけ元議員が委員であり続
けたのか，あるいは復活してそうなったのかが新たな謎になる。

　第2に，上記で観察した「元政治家型」の自治体では，ある時期に多くの党
派から元議員が選ばれるようになった。そして，これらの委員の在任期間は短
く，長くて2期，多くは1期だけ選管委員を務めるようになる。しかし，そう
なる前には何期も務める委員が多かった。短期在任が一般化する前の時代には，

第1章　選挙管理委員とは誰か

「治家型」選挙管理委員会の趨勢

	D区				E区				F区		
	平均期数	元議員人数	元議員期数		平均期数	元議員人数	元議員期数		平均期数	元議員人数	元議員期数
2017	1.75	1	1	2014	1.5	2	1	2015	1.5	1	2
2011	1.25	1	1	2010	1.5	1	1	2011	1	1	1
2007	1.5	1	1	2006	1.25	1	2	2007	1.25	2	1
2003	1.5	0	0	2002	2.25	2	1.5	2003	1	2	1
1999	（資料なし）			1998	1.75	2	1.5	1999	1	3	1
1995	1	1	1	1994	1.25	2	1.5	1995	1.25	3	1
1991	1.75	2	2	1990	1.75	2	1	1991	1.75	2	1.5
1987	1.25	3	1.33	1986	2	1	1	1987	3.25	1	1
1983	3	2	2.5	1982	1.75	2	2	1983	2.75	0	0
1979	2.75	2	3	1978	2.25	2	1.5	1979	4.5	1	7
1975	1.75	2	2	1974	2	1	1	1975	3.75	1	6
1971	1	2	1	1970	2.5	2	1	1971	3.5	1	5
1967	2	1	1	1966	1.5	1	1	1967	2.5	1	4
1963	1.75	0	0	1962	1.75	2	1.5	1962	2.25	1	3
1959	1	2	1	1959	1.5	1	1	1959	1.5	1	2
1956	1.75	1	3	1956	1.5	2	1.5	1956	1	3	3
1953	2	1	2	1953	1	2	1	1953	2.67	1	3
1950	1	2	1	1950	2	2	2.5	1950	1.75	2	1.5
1947	1	4	1	1947	1.25	2	1.5	1947	1.75	2	1.5
1947	1	0	0	1947	1.75	4	1.75	1947	1	1	1

　元議員（大政党出身だけでなく無所属議員だった人も多い）の委員は，複数任期にわたって連続して就任する例が多かった。この長期選出の傾向は元議員だけでなく，それ以外の出身（おそらくはその多くがいわゆる名士）の人にも共通している。時期的には政令指定都市で1950年代から60年代にかけて，また東京都の特別区では1970年代以降と異なっているが，順番は同じである。長期選任から短期交代という流れがある。このパタンが一般的だとすると，ベテラン重用の考え方が支配的だった時期の後には標準化の時代が来ると考えられる。知識や高潔さといった属人的な理由で選ばれ何期も務めていた時代から，一定の前提知識があれば十分で，むしろ早く交代して多くの人が委員になった方がよいというように，考え方の変化があったのではないか。選挙管理委員に求められるものがそれらの自治体では変わったのだとすれば，それはなぜかを調べる必要がある。われわれが既にみてきた変数との関連でいうと，実質的に人選する人が変わった可能性も考えられる。ちょうど，その頃に事務局などの非公式の

49

推薦から議会での実質的な選出に変わったのかもしれない。また，機能に変化があったとも考えられる。属人的に選ばれていた頃には権威や名誉を備えた賢人会議が期待されたのに対し，各党派が代表を出して均衡を保つ調整の場に委員会の性格が変わっていったことを示しているのかもしれない。これらの仮説を検証するのは今となっては難しいが，このパタンの変化は示唆することが多い。

　第3に，「中間型」から「元政治家型」への「進化」には，多党化が必要である。事実，A市やB市では，1950年代末から70年代初頭にかけて政党数が増加し，それに伴い，選挙管理委員も党派化し，「元政治家型」化が一気に進んだ。特別区でも80年代から90年代にかけて有効政党数が増加した後に，元議員の選管委員が増える傾向にあった。この点は先に示した現状の分析結果に一致する。議会において，多くの政党が存在するようになると，元議員の選管委員も増える傾向にある。ただ，元議員の選管委員が増えるのは，単に多党化してより多くの政党が競争するようになったからだけではない。先に掲げた表を作成するにあたり，各委員の就任状況を調べ，その委員が元議員であったか，元議員であった場合はかつてどの党に所属していたかを確認している。その状況はここでは掲げていないが，A市やB市では各党から1人の元議員の選管委員が出ているのに対し，一部の特別区では自民党と公明党の2党からだけ選管委員が選出されている。偶然に23区のうち，両党が強い区を調べた可能性もあるが，4党まで多党化した場合と自公2党に留まる場合とでは，どこからその違いが生じるのだろうか。

　1つには，各政党の強さのバランスが影響している可能性がある。A市やB市では，最近でいうと民主党や共産党の相対的なウェイトがそれなりにあるのに対し，それらの特別区ではこれらの党はそれほど大きくない。あるいは，首長と区議会各派との関係によるのかもしれない。たとえば，首長が相乗り選挙で選ばれたのであれば，その後も，より多くの政党のコンセンサスの下に議会が運営されている可能性がある。その場合には，より多くの党派から選挙管理委員が選出されるのではないかと考えられる。逆に首長選挙で対決して以来，与野党がはっきりと対立していれば，多数派は自分たちからだけ委員を選び，残りは行政経験者などから選ぶのではないかと予想できる。これを検証するためには，首長選挙の推薦状況や議会の運営状況などについて調べなければなら

ない。いずれにせよ新たな変数を導入することにより理解がより深まる可能性
がある。

　本章では，どうして「元政治家型」の選挙管理委員会が誕生したかを明らか
にすることはできなかったが，いくつかの自治体を時系列で調べた結果，注目
すべき点が見つかった。第1に，戦後すぐの時期に元議員が就任したかどうか
という「経路依存」，第2に，委員の在任期間が短くなる時期がどの都市にも
あった点，第3に，政党間の競争のあり方である。今後も，これらの点に注目
しながら，さらに他の大都市に関して調査を行いたいと考えている。

6　選挙管理委員会の型と将来の姿

「元政治家型」委員会は回避すべきか

　本章は，全国の市区町村を対象とした選挙管理委員会事務局調査に基づき，
選挙管理委員をどのような人が務めているのかを検討するものであった。まず，
性別・年齢・在任期間・前職について調査結果を明らかにした。それによると，
60〜70代の男性が多く，その在任期間は，だいたいにおいて短いという現状
が明らかになった。前職については，公務員をはじめ，全国ではさまざまな職
業の人が委員に就いていたが，興味深かったこととしては，前稿で見出してい
た地方議員出身者が確認されたことである。数としては，全国的には少数であ
るが，大都市に集中しているという特徴があった。前稿で名付けた「元政治家
型」の委員会が都市部で確かに見られたのである。

　本章ではこの「元政治家型」委員会に注目し，このような委員会が成立する
自治体では，選挙管理に関して，どのような施策上の特徴があるのかを続いて
調べたところ，各地の委員会の裁量で決められる範囲内で，議会の正統性を高
めること（たとえば，投票機会の拡大）に役立ちそうな施策を行ったり，不測の
事態にも議会の権威を守ることができるような備えをしていること（たとえば，
人事権の掌握）が明らかになった。また，逆にどのような自治体で「元政治家
型」委員会が見られるのかについても検討した。たしかにこのタイプの委員会
は大都市に多いのであるが，それだけでなく，財政的に厳しく，政治への需要
が相対的に大きい所で，また議員の多くが政党に所属している場合に，「元政
治家型」あるいは「中間型」の委員会が多く成立し，さらに多党化が進むこと

第Ⅰ部　選挙ガバナンスを動かすもの

で，元政治家の選挙管理委員が増えていくことを明らかにした。つまり都市部の政党政治と「元政治家型」選挙管理委員会は親和性が非常に高い。

ただ，この傾向に関し，気になる点がある。「元政治家型」の社会的な望ましさについてである。既にみたように，「元政治家型」の選挙管理委員会に対しては批判的な論調の報道も多く，そのせいか，本調査においても前職についてだけは回答が少なく，その傾向は「元政治家型」委員会を有する自治体の方が強かった。「元政治家型」の選挙管理委員会は社会的にあまり望ましくないと考える風潮があり，それゆえ，少なくともそのような批判を受ける恐れがあると受け止めた一部の自治体では，回答を忌避しがちになったと考えられる。

しかし，「元政治家型」が生まれる背景には，議員がどこかの政党に所属する「党派化」がある。地方議会の政党化は，それ自体，悪いことではない。むしろ望ましいこととも考えられる。日本では，政党の足腰，とくに地方の政党組織が非常に弱いと言われてきた。そのことから考えると，政党に所属する地方議員が増えることは，むしろ好ましい。すると，望ましい政党化を推進すると望ましくない「元政治家型」選挙管理委員会が増えるという矛盾が生じる。この点をどう考えるとよいのか，その点を論じることで本章を終えたい。

個人的には，巷間指摘されている「元政治家型」の問題点には個別に対応するとすれば，「元政治家」の委員が増えること自体には問題はなく，とくにその増加を抑制する必要はないと考える。議会が政党化しても，なお選挙管理委員を名士のみから選ぶことも可能であるが，そのような場合でもあえてそうする必要は薄いと考える。第1に，議会の政党化が進めば，委員人事も政党主導となることが予想されるが，そのような状況の下では，ある政党が推薦して「名士」として選ばれる人でも，結局は当該政党の支持者であり，元議員と区別する意味が大きくない。第2に，政党化がまず進行するのは都市部（の比較的大きめの市）であるが，それらの市の事務局は人数も多く，専門性が高いと考えられる。そのような「官僚機構」を指揮し業務を進めるには，専門的知識を持つ元議員の方が望ましい。

選挙管理委員会の型とその課題

ただし，「元政治家型」の委員会に課題がないわけではない。第1に母体となる議会に関し，政党所属の議員が増えても，その議員（元議員も含め）が政

党を媒介にしてより多くの市民の利益を集約できなければ，議会の政党化の進行に対する期待が満たされたとはいえない。これには選挙制度が関係してくると考えられる。現在，都市部では非常に定数が大きい中で，有権者が1票だけを行使するようなSNTV（単記非移譲式投票法）が用いられている。この制度の下では，定数が大きい大都市ほど当選に必要な票数，いわゆる当選ラインが低くなる。少数の票を確実に集めるためには，普遍的な政策を広く訴えるよりも，身近な一部の人々のネットワークを個人的に固める方が安心である。このような個人中心の戦術に走り，部分的な利益を代表することに熱心になった議員にとって政党は単なるラベルに過ぎず，その結果，政策を主とする政党間の競争は活発にならない恐れが生じる。議会内の政党間競争が活性化しなければ，それを調整する選挙管理委員会の機能もまた活性化しないことが危惧される。

　第2に元政治家たちに期待されているのは，その専門知識もさることながら，議会内の政党間調整である。現役プレイヤーの間で生じるルール上の不明確な点を調整していくにはOBOGプレイヤーが仕切るのが一番である。この時，市民の声の大部分が議会に集約できていれば問題はない。しかし，今日，とくに都市部に存する，多様でさまざまな価値観や考え方を議会は必ずしも十分に代表できない可能性がある。低投票率はその1つの表れとも考えられる。議会の現役世代が市民の声を拾いきれないなら，元議員が大勢を占める選挙管理委員会にも市民の声に広く対応できない恐れが出てくるのではないか。

　第3に，「元政治家型」委員会が議会外の声に対してはあまり耳を傾けないとすると，その危機対応能力に疑問が生じる。議会（の主流派）と議会外勢力が政治的に対立する危機の時には，元議員が仕切る選挙管理委員会は議会の側に立つことが多いと考えられる。そうなると，議会内諸勢力にとっては中立的な審判であっても，議会の内外に関しては中立でない。一方に肩入れすることが明らかであれば，もはや調整は効かない。権威と信頼性が低下するからである。危機に際してこそ機能すべき機関が機能しないという問題点が生じかねない。

　以上のことを考えあわせると，都市部などで政党化が進んだ議会は，「元政治家型」の委員会に移行してよいと考えられるが，その時には，議員個人ベースではなく，政党を主体とした競争が議会で行われるような環境を整えることが必要である。また，幅広い対処能力を確保するために元議員のような議会に

第Ⅰ部　選挙ガバナンスを動かすもの

近い人ばかりでなく，広い視野をもつ「名士」を含むように留意すべきではなかろうか。

　他方，「名士型」の選挙管理委員会にも課題がないわけではない。「名士型」委員会の自治体の多くが小規模の市町村であるが，現在，小規模の市町村では議員のなり手が不足し，無投票や定員割れの議会が続出している。近年の人口減少，都市部への一極集中は，今後もやみそうになく，無投票や定員割れは今後も増えると予想される。また，そのようなタイプの市町村では，選挙を実施したとしても，立会人や投票業務の従事者が不足したり，財政上の理由などから，投票所を減らすという事態に直面している。選挙の実施運営について質量ともに従前と同じ規模で維持することが困難になりつつある所が少なくない。小規模自治体では，議会を選出する競争が活発でなくなるだけでなく，「名士型」の選挙管理委員会もまたその機能に衰えが生じる可能性がある。その結果，最も重要な権利である選挙権ですら十分に行使できなくなるかもしれない。

　本章は，このような見通しに対し，ただちに有効な対策を提示することはできない。選挙権の保障については，現在も進みつつある投票環境向上の取り組みを地方の実情に合わせて展開させていくしかない。ただ，それでもこのような傾向をくい止められないのであれば，他にも対策を考えなければならない。たとえば，「選挙管理の広域化」は考えられないだろうか。現在でも消防や水道等で行われているように一部の市町村が合同で選挙管理委員会を組織し，執行することができれば，比較的に広い地域から集まった「名士」による効率的な選挙管理ができるのではないかと考えられる。

　今後，日本の地方自治の姿は大きく変わっていく可能性がある。政策や政党の重要性が高まる一方，人口の減少や一極集中は引き続き進行する。他方，民主主義が維持される限り，選挙管理委員会はどのような形であれ，存続するはずである。であれば，将来の変化にうまく対応できる「代表」を選ぶことができるよう，選挙と選挙管理委員会のあり方を考えることも存外，重要なのではないか。

注
⑴　以下，属性に関する図表は他との重複を避ける意味でも用いないことについてご了解願いたい。詳細は，秦・品田（2015）を参照されたい。

第1章　選挙管理委員とは誰か

⑵　回答があったのは9割である。

⑶　平成28年8月現在，全国市議会議長会調べによる。

⑷　平成27年7月1日現在。平成28年2月全国町村議会議長会第61回町村議会実態調査結果の概要による。

⑸　特別区23，政令市20，行政区175，市789，町746，村184，計1937。

⑹　未回答の政令市が6つ，特別区が7つあることに留意する必要がある。

⑺　人口50万人超では75％，30万超〜50万人以下は87.5％である。

⑻　20万人以上の都市をさらに細かく見ても，やはり人口が多いほど元議員の比率が上がる。

⑼　これらは互いに排反ではなく，また他の理由も考えられる。

⑽　記録や印刷物に掲げる場合も多い。

⑾　職業を答えることは，個人情報の中でも最も抵抗があるものの一つかもしれない。

⑿　『東京新聞』2010年9月29日ないし30日。

⒀　個別に独自集計をしたのは，埼玉・千葉・東京・神奈川・愛知・京都・大阪・兵庫・福岡の9都府県である。

⒁　大都市で男性が多いのは，議員出身者が多いことと関係があると考えられる。現在の地方議会の年長議員には男性が非常に多い。

⒂　実際，2010年にあった名古屋市議会に対するリコール請求への選挙管理員会の強硬な対応が想起される。

⒃　また第2の理由，つまり異党派間の相互牽制が働かないパタンとしては，同じ党派出身の複数の元議員がいる場合があてはまるかもしれない。1人は党派を届けるが，後は無所属を称する場合である。これだと出身党派の利害を図ることに委員会内部で異論が出る可能性は小さい。しかし，このような事例はさらに少ないので，当該自治体を事例とした調査研究を行う必要がある。

⒄　ごく少数のケースなので事例研究の方が適切であろう。

⒅　正確には，今回調査で尋ねたのは衆議院総選挙についてであるので，当該議会の正統性とは直接結び付かない。

⒆　元議員には，当該自治体以外で地方議員をした場合も含んでいる。都道府県議のことも，他市区町村議のこともある。

⒇　過去5年で投票所が減ったかどうか，つまり，「増えた」と「変化なし」を同じグループとして，「減った」と対比させて調べると，有意水準10％ではあるが，「20万人以下の市」と「20万人超の市・政令指定都市・特別区」において，委員会の対応と投票所数の減少に関係があるといえる。

(21)　有意水準は，それぞれ大都市部0％，小都市5％，町村10％。

(22)　以上の分析は，「元政治家型」委員会と「議会での人選」の関連を明らかにした

55

ものであり，厳密には，「元政治家型」委員会がいざという時に備えて議会での人選を行っているという本章の論旨は否定されなかったにすぎない。

⑵ 行政区は除いている。

⑵ 対数化している。

⑵ 無所属を除いて計算した。

⑵ また，いくつかの事例を分析した中からなんらかの要因を見出したとしても，現段階ではあくまでも仮説であり，別途，検証が必要である。くわえて，かつては「元政治家型」でありながら現在は「名士型」や「中間型」に戻った自治体にも注意しなければならない。

⑵ 委員全員の改選時期で数えている。党派については，この表では明らかでないが別途数えている。

⑵ 「中間型」の所も比較的近時に「元政治家型」であった。

⑵ つまり議員時代には同じ政党だった2人の元議員の一方が，選管委員としては無所属となる変則的な事態が長期にわたっている。

⑶ なかには，いったん選挙管理委員となっておきながら自分が出馬するために委員を辞職した例もある。

⑶ 報酬や公平性の問題に関しては「透明化」あるいは「見える化」を行えば，疑義はかなり減るのではないかと考えられる。さらに必要性があれば，日給制への移行等の対策を講じることができる。

⑶ 現在も政令指定都市の行政区では，元議員が就任はしないが党派化は進むといった同様のことが起こっている。各党派から委員は1人という原則を尊重するならば，むしろ，元議員が委員に就任した方が状況が分かりやすい。

⑶ 総務省の研究会では，平成21年に既に議論が出ている。

⑶ このような考え方をさらに進めると，複数の市町村執行部に対し，1個の合同議会が対応する「議会の広域化」や統合的な管理者が各地の行政を請け負い，各自治体の議会が監督する「行政の広域化」も実験的に検討することも可能である。

参考文献

大西裕編『選挙管理の政治学』有斐閣，2013年。

品田裕「日本の選挙管理委員会について」大西裕編『選挙管理の政治学』有斐閣，2013年。

砂原庸介『民主主義の条件』東洋経済新報社，2015年。

平野淳・品田裕・河村和徳「「全国市区町村選挙管理委員会事務局調査」についての報告(4)」『選挙時報』64(1)（2015年1月）。

第2章　選挙管理委員会事務局の能力・専門性・自律性
―― 選管アンケート調査に見るその実態 ――

曽 我 謙 悟

1　選挙管理と大学入試

　選挙管理という業務は，いかなる性質の業務なのか。実際に業務に携わる選挙管理委員会事務局職員にインタビューをしていく中で思い浮かんだのは，大学入試との強い類似性であった。公平・公正が何よりも強く求められ，当事者の人生を大きく左右しうるものだけに，社会的関心も高い。したがって，ミスなく遂行することが当然のように求められ，もしもミスがあった場合には，マスメディアによる報道の対象となる。

　このような特徴ゆえ，選挙管理の業務遂行に際して，関係者は強いプレッシャーを受ける。そして，公平性を担保するよう，種々の規定が制定されている上に，さまざまな例外的事例についても先例が蓄積されていく。さらに，ミスを極小化できるよう，さまざまな作業手続きが定められていく。その結果，非常に煩瑣な業務処理が求められる。投票と開票という，一見したところシンプルに見える業務であるが，意外にも，それを支える選挙管理業務は複雑で専門性を必要とする。選挙という政治参加活動は，実のところ，多大な行政活動によって支えられているのである。

　それでは，このような選挙管理業務を担う選挙管理委員会事務局とはいかなる組織なのか。どのような人からなる，どのような規模の組織なのか。何がその組織的特徴を決めているのか。その特徴は何に由来するのか。そして事務局のあり方によって，選挙管理業務にはどのような違いが生じるのだろうか。

　このような一連の問いに対して，全国市区町村の選管事務局を対象とする質問票調査に基づき，解答を試みるのが本章の試みである。これまで，選管事務局の実態についてはほとんど研究がなされておらず，本章は，そうした研究上の欠落を埋めるものである。

第Ⅰ部　選挙ガバナンスを動かすもの

2　先行研究と分析の視点

先行研究の整理と検討

　日本の選挙管理の実態，あるいはその担い手である選挙管理委員会および事務局に対しては，どのような研究がなされてきたのだろうか。先行研究は多くはないが，それらを整理しつつ，本章の視点との相違を示してきたい。

　第1に，現代日本の選挙管理委員会および事務局に関する政治学・行政学の先行研究としては，山内（1990），桑原（2010），品田（2013）の研究が主なものである。山内の研究は全国の市を対象としたアンケート調査に基づいて，選挙管理委員会事務局の実態を解明した唯一の研究といえる。そこではその規模がきわめて小さいこと，そうであるにもかかわらず課制をとるものが多く，職位が上方に過剰に位置づけられていることが示されている。桑原は，選挙管理委員会の制度について，とくに全国選挙管理委員会から自治庁への移行の時期を中心に，その歴史的変遷を描き出している。品田は，選挙管理委員会の委員の構成について，その類型化を試みている。

　これらの研究はいずれも，日本の選挙管理委員会および事務局の制度的な特徴や，委員会と事務局の関係の実態を描き出そうとするものであり，貴重な業績である。しかしながら，あくまでもこれらは委員会および事務局についての記述にとどまり，それがいかなる要因によりもたらされているのか，あるいはそれがいかなる効果をもつのかといった因果関係の分析には踏み出していない。委員会や事務局の違いがもたらす効果が明らかにされないため，委員会や事務局のあり方の違いを示すことに，どのような意義があるのかも示されていない。本章は，それらに視野を広げて議論していくことで，事務局の違いを考えていくことの意味を明らかにしたい。事務局の組織の違いは，実際の選挙管理の実態を変えることを示すこと，それが本章の課題となる。

　第2に，選挙管理委員会事務局の違いの原因と効果を考える上で，参考になる隣接領域の研究にも目を向けておこう。まず，政治学・行政学分野における行政委員会の研究としては，伊藤（2003）を挙げることができる。委員会の創設・改廃をもたらす要因として政治的要因に着目し，明確な理論的視角と歴史的叙述を組み合わせて探求していく優れた研究だが，本章は委員会制度ではな

58

くその下での事務局を分析対象とすることから，やや視点が異なる。このため，政治的要因よりも人口や財政力といった要因の方を，本章では強調することになる。

　教育行政学などにおいて行われてきた教育委員会についての研究においても，本章と近い問題関心のものがある。なかでも，教育委員会との比較対象として選挙管理委員会を取り上げた大畠（2011）や岡田（2004）の研究，首長と教育委員会の関係を検討するに際して，教育委員会事務局についても取り上げている村上（2011）の研究は，選挙管理委員会事務局を対象とする本章とも関心を共有する。

　しかしながら，教育行政学における教育委員会研究の関心は，中央・地方関係における分立性の基盤としての教育委員会，首長と教育委員会の関係，そしてレイマン・コントロール（素人統制）としての教育委員会といったところにある。その結果，教育長には関心が向けられるが，それを支える事務局組織にはあまり注目がなされない。本章では，選挙管理委員会と首長の関係については，別の章の議論に譲ることとして，事務局を中心に，それと選挙管理委員会の関係を明らかにしていくこととする。

　第3は，審議会についての政治学・行政学の分析である。審議会も合議制の機関という点では行政委員会と同種であり，加えて審議会については，それと事務局との関係が議論の対象になってきた。事務局およびそれを支える官僚制の知識や能力が高いと考えることから，審議会は「隠れ蓑」であるとする議論が一方にある（紹介と検討として，笠 1995）。他方では，審議会はむしろ種々の利益集団などの参加を制度化する仕組みであるという見解（Schwartz 1998）や，さらには，政権党による官僚制に対する統制手段として審議会は利用されているという見解（曽我 2006）もある。

　初期の「隠れ蓑論」が，事務局を担う官僚制が一定の専門性を有することを前提としているのに対して，後の議論はそれを自明視しない。この点では，本章の議論は後者と視座を共有する。しかし審議会はあくまで諮問機関であるのに対して，行政委員会は実際に業務を担う機関でもあり，それだけに事務局の業務処理能力が問われる点で大きな違いがある。したがって，仮に審議会について「隠れ蓑論」が成立しないとしても，選挙管理委員会について，それが成立する余地は十分に存在する。この点は実証的に解明されなければならない。

分析の視点と本節以降の構成

　以上の先行研究の検討をまとめておこう。まず，選挙管理委員会についての研究は少ないが，とりわけ事務局についての研究はほとんど見られないことが確認された。そして，行政委員会，教育委員会および審議会についての研究からは，事務局の業務処理能力にも注目しつつ，その実態を明らかにし，規定要因については政治的要因以外にも目を向ける必要があること，また事務局のあり方が選挙管理委員会との関係をどのように変えるのかが注目点となることを導き出した。

　そこで以下では，次のような形で，選挙管理委員会事務局の実態を明らかにしていきたい。まず，選挙管理委員会事務局のあり方について，その業務処理能力と専門性，そして自律性に注目する。なぜならば，1つには，選挙管理委員会事務局は選挙管理の実務を担う。その業務量は時期によって大きな差があり，ピーク時には非常に大きなものとなる。それだけの業務をこなす組織的資源が存在しているのかということと，さまざまな実務上の知識に精通するという専門性を備えているのかということが，そこでは問われる。もう1つには，選挙管理は政治的な利害が交錯し，その公平性が強く求められる業務である。事務局が関係する政治アクターたちからどの程度の自律性を備えているのかが[2]問われる。自治体では二元代表制をとることから，議会および首長の双方からどの程度の自律性を確保しているのかが問題となる。

　具体的には，事務局の規模，事務局職員の在籍年数，そして首長部局からの人的資源の独立性すなわち事務局専任の程度によって，業務処理能力，専門性，そして自律性を捉えていく。事務局の規模が業務処理能力に関わるのはもちろんだが，執務知識の習熟には時間がかかることから，長い期間にわたり専任でその業務に携わることができるかどうかも，専門性や業務処理能力を左右するだろう。総務部などと兼任で日常的に首長の指示を受ける立場にあっては，首長からの自律性は確保できないし，また，配属年数が短く，すぐに首長部局に戻ることが予定されていれば，やはり首長からの自律性を保つことは期待できない。したがって，配属年数と専任の程度はどちらも，首長からの専門性と自律性の双方に関わる。つまり本章では，事務局の規模，配属年数，専任比率の3つの指標を通じて，処理能力，専門性，自律性の3つの視点から事務局の特徴を捉えていく。この作業が第3節の課題となる。

それでは，処理能力，専門性，自律性の３つの側面を規定する要因は何なのか。選挙管理という業務が，大量の業務処理と執務知識や情報を必要とする点に注目すれば，人口が大きく，財政力が大きい所で，処理能力と専門性は高くなると考えられる。しかし自律性に関しては，そのような行政的な観点からの説明は難しいだろう。むしろ首長や議会による政治的要因の影響が想定される。ただし，本章ではそこまでは踏み込まず，まずは，人口や財政力が，処理能力，専門性，自律性にどのような影響を持っているかを確認していく。第４節がその課題に取り組む。

他方で，選挙管理委員会事務局のあり方は，どのような影響を選挙管理に対して持つのだろうか。まず考えられるのは，選挙管理の業務遂行や選挙管理に関わる組織のあり方に対する影響である。処理能力，専門性，自律性の程度に応じて，選挙管理の業務においてどの程度の制度化が進められるのか，民間委託などの利用の程度はどの程度かといったことが変化するだろう。くわえて，事務局が本体の委員会に対して持つ影響も変わってくるかもしれない。

さらに，選管事務局は選挙管理のアウトプットやアウトカム，すなわち選挙管理における投票機会の実質的保障の程度や投開票業務におけるミスなどにも影響を与えるだろう。行政改革の名のもと，人員や予算の削減が続く中で，事務局の状況は苦しいものになっていても不思議ではない。そのことは，１つには，有権者教育や常時啓発のように，その実施の程度に裁量の余地があるものの削減に繋がるだろう。もう１つには，選挙の際の投開票業務において，ミスを誘発することにも繋がるだろう。これらの点について，データに基づいて確認をすることが第５節での課題となる。

3　選管事務局の実態——規模，配属年数，専任率

ここではまず，選挙管理委員会事務局が抱える人的資源の実態について，明らかにしていこう。第１に，量的な側面として事務局に属している人数を見ていこう。図２-１にヒストグラムを示した。また，これ以外の変数も含めて，本章で用いたすべての変数についての記述統計については補遺にまとめた。これを見て分かるように，大半の事務局は２から６人の職員で構成されている。最も多いのは３人という事務局であり，これが２割弱となる。10人を超える

第 I 部　選挙ガバナンスを動かすもの

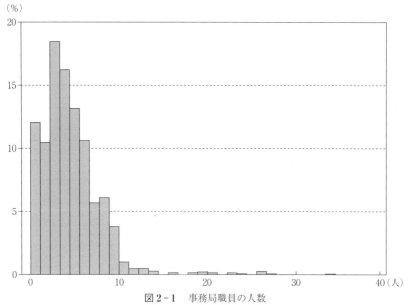

図 2-1　事務局職員の人数

注：無回答のものを除いた上での相対比率（％）を示した。

ような事務局はきわめて例外的であることが分かる。このような小規模性は，山内（1990）が描いた 25 年前の事務局の姿と大きな違いはない。

　第 2 に，質的な側面として，職員の事務局への配属年数と専任か兼任かを調べた。経験年数が長いほど，選挙管理に関する職務知識や情報が蓄積されるだろうし，また，専任者の方が兼任者よりは知識や情報を修得しやすいだろう。さらに，兼任の場合は，首長からの影響をより強く受けることになり，自律性を損ねる可能性が高い。

　これらと先ほど見た，事務局の人数との関係を見てみよう。これらをまとめて図示したのが，図 2-2 である。まず，中段左の図は横軸の事務局の規模，縦軸にその職員の平均在任期間を示したものである。職員の在籍年数の平均は，職員数 10 名を超える事務局では，2 から 4 年といったところである。事務局にいる職員全体の平均ということになるので，これでもやや，他の部署に比べると高めである。たとえばおおむね 3 年サイクルで職場の異動が行われるとすれば，職場全体の平均としては 1.5 年の在籍年数となるからである。それ以上に長期にわたって在籍するものが多いということがうかがえる。こうした傾向

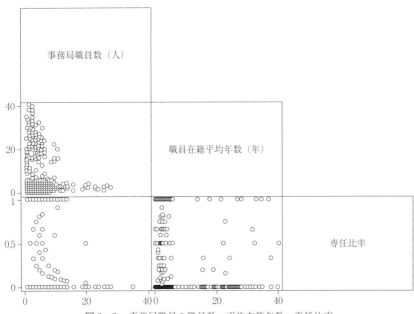

図 2-2 事務局職員の職員数・平均在籍年数・専任比率

は，職員数が小さい事務局になるほど，顕著になる。人数 5 名以下の事務局では，在籍年数の平均が 4 年から 6 年となる。事務局にいる大半が 20 年以上のベテランであるといった職場すら，相当の数に上るのである。むしろ小規模市町村の事務局ほど，そこでの経験が長くなる傾向があるといえる。[3]

次に下段左の図は，やはり横軸に事務局の規模をとり，縦軸に職員のうち専任のものの比率を示したものである。ここでは，大規模な市区町村の事務局ほど兼任者の割合が多い傾向がある。人数が 20 人を超えるような事務局においては，全員が兼任しているという形をとる。これに対して，10 人以下の規模の事務局の場合，全員が専任であるという市区町村もあれば，全員が兼任であるという市区町村もあり，さらに一定の割合で両者が混在しているという市区町村もあり多様な姿を見せるようになる。

最後に，専任の程度と在職年数の間にはどのような関係があるのだろうか。兼任者の多い所では，その代わりにベテランを配置することで補完するといった関係が見られるのだろうか。下段中の図は，横軸に在職年数，縦軸に専任比率を示している。これを見ると分かるように，両者の間に一定の関係は存在し

第 I 部　選挙ガバナンスを動かすもの

ない。専任者が中心だが，数年で異動がある所もあれば，兼任ばかりだが長期
にわたり選管業務にも従事させる所も見受けられるのである。

4　選管事務局のあり方を規定する要因

　ここまで見てきた，選挙管理委員会事務局のあり方は，いかなる要因によっ
て決まるのだろうか。事務局の職員数，在任年数の長さ，専任職員の割合を左
右するのは何なのであろうか。ここではこれらの問いについて考えていく。
　事務局の規模，専門性，自律性を規定する要因として考えられる第 1 のもの
は，当該市区町村における職員数である。[4]市区町村行政部局が選管事務局への
唯一の人材供給源である以上，全体としての職員数が大きいことが，事務局の
職員数も拡大することに繋がるのは，容易に予測できる所である。そして職員
数が多ければ，専任職員を置くことも可能になるだろう。そして，規模と専門
性が高くなるならば，長期間にわたり同じ人間を貼り付けておく必要はなくな
るだろう。したがって，勤続年数の平均は下がるのではないかと考えられる。
　第 2 の要因は，当該市区町村の財政力である。財政力が事務局の規模や独立
性，専門性に与える影響も，職員数のそれと同様であると考えることができる
だろう。[5]
　具体的な指標としては，職員数については，2012 年度の職員数（単位：1000
人），財政力については，2011 年度の財政力指数を用いた。モデルの推定は
OLS である。分析結果をまとめたのが表 2 - 1 となる。
　結果は，事務局の職員数ならびに専任の割合については予測通りであった。
すなわち，自治体全体の職員数が多くなるほど，また，財政力が強くなるほど，
事務局の職員数も多くなり，専任の割合も高くなる。職員 1000 人強の増大に
つき 1 名ほど，事務局職員も増えると推定される。また，専任の割合は，職員
1000 人の増大で 1 割ほど高まると推定される。財政力指数についても，これ
が 0.1 高まることで職員は 0.13 人分の増大となり，専任の比率は 0.008 高ま
ると推定される。いずれも，事務局職員数の平均が 4.6 人で標準偏差が 3.4 人，
専任の比率は平均が 0.14 で標準偏差は 0.3 であることを考えると，相応に大
きな効果をもっているといえるだろう。
　先の図 2 - 2 で見たように，事務局職員数が多い所では，専任の割合が低く

64

第**2**章　選挙管理委員会事務局の能力・専門性・自律性

表2-1　事務局の規模・専門性・自律性の規定要因

独立変数	事務局職員数	在籍年数	専任比率
行政部局職員数 （1000人）	0.931*** (0.0971)	−0.396 (0.251)	0.107*** (0.0113)
財政力指数	1.307*** (0.267)	−0.929 (0.685)	0.0804*** (0.0303)
定　　数	3.335*** (0.154)	5.466*** (0.401)	0.0573*** (0.0177)
観察数	1,364	1,238	1,300
R 2 乗	0.102	0.005	0.085

注：数字は係数。括弧内は標準誤差。*** = 1 ％水準で統計的に有意。

なる傾向が見られることからすると，多くの専任の事務局職員を持つということは難しいことである。しかし，この結果は，他の条件が等しければ，行政部局の職員数が大きい所ほど，また，財政力が豊かな所ほど，事務局の職員数も多くなるし，専任の比率も高まっていくことを示している。この2つの知見を照らし合わせるならば，大規模で財政的にも豊かな自治体では，専任で多くの事務局職員を持つことができるが，そうした所は限られており，職員全体が限られているか，財政的な制約から，選管事務局についても，専任か規模のどちらかを諦めるという所が大半だという姿が浮かんでくる。

　他方で，職員の在職年数の平均に対しては，いずれの変数も統計的に有意な関係をもたなかった。したがって，どの程度長期に在職させるかは，自治体の職員数や財政力といった要因によって規定されているとはいえず，それらとは異なるなんらか他の要因によって規定されていると考えることができる。それが何かをこれ以上ここでは追求しないが，自治体ごとに異なる人事政策の存在が，ここからは窺えるだろう。

5　選管事務局のあり方の帰結(1)——委員会への影響や業務のアウトプット

委員会への影響

　選管事務局の組織がもたらす効果のうち，ここではまず，事務局のアウトプットや事務局と直接的関係の深い組織のあり方への影響を取り上げていく。次節ではより間接的な効果に目を向けることとの対比でいえば，ここで取り上げ

第Ⅰ部　選挙ガバナンスを動かすもの

表2-2　選挙管理委員会委員の選出に対する事務局の影響

独立変数	委員選出＝首長	委員選出＝事務局	委員選出＝その他
事務局職員数	-0.075** (0.030)	0.008 (0.020)	-0.035 (0.055)
在籍平均年数	0.020* (0.012)	0.030*** (0.010)	0.019 (0.023)
専任比率	-0.864*** (0.280)	-0.743*** (0.218)	-0.837 (0.581)
定　　数	-0.857*** (0.172)	-0.791*** (0.134)	-2.643*** (0.337)
観測数	1,319	1,319	1,319

注：数字は係数。括弧内は標準誤差。***＝1％，**＝5％，*＝10％で統計的に有意。

るのは，事務局と密接な関係をもつ選挙管理委員会のあり方や，事務局による
業務遂行の方法への影響である。

　まず，委員会の委員の人選に与える影響を検討しよう。選挙管理委員会は事
務局を指導する立場にあるが，実際には，事務局の方が実質的な決定権を握っ
ている可能性がある。実際，今回の調査においても，選挙管理委員会の委員の
選出に当たって，人選を実際に行っているものを尋ねたところ，事務局を挙げ
る市区町村が全体の25.9％に及んだ（市町村長ら役所幹部が15.2％，議会が52.5
％である）。

　それでは，このようなプリンシパルとエージェントの関係を逆転させるよう
な事務局とは，どのような事務局なのだろうか。すべての事務局において，こ
のようなことは起こりえるのだろうか。もしそうならば，上述したような委員
選出の違いは，議会や首長の判断によって生じている可能性が高いだろう。し
かし，事務局の特徴が，事務局による委員の選出に繋がっていると考える可能
性はないだろうか。規模が大きく，高い専門性と自律性を備えた事務局であれ
ば，委員会もそれに依存するということが生まれるのではないだろうか。

　この点を確かめるため，選管委員の選出を実質的に行っているのは誰かとい
う項目を従属変数として，事務局の人数，平均勤務年数，専任比率を独立変数
として，多項ロジット分析を行った。基準のカテゴリーを議会とした場合の結
果は，表2-2の通りである。しかし多項ロジット分析における係数の解釈は
容易ではないため，事務局規模，平均在籍年数，専任比率を変化させていった

66

とき，委員の選出を主導するのが議会である確率，首長となる確率，事務局となる確率が，それぞれどのように変化するかを図2－3に示した。それぞれの予測確率を濃い線で描き，その95％信頼区間をその線の上下に薄い線で描いている。

　これを見ると，専任比率が低く，ベテラン職員が多い場合には，事務局が委員の人選にも当たる確率が高いことが分かる。平均在籍年数が40年を超える場合，事務局が人選に当たる確率は40％以上であることが示されている。市長による選出が行われやすいのは，事務局の人数が少なく，専任比率が低く，ベテラン職員が多い場合，そしてこれらの裏返しで，議会による選出は，専任比率が高く，ベテラン職員は少ない場合に行われやすいことが分かる。

　つまり，専門性が事務局の影響力の源泉となるといえる。自律性の低さはそこでは問題とならない。しかし，自律性が低く，かつ規模が十分ではない場合には，市長が委員会に影響を及ぼすこととなる。そして，事務局の自律性が高いが，規模や専門性が低い場合に，議会が委員会を取り込みやすいといえる。これらの関係は，因果が逆である可能性もある。すなわち，議会によって選出された委員の下では，首長からの自律性が高い事務局が設置され，そこには規模や専門性が付与されないという選択がなされるという可能性である。しかしながら，事務局の予算権や人事権を持つのが首長であることを考えると，この解釈には無理がある。やはり事務局のあり方に応じて，委員の選出にも，どこまで影響を及ぼせるかに違いが出てくると考えるべきであろう。

選挙管理業務への効果

　つづいて，選挙管理の業務に関わるものとして，マニュアルの作成の程度，選挙期間中の応援をどの程度受けるか，投開票業務を外部に委託するか，この3点について，事務局組織の影響を見ていきたい。マニュアルの作成は，業務処理を標準化し，ベテラン職員への依存の程度を下げる。したがって，専任比率が低い場合や，平均在職年数が短い場合に，マニュアルは作成されやすいと予測できる。他部署の応援と外部への委託はいずれも，マンパワーの不足から必要になるものゆえ，職員の少なさがこれをもたらしていると予測できる。

　順序ロジットによる分析結果を，表2－3にまとめた。これを見ると，専任の職員が多いが，ベテラン職員は少ない所で，マニュアルの策定，選挙期間中

図2-3 選挙管理委員選出に対する事務局の影響の推定値

a) 事務局の人数

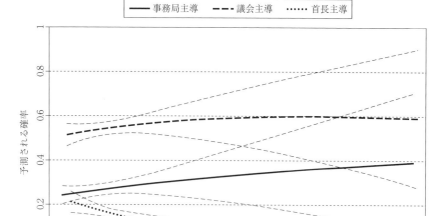

b) 平均在籍年数

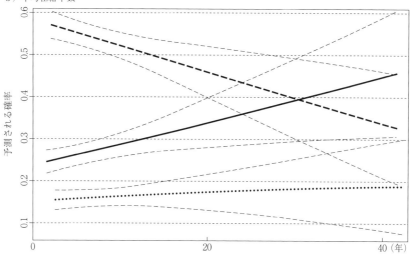

c）専任比率

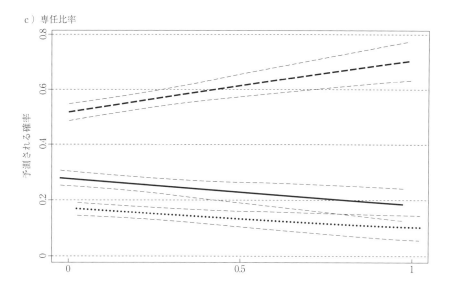

表2-3 選挙管理業務の形態に対する事務局のあり方の影響

独立変数	マニュアル作成	他部署からの支援	投開票の外部委託
事務局職員数	0.108*** (0.0167)	0.033** (0.015)	0.135*** (0.017)
平均在籍年数	−0.015** (0.008)	−0.017** (0.007)	−0.016* (0.009)
専任比率	0.932*** (0.158)	0.494*** (0.142)	1.042*** (0.151)
分割点1	−0.113 (0.108)	−0.882*** (0.108)	1.062*** (0.114)
分割点2	1.997*** (0.124)	0.244** (0.105)	1.650*** (0.120)
分割点3		1.532*** (0.113)	3.383*** (0.156)
観測数	1,350	1,344	1,350

注：数字は係数。括弧内は標準誤差。*** = 1 %，** = 5 %，* = 10 %で統計的に有意。

の他部署からの応援，投開票業務の外部委託が進んでいるということが分かった。逆にいえば，職員数が小さく，他の部署との兼任をしつつ，ベテラン職員が中心である場合，マニュアルを策定する必要や他の部署，また行政外部への委託の必要性が下がるのだろうと説明される。この結果は，小規模自治体の多

第 I 部　選挙ガバナンスを動かすもの

くでは，このような他の部署との兼任を行うベテランの少数の職員により事務局を切り盛りしている例が多いことを考えると，納得のいく結果である。

6　選管事務局のあり方の帰結(2)——選挙のアウトカム

選挙アウトカムの指標

ここまで，選管事務局の規模，在籍年数，専任比率の実態を描き，その規定要因とその効果についても見てきた。事務局のあり方が，基本的には人口や財政力によって規定されつつ，それが委員の選出や業務形態に影響を与えていることが明らかになった。最後に考えたいのは，事務局の規模，専門性，自律性がさらに間接的な効果をもっているのかという点である。すなわち，選管事務局のあり方が，そこでの有権者教育の程度や実質的な投票権の確保の程度にどのように影響を与えるのか，さらには，選挙管理におけるミスの発生に関係をもつのかといったことである。

具体的な指標としては，第1に，有権者教育について，どの程度常時啓発に積極的に取り組んでいるかを用いた。常時啓発の9つの手段を掲げて，そのうち過去5年間に実施したものがいくつあるかという質問に対する回答を指標とした。第2に，実質的な投票権の行使を支援する業務として，選挙公報の発行を取り上げた。国政選挙と異なり，自治体選挙において選挙公報の発行は義務づけられていないが，これに取り組むことは，有権者が候補者の情報をより多く得る上で大きな意味をもつ。自治体選挙においてどれだけ選挙公報の発行を行っているかを，具体的指標として用いた。[6] 第3に，投票所の繰り上げ閉鎖を行っているかどうかを取り上げた。少なくとも形式的には，投票時間を特定の投票所については短縮するということは，投票権の確保という観点からして望ましくはない。[7] こうした行為を行っているか否かを1つの指標として用いた。

さらに，選挙管理上の問題の発生や失敗については，2つの指標を用いた。1つは，事務局質問票調査の中の選挙管理上のミスがあったか否かを尋ねた質問である。もう1つは，総務省選挙部がまとめている『管理執行上問題となった事項』という資料に基づき，2010年と13年の参議院議員通常選挙，2012年の衆議院議員総選挙の合計3回の選挙についての，各市区町村が報告した事項数を指標として用いた。

第**2**章　選挙管理委員会事務局の能力・専門性・自律性

表2-4　選挙アウトカムに対する事務局の影響

変数	常時啓発	選挙公報	繰り上げ閉鎖	選挙のミス	総務省調査
事務局職員数	0.102*** (0.0164)	0.061** (0.025)	0.0124 (0.020)	0.085*** (0.020)	0.015 (0.023)
平均在籍年数	−0.015** (0.007)	−0.001 (0.009)	−0.010 (0.009)	0.001 (0.010)	−0.010 (0.012)
専任比率	1.154*** (0.161)	0.560** (0.261)	1.334*** (0.207)	0.649*** (0.186)	0.558*** (0.202)
都市化の程度	1.945*** (0.157)	3.090*** (0.255)	−3.202*** (0.217)	0.835*** (0.182)	0.927*** (0.206)
分割点1	−1.767*** (0.140)	0.338** (0.140)	0.673*** (0.128)	−1.939*** (0.145)	2.062*** (0.163)
分割点2	−0.235** (0.110)	0.342** (0.140)			4.122*** (0.226)
分割点3	1.192*** (0.111)	0.394*** (0.140)			5.790*** (0.408)
分割点4	2.746*** (0.132)				7.048*** (0.724)
分割点5	4.273*** (0.171)				
分割点6	5.617*** (0.237)				
分割点7	6.976*** (0.385)				
分割点8	9.069*** (1.012)				
観測数	1,341	1,329	1,354	1,354	1,354

注：数字は係数。括弧内は標準誤差。*** = 1 %，** = 5 %，* =10 %で統計的に有意。

　前節の選挙管理委員会などと異なり，これらの選挙管理アウトカムの場合は，当該自治体の地域社会や経済の特徴が従属変数に対して影響を与えると考えられる。したがって，ここでは都市化の程度（人口集中地区人口比率）[8]を制御変数として加えた。係数の推定は従属変数に応じて，順序ロジスティックないしロジスティック回帰を用いた。

分析結果とその考察

　分析結果は，表2-4にまとめた。5つのアウトカム，いずれについても，

第Ⅰ部　選挙ガバナンスを動かすもの

表2-5　職員の平均在籍年数と常時啓発の有効性に対する評価

現在の常時啓発活動の有効性	平均在籍年数	標準偏差	該当数
効果がある	3.734	4.159	80
どちらかといえば効果がある	4.208	6.175	602
どちらかというと効果がない	5.202	7.437	503
効果がない	5.344	7.517	131
合　計	4.673	6.743	1316

　都市化の程度の変数は有意であり，都市部ほど，常時啓発が多く行われ，選挙公報が発行され，繰り上げ閉鎖は行われにくく，選挙ミスが発生しやすい。この影響を制御した上で，選挙管理委員会のあり方は，選挙管理アウトカムにも影響を与えていることが分かる。

　まず，常時啓発は，事務局の規模が大きく，専任の比率が高いほど，多く実施されるが，ベテラン職員が多いことは啓発を減らす方向に影響する。規模の大きさと自律性の高さは，事務局の組織的利益を拡大するためにも，また活動を行う体力があるという点でも，常時啓発の活発さに繋がるということは理解できる。しかし，ベテラン職員が多いことが，なぜ常時啓発の少なさをもたらすのかは，にわかには理解できない。おそらくこれは，事務局職員にとって常時啓発の有効性に疑問がもたれており（4段階の回答のうち，効果がある5.9％，どちらかというと効果がある44.0％，どちらかというと効果がない36.7％，効果がない9.9％となっている）。こうした疑問は，職員として年月を重ねることでより深まっていくからではないかと思われる。サーヴェイ調査に回答した個人の意見として尋ねたものであるが，現在の常時啓発活動の有効性についてどのように思うかという回答と，その自治体の事務局職員の平均在籍年数をクロスさせたのが，表2-5である。これを見ると，常時啓発活動の有効性に疑問を強く抱くほど，その事務局の在職年数の平均が大きくなっていることが分かる。

　次に自治体選挙において選挙公報の発行を行っているかという点に目を向けよう。全体の31.2％が選挙公報の発行を行っておらず，残りの大半は首長選挙，議会選挙のどちらについても発行を行っている。この違いを説明する要因として，事務局のあり方が影響しているかを見ると，規模と専任比率のみが正の効果をもつということが分かった。職員数が多く，専任の職員が多い場合，選挙公報の発行を行うだけの組織資源があるということなのであろう。

72

それでは同様のことが，投票所の繰り上げ閉鎖にも当てはまるのだろうか。繰り上げ閉鎖を行ったという自治体は，今回の調査では全体の46.9％であるから，約半分の自治体では繰り上げ閉鎖が行われている。農村部の自治体にそれが多いのは確かであるが，その上で，事務局のあり方が影響しているかというと，専任比率が高いほど，繰り上げ閉鎖が多いという結果になっている。先ほどの選挙公報の発行と同じロジックが働くならば，専任の職員の多さは，繰り上げ閉鎖を行わない方向に影響しそうなところ，逆の結果が出るのはなぜなのだろうか。繰り上げ閉鎖を行う場合には，その理由について自由記述によって述べてもらったが，その回答を見ると，農村部のために有権者が早朝から昼間には投票を終えてしまうという理由が最も多いが，その次に多いのが，開票所までの距離の遠さを挙げるものである。専任職員が多い場合に，開票作業などの効率性がより強く意識されると解釈することが可能かと思われる。

最後の選挙に際してのミスについても，規模が大きい所ほどミスを減少させることができるのではないかと考えられるが，必ずしもそのような結果は出ない。ミスがあったか否かを回答者に尋ねた結果については，規模が大きい所ほど，また専任比率が高い所ほど，ミスが生じやすいという関係を見出すことができる。むしろこのような場合にミスを自覚しやすいということがあるというのが1つの解釈である。総務省がまとめている執行管理上問題があったケースの指標を用いても，規模とミスの関係は消えるものの，やはり専任比率が高い所ほど，ミスが多く生じているという結果となった。他の業務と兼任でやっている事務局の方が，業務に習熟しにくく，ミスも多そうに思えるが，結果はその逆となっている。実際のミスの内容というのは，総務省の資料によると，投票時の用紙の交付誤り，本人確認誤り，不在者投票運用誤りといったものが多い。先に見たように，専任比率が高い所ほど，むしろ投開票業務における他部署からの応援や外部委託を多く用いていることから，専任の事務局職員がミスを犯しているというのではなく，それ以外の応援や委託業務においてミスが発生し，またそのミスを認知することも多いのだと推測することができるだろう。

7　民主制を支える行政

本章では，選管事務局について，全国市区町村を対象とした質問票調査を用

いて，その実態を明らかにしてきた。同様の試みはこれまで数少なく，まして，事務局のあり方の規定要因と効果について，検討を加えた研究は皆無に等しい。

　そこで浮かび上がる姿は，実に多様であった。職業人生のほとんどを選管事務局で過ごすようなベテラン職員を中心に，ごく少ない人数の専任職員で構成されている事務局が一方にはある。この場合，選管事務局は，首長部局からは切り離された，相当に自律性の強いものといえるだろう。他方には，短期間で異動していく部署の１つとして事務局が位置づけられている自治体も多い。この場合は，事務局と他の首長部局との違いはきわめて薄いだろう。おそらく前者のタイプの自治体は，そうしたベテランが退職を迎える段階になると後継者難という問題を抱えるであろうし，後者のタイプの自治体は，事務局職員の選管業務への習熟がなかなか高まらないという問題を抱えているだろう。

　こうした問題のさらなる根底には，選挙のあり方そのものを規定している公職選挙法の特徴があるだろう。他国に比べても詳細な規制が多いといわれるわが国の公職選挙法だが，その影響といったときに，政治家と有権者に対する影響が語られることはあっても，選挙管理業務への影響が語られることはなかった。しかし，そこにはやはり影響がある。選挙法の複雑さは，その執行業務に必要となる専門性を高めることにも繋がる。公平，公正な選挙が民主主義の根底を支えることに異論はなかろうが，それを裏で支える存在に目が向けられることは少ない。選挙制度の見直しに際しては，このような光の当たりにくい所にも目を向けていくことが必要ではないだろうか。

注
⑴　この他，行政法学の分野では行政委員会の一つとして，選挙管理委員会についての紹介や検討がなされてきた。とりわけ，1950 年代までは一定の関心を集めてきたといえよう。たとえば，林田（1959）。
⑵　自律性とは，政治アクターからのコントロールを受けつつも，事務局の決定や行動がそれ自身の選好に沿っていることを指す。これに対して独立性とは，人材や金銭などの組織資源が事務局の自前で調達できていることを指す（曽我 2016：1 章）。
⑶　このため，現在の経験年数のみならず，過去に事務局に配置され，その後，事務局以外に異動し，再び事務局に戻ってきた職員については，その過去の分も合わせた通算の経験年数を算出しても，ほとんどの自治体で変化がなかった。
⑷　同様の理由で，当該市区町村の人口が影響を与えることも考えられる。しかし，

人口と職員数には強い比例関係があり（両者の相関係数は0.9を超える），多重共線性を引き起こすため，以下の分析では人口は独立変数として投入しなかった。

(5) 職員数と財政力指数の相関関係はそれほど強くなく，相関係数は0.29に留まる。

(6) 具体的には，市町村長選挙と議会選挙の両方，前者のみ，後者のみ，まったくしていないの4段階であるが，首長と議会のどちらかのみで発行していると回答した自治体はあわせて16にとどまった。したがって，後の順序ロジット分析においても，分割点の係数にはほとんど実質的な差が無い結果になっている。

(7) ただし実質的には，投票権を損ねることにはなっていないというのが，事務局職員の認識の多くを占めている。このことについては，後に触れる。

(8) 人口集中地区が設定されていない自治体については，欠損値とせず，この指標を0とした。

補遺　分析に用いた変数の記述統計

変　　数	観測数	平均	標準偏差	最小値	最大値
選管事務局職員数（人）	1511	4.593	3.352	0	35
専任比率	1424	0.135	0.320	0	1
在籍平均年数	1354	4.652	6.714	0	40.5
12年度職員総数（1000人）	1742	0.384	0.854	0.011	16.443
11年度財政力指数	1716	0.506	0.295	0.05	2.32
マニュアル作成	1504	1.858	0.733	1	3
庁内の応援	1501	2.408	1.091	1	4
外部への委託	1506	1.790	1.034	1	4
常時啓発	1486	2.470	1.377	0	9
選挙公報の発行	1476	3.024	1.398	1	4
投票所の繰り上げ閉鎖	1917	0.368	0.482	0	1
選挙時のミス	1917	0.194	0.395	0	1
総務省調査でのミス	1917	0.161	0.442	0	4
都市化の程度	1917	0.330	0.375	0	1

参考文献

伊藤正次（2003）『日本型行政委員会制度の形成——組織と制度の行政史』東京大学出版会。

大畠菜穂子（2011）「教育委員会と教育長の権限関係——事務執行形態と指揮監督に着目した執行機関の比較分析」『東北大学大学院教育学研究科研究年報』60(1)。

岡田佐織（2004）「行政委員会としての教育委員会——独立性の理念・制度・実態」

『東京大学大学院教育学研究科教育行政学研究室紀要』23。

桑原英明（2010）「自治体選挙管理行政の一考察——選挙管理委員会制度を中心として」『総合政策論叢』1。

品田裕（2013）「日本の選挙管理委員会について」大西裕編『選挙管理の政治学——日本の選挙管理と「韓国モデル」の比較研究』有斐閣。

曽我謙悟（2006）「政権党・官僚制・審議会——ゲーム理論と計量分析を用いて」『レヴァイアサン』39。

曽我謙悟（2016）『現代日本の官僚制』東京大学出版会。

林田和博（1959）「行政委員会論——選挙管理委員会の諸問題」『法政研究』25(2)。

村上祐介（2011）『教育行政の政治学——教育委員会制度の改革と実態に関する実証的研究』木鐸社。

山内和夫（1990）「市選挙管理委員会事務局の組織形態——都市の行政委員会等に関する実態調査からの報告」『東海大學紀要』22。

笠京子（1995）「省庁の外郭団体・業界団体・諮問機関」西尾勝・村松岐夫編『講座行政学第4巻　政策と管理』有斐閣。

Schwartz, Frank J. (1998) *Advice and Consent : The Politics of Consultation in Japan*, Cambridge University Press.

［付記］今回の論文を執筆するにあたって，2010年から2012年にかけて，石川県，山口県，山口市，熊本県，熊本市，熊本県菊陽町，熊本県産山村，兵庫県三田市，兵庫県加西市，総務省選挙部（以上，訪問順）においてインタビュー調査を実施させていただいた。聴き取り内容を直接，論文で言及することはしていないが，本章の議論の多くは，そこでの知見に示唆を得たものである。一人ひとりのお名前を掲げることは控えるが，ご多忙のなか時間を割いてくださり，実務の実態について実に多くのことをご教示くださった皆様に対して，この場を借りて心より感謝申し上げたい。

第3章　首長は選挙管理に影響を与えるか
──市長の選挙戦略と選挙管理委員会事務局の意識──

藤 村 直 史

　日本では，選挙管理を担う選挙管理委員会の委員は地方議会が選出すると定められている一方，選挙管理の実務を担当する選挙管理委員会事務局は自治体職員によって構成されている。こうした制度配置のもとでは，とくに選挙管理の実務を担う選挙管理委員会事務局は，首長の影響を受けることが考えられる。本章は，全国の市区町村の選挙管理委員会事務局に対して行った「全国市区町村選挙管理委員会・事務局調査」（以下「選管調査」）をもとに，市長が選挙管理委員会事務局職員の意識に与える影響を分析することによって，日本の地方自治体において，首長が選挙管理に与える影響を把握することを目指す。

1　首長と選挙管理員会の関係

　日本の選挙は，国，都道府県，市町村の3つのレヴェルで行われるが，いずれにおいても選挙の実施を直接担当するのは，市町村（政令市の特別区も含める）の選挙管理委員会である。都道府県や市町村の選挙管理委員会は4名の委員から構成され（地方自治法第181条），地方議会によって選挙される（同182条）。しかし，委員は非常勤で専門性が欠如し，予算の調整や執行の権限もなく，さらに事務局の人選の権限も事実上ないため，その権限は限定的である（大西 2013）。一方，選挙管理の実務を担当し，実際の業務の多くを担うのは，選挙管理委員会事務局であり，職員は自治体の職員によって構成される。[1]この(1)選挙管理委員会事務局が選挙管理の実務を担う，(2)事務局職員は公務員であるという2点から，首長は公務員である事務局職員への明示されたあるいは暗黙の働きかけを通じて，選挙管理に影響を及ぼすことが可能である。

　このような首長と選挙管理委員会事務局の関係は，政策立案を担当する政治家を本人，政策実施を担当する公務員を代理人とみなす一般的な委任モデルと

第Ⅰ部　選挙ガバナンスを動かすもの

して捉えられる（たとえば，McCubbins and Schwartz 1984；McCubbins, Noll, and Weingast 1987；Huber, Shipan, and Pfahler 2001）。事務局がどれだけ首長に従うかは，さまざまな構造的・状況的要因に左右されるものの，首長は法的権限や予算，人事を通じて事務局を統制することが可能で，事務局の側も首長に従う構造が存在すると想定できる。

2　首長の誘因

再選と投票率

　それでは，首長は選挙管理においてどのような選好をもつのだろう。政治家は，再選を第1に追求し（Mayhew 1974），くわえて影響や政策などの目的を追求するとされる（Fenno 1973；Fenno 1978）。また，そうした目標を実現しやすいような状況を選択・維持するとされる（Kats and Sala 1996）。本章は，こうした政治家の再選追求とそのための状況選択という視点から選挙管理を捉える。こうした観点からは，首長は，個別の選挙管理をめぐる紛争に関しては，選挙の実施や結果が自身に有利なものとなるように選挙管理委員会に働きかけると予測される[2]。一方，日常の選挙管理業務において，公正さや公平さと並んで最も重要な争点は，積極的投票権保障である。選挙管理委員会は，日常および選挙期間における啓発活動を通じて有権者に投票を呼びかけると同時に，有権者が投票しやすいような投票場所・時間や方法を整える役割を担っている。積極的投票権保障は，投票率を左右する。そして，投票率は政治家の選挙結果を左右する。

　首長には選挙によって有権者から選出されるという政治家としての面と，各自治体における行政の長としての面がある。前者の政治家という視点からは，選挙での当選可能性を高めるために，低い投票率を望むことが予測される。理論的には，投票率が高いほど現職の当選確率は低下する傾向があることが主張されている（DeNardo 1980）。新人候補者と比較して，現職は自身の知名度や有権者への利益誘導によってより強い支持基盤をもつ。こうした強い選挙基盤にあたる有権者は，安定的に現職に投票する。したがって，投票率が低いと有効投票数に占める支持層の票の比率が高くなり，当選に有利となることが示唆される。日本でも，2009年1月から2013年2月に間に行われた市長選挙にお

第**3**章　首長は選挙管理に影響を与えるか

表3-1　投票所の設置数が話題になったことはあるか（問2-1）

	回答数	比率
1．話題になったことはない	838	55.1％
2．話題になったことがある	658	43.3％
回答なし	25	1.6％
合　計	1,521	100％

いて，現職が当選した選挙での投票率は54.6％（372ケース），新人が当選した選挙での投票率は59.5％（291ケース）[3]と，投票率が低いほど現職市長が当選する傾向がある。[4]

投票権保障

　公選職の政治家としての面で，首長が低い投票率を望むという本章の前提は，直感に反し，現実を反映していないという批判が向けられるかもしれない。しかし，首長が必ずしも投票率向上に積極的ではないことは，「選管調査」からも確認できる。ここでは，積極的投票権保障の代理指標として投票所の数に焦点を当てる。投票所の数は有権者の投票コストを決定する。投票所を増やすことによって，有権者の投票を容易にし，投票率の上昇が期待できる。問2-1では，「ここ5年のうちで，市役所内部や市議会で，投票所の設置数が話題になったことがありますか」と聞いている。有効回答のあった1496市区町村のうち，「話題になったことはない」という回答が838，「話題になったことがある」という回答が658であり，44.0％の自治体で投票所数が話題になっていることが確認できる（表3-1）。

　さらに問2-2では，話題になったことがあると回答した658自治体に対して，提案者，提案内容，成否を尋ねている。表3-2に提案者と提案内容を，表3-3に提案者と成否，表3-4に提案内容と成否のクロス表をそれぞれ示した。

　まず，提案者と提案内容の関係について，表3-2からは，以下の2点がうかがえる。第1に，提案者の比率は，首長が8.6％，議会が20.3％，選管事務局が58.8％と選管事務局からの提案が多い。第2に，首長の提案の76.4％，選管事務局の提案の84％が減らすという提案であるのに対し，議会の提案の

79

第Ⅰ部　選挙ガバナンスを動かすもの

表3-2　投票所の設置数に関する提案者と提案内容

提案者	提案内容				
	増やす	減らす	その他	回答なし	計
市町村長ら役所幹部	9	42	4	0	55
市町村議会	100	13	17	0	130
選管事務局	36	315	24	1	376
その他	24	46	8	1	79
回答なし	3	4	0	11	18
合　計	172	420	53	13	658

表3-3　投票所の設置数に関する提案者と成否

提案内容	成　否				
	提案通り実現	修正して実現	実現しなかった	回答なし	計
増やす	44	7	105	16	172
減らす	166	34	189	31	420
その他	11	3	22	17	53
回答なし	1	0	0	12	13
合　計	222	44	316	76	658

表3-4　投票所の設置数に関する提案内容と成否

提案内容	成　否				
	提案通り実現	修正して実現	実現しなかった	回答なし	計
増やす	44	7	105	16	172
減らす	166	34	189	31	420
その他	11	3	22	17	53
回答なし	1	0	0	12	13
合　計	222	44	316	76	658

77％は増やすという提案である。すなわち，首長と事務局は投票所を減らすという意図で一致している一方，議会は増やす意図を有している。首長と事務局が投票所を減らしたいのは，現職有利の選挙管理制度を選択するという目標に加えて，選挙予算削減の狙いもあると考えられる。一方，議員は，自身の地盤に近い場所に投票所を置きたいという狙いから，増やす提案をすると考えられる。

次に，提案者と成否について，表 3 - 3 からは，提案通りと修正付きを含めると首長の提案は 47.9％，事務局の提案は 54.9％が実現しているのに対し，市町村議会の提案は 20.0％しか実現しない。

最後に，提案内容と成否について，表 3 - 4 からは，増やす提案は提案通りと修正付きの両方を含めても 32.7％しか実現していない。それに対して，減らす提案は 51.4％が提案通りか修正付きで実現している。

理　論

以上より，投票所の設置数の増減を積極的投票権保障への積極性の代理指標とする視点からは，以下の 2 点が読みとれる。第 1 に，首長と選挙管理委員会事務局が消極的な傾向で一致しているのに対し，市町村議会は積極的な傾向がある。第 2 に，首長と選挙管理委員会事務局の提案は実現されやすいのに対して，市町村議会の提案は実現されにくい。これは，選挙の圧力にさらされているという面では，首長は選挙管理委員会を通じて，次回選挙での投票率を低下させ，自身の当選可能性を高めようとするという本章の予測と一致する。

それに対して，行政の長としての首長という面からは，自身の自治体が低投票率であることは民主主義の点から好ましくない。また，自身が低投票率の選挙で当選した場合，有権者，対立勢力，メディアなどからその職の正当性について，疑問や批判を浴びることになる。

つまり，首長は投票率の水準をめぐって選挙と行政の間で，ジレンマに直面しているといえる。このようなジレンマを前に，首長はどのように投票率を捉えているのだろう。先述の通り，政治家は再選を第一に追求し，くわえて影響や政策実現を追求するという前提は，政治学において広く受け入れられている。ここで強調されるのは，影響や政策は再選が実現されて初めて達成される点，すなわち，再選は影響や政策の前提条件である点である（Arnold 1990）。これを首長の投票率の選好に当てはめると，確かに低投票率は行政の長としての立場や職務遂行に悪影響を与える可能性があるものの，投票率が低い方が再選には有利であるという点である。したがって，本章は，以下の理論を提示する。

理論：現職首長は，行政の長として職の正当性や行政実績を高めるためには
　　　投票率を上げる必要性に面しながらも，公選者として次回選挙での自ら

の当選可能性を高めるためには投票率を下げることを優先する。

次節以降では，首長の選挙環境と事務局の意識の間の関係を検討する。

3　仮説：首長の選挙環境と選挙管理

　上記のように，首長は第1に低投票率を望むと本章は主張する。ただし，選挙管理委員会事務局への働きかけは，どの程度選挙管理委員会事務局を統制しているか，また，どれくらい低投票率を望んでいるか（逆にいうと，どれくらい高い投票率を許容できるか）は首長によって異なる。本節以降では，こうした首長による政治権力や低投票追求の強さの違いが，自治体間の投票権保障への積極性の違いに繋がることを示すことを通じて，首長が積極的投票権保障を中心とした選挙管理に影響を与えていることを主張する。

　首長による選挙管理委員会事務局への影響は，その政治的権力と低投票率を追求する程度の2つの要素によって決定されるだろう。第1に政治的権力に関して，より選挙に強く長期に安定して現職に留まる首長ほど，公務員は従うであろう。首長が公務員を統制するとしても，次回選挙で当選が危うい首長に対しては，公務員は強く従う誘因はない。一方，選挙に強くて長く職に留まることが予測される首長に対しては，公務員は不興を買うことを避け，従う傾向にあると考えられる。政治学の多くの研究において，政治家の選挙の強さとして前回選挙での成績が用いられており，本研究もそれに倣い，前回選挙での得票率の高い政治家を選挙に強い政治家と定義する。以上から，以下の仮説が導かれる。

　　仮説1：他の条件が等しければ，首長が前回選挙で高い得票率で当選した自
　　　　　治体ほど，選挙管理委員会事務局は積極的投票権保障政策に消極的にな
　　　　　る。

　その一方で，確かに首長は再選が第一目標であり影響や政策の前提条件であるものの，行政の長として低投票率の是正に一定程度留意しなくてはいけない。その際，投票率の低い選挙で当選した首長は，自身の職の正当性を高めるため

に，一定程度投票率を向上させることを迫られる可能性がある。以上から，以下の仮説が導かれる。

仮説2：他の条件が等しければ，首長が前回選挙で低い投票率で当選した自治体ほど，選挙管理委員会事務局は積極的投票権保障政策に積極的になる。

4　データと方法

従属変数

上記の2つの仮説を，選挙管理委員会事務局の意識を従属変数とすることで，検証する。分析単位は，市の選挙管理委員会である。

「選管調査」では，選挙管理員会事務局職員に対して，「個人としてのご意見ご感想をお聞かせ下さい」という断り書きのもと，選挙管理に関する個人としての考えについて19項目の質問を行い，4段階もしくは3段階で賛成か反対かの回答を得ている。19項目のうち，以下の7項目が市区町村レヴェルの選挙管理委員会が携わる積極的投票権保障に関係する。

はじめに，常時啓発活動と臨時啓発活動の必要性については，それぞれ「必要，どちらかというと必要，どちらかというと不要，不要」という4段階で尋ねている。図3-1に，有効回答のうちの各回答の比率を示した。「必要」と「どちらかというと必要」という回答を合わせると，常時啓発活動は79.6％，臨時啓発活動は88.0％の職員が必要と感じている。多くの職員がいずれに啓発活動も必要であると感じていることがうかがえる。

次に，常時啓発活動と臨時啓発活動の有効性については，それぞれ「効果がある，どちらかというと効果がある，どちらかというと効果がない，効果がない」という4段階で尋ねている。図3-2に，有効回答のうちの各回答の比率を示した。「効果がある」と「どちらかというと効果がある」という回答を合わせると，常時啓発活動は52.7％，臨時啓発活動は72.8％の職員が有効と感じている。ただし，前述の常時・臨時啓発活動の必要性の回答と比較すると，必要性ほどには有効性を感じられていないこともうかがえる。

続いて，投票所と期日前投票所の数について，それぞれ「多すぎる，適切，

第Ⅰ部　選挙ガバナンスを動かすもの

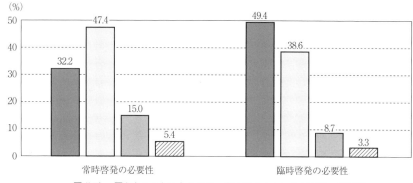
図3-1　常時啓発活動と臨時啓発活動の必要性

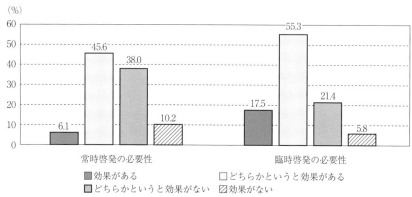
図3-2　常時啓発活動と臨時啓発活動の有効性

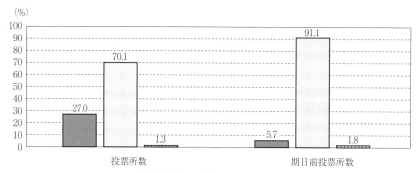
図3-3　投票所と期日前投票所の数

第3章　首長は選挙管理に影響を与えるか

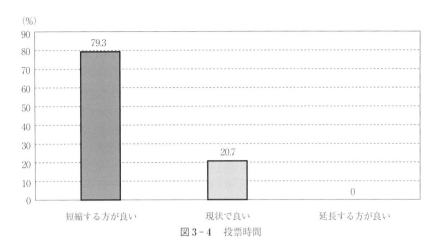

図3-4　投票時間

少なすぎる」という3段階で尋ねている。図3-3に，有効回答のうちの各回答の比率を示した。期日前投票所については，91％の職員が適切と考えている一方，投票日の投票所については適切と考えている職員は70％で，職員の27％は多いと考えている。この背景には，財政的問題があると推測される。

さらに，投票時間について，「短縮する方が良い，現状で良い，延長する方が良い」という3段階で尋ねた。図3-4に，有効回答のうちの各回答の比率を示した。「延長する方が良い」という回答は無かった。それに対して，「短縮する方が良い」との回答はほぼ8割であり，多くの職員が短縮を望んでいる。

分析では，回答の値をそのまま変数の値として用いることで，7つの従属変数を設定する。このうち，「投票所の数」と「期日前投票所の数」には「4．その他」という回答項目が，「投票時間」には「4．分からない」という回答項目が存在し，「4」と回答したものは，推定から除いている。さらに，上述の通り，「投票時間」については，「1．短縮する方が良い　2．現状で良い　3．延長する方が良い」の回答から選択することを求めているが，「3」の回答はなかったため，従属変数として，「0．短縮する方で良い　1．現状で良い」と値を変更することにした。従属変数とその値は以下の通りである。

85

第Ⅰ部　選挙ガバナンスを動かすもの

「常時啓発活動の必要性」

1．必要　2．どちらかというと必要　3．どちらかというと不要　4．不
要

「臨時啓発活動の必要性」

1．必要　2．どちらかというと必要　3．どちらかというと不要　4．不
要

「現在の常時啓発活動の有効性」

1．効果がある　2．どちらかというと効果がある　3．どちらかというと
効果がない　4．効果がない

「現在の臨時啓発活動の有効性」

1．効果がある　2．どちらかというと効果がある　3．どちらかというと
効果がない　4．効果がない

「貴自治体の投票所の数」

1．多すぎる　2．適切　3．少なすぎる

「貴自治体の期日前投票所の数」

1．多すぎる　2．適切　3．少なすぎる

「投票時間」

1．短縮する方が良い　2．現状で良い　3．延長する方が良い

（0．短縮する方で良い　1．現状で良い）

独立変数[5]

　仮説1を検証するための独立変数として，市長の前回選挙での得票率を表す
「得票率（対数）」を用いる。次に，仮説2を検証するための独立変数として，
前回選挙での投票率を表す「投票率（対数）」を用いる。

　くわえて，従属変数と上記の独立変数の両方に影響を与えると考えられる共

変量として，以下の統制変数を投入する。第1に，市長の属性を表す変数として，市長が初当選の場合1をとるダミー変数である「新人」を投入する。第2に，市長の党派性を統制するために，前回選挙での政党推薦を表す変数を投入する。「自民党」「公明党」「民主党」「社民党」「共産党」は，前回選挙において市長がそれぞれ自民党，公明党，民主党，社民党，共産党から推薦を受けた場合1をとるダミー変数である。複数の政党から推薦を受けた場合，該当するすべての政党推薦ダミーは1をとる。第3に，選挙管理委員会事務局の組織の影響を統制するために，「専任」と「増減」を投入する。「選管調査」の問25では，「事務局職員の方の職位・担当，選管勤務年数（現在／通算），兼任の有無（兼任の場合は，その職務内容について），配属前の業務，常勤／非常勤の別について，以下の表にご記入下さい」と聞いている。この質問から，選挙管理委員会事務局に専任の職員がいる場合は1をとるダミー変数「専任」を作成した。専任職員であるほど，首長からの自律性が高く，選管業務に関しての専門性も高いと考えられる。また問25-1では，「職員の方の人数は，5年前と比べ増えていますか，あるいは減っていますか」と聞いている。この質問に対して，「明らかに減った」と答えた場合は−1，「ほとんどかわらない」と答えた場合は0，「明らかに増えた」と答えた場合は1をとる変数「職員の増減」を投入した。職員が減った事務局ほど投票機会の拡大に従事する余裕がないだろう。第4に，市の社会経済条件を統制するために，市の人口（万人）を表す「人口」と，財政指数を表す「財政」を投入する。第5に，市町村選挙管理委員会は，都道府選挙管理委員会から助言，勧告，要求，指示などを受けたり（公職選挙法第5条3，4，地方自治法第245条4-7），判断のつかないことを都道府県選挙管理委員会に問い合わせたりしている（品田 2013）。さらに，社会・経済・政治要因などで都道府県固有の要因も存在すると考えられる。したがって，都道府県固定効果を投入するモデルを用意する。表3-5に，変数の記述統計を示した。

第Ⅰ部　選挙ガバナンスを動かすもの

表3-5　変数の記述統計

連続変数

	平均	標準偏差	最小値	最大値	観察数
得票率（対数）	4.029	0.214	3.239	4.543	536
投票率（対数）	4.005	0.281	3.097	4.457	534
人　口	15.726	24.868	0.412	270	536
財　政	0.629	0.233	0.110	1.490	536

カテゴリカル変数

	値					
	-1	0	1	2	3	4
常時啓発の必要性			223	209	63	23
臨時啓発の必要性			275	184	48	11
常時啓発の有効性			42	225	196	52
臨時啓発の有効性			92	269	131	24
投票数			176	322	6	
期日前投票所数			43	448	15	
投票時間		415	98			
新　人		297	239			
自民党		395	141			
公明党		411	125			
民主党		444	92			
社民党		496	40			
共産党		539	7			
専　任		355	181			
職員数の増減	137	369	23			

5　分析結果

　選挙管理委員会事務局の積極的投票権保障意識に関する分析結果を表3-6に示した。各従属変数に都道府県固定効果を入れないモデルと入れるモデルを走らせた。従属変数はそれぞれ，推定1と2で「常時啓発の必要性」，推定3と4で「臨時啓発の必要性」，推定5と6で「常時啓発の有効性」，推定7と8で「臨時啓発の有効性」，推定9と10で「投票所数」，推定11と12で「期日

前投票所数」，推定 13 と 14 で「投票時間」である。推定方法は，「投票時間」以外の従属変数はいずれも序数であるので，推定 1-12 では順序ロジットを用い，「投票時間」は二項変数であるため，推定 13 と 14 では二項ロジットを用いた。

仮説 1 の検証

　仮説 1 を検証する独立変数「得票率（対数）」は，推定 1，2，6，9，10，13，14 において，仮説の予測する方向で統計的に有意である。以下，従属変数ごとに結果をみよう。第 1 に，「得票率（対数）」は「常時啓発の必要性」に対して，都道府県固定効果を入れた場合も入れない場合も，正に有意である（推定 1，2）。「常時啓発の必要性」は値が大きいほど啓発に必要性を感じていないため，市長が選挙に強いほど，事務局職員は常時啓発の必要性を感じていないことが示される。第 2 に，「得票率（対数）」は，「臨時啓発の必要性」に対して，都道府県固定効果を入れた場合も入れない場合も，有意な影響を与えていない（推定 3，4）。市長の選挙の強さと事務局職員による臨時啓発の必要性意識との間に有意な関係は認められない。第 3 に，「得票率（対数）」は，「常時啓発の有効性」に対して都道府県固定効果を入れた場合のみ（推定 6），正に有意である。「常時啓発の有効性」は値が大きいほど啓発に有効性を感じていないため，市長が選挙に強いほど，事務局職員は常時啓発に有効性を感じていないことが示される。

　第 4 に，「得票率（対数）」は，「臨時啓発の有効性」に対して，有意な影響を与えていない（推定 7，8）。市長の選挙の強さと事務局職員の臨時啓発の有効性意識の間に有意な関係は認められない。第 5 に，「得票率（対数）」は「投票所数」に対して，都道府県固定効果を入れた場合も入れない場合も，負に有意である（推定 9，10）。「投票所数」は値が大きいほど少ないと感じる（値が小さいほど多いと感じる）ため，市長が選挙に強いほど，事務局職員は投票所が多すぎると感じており，積極的投票権保障に消極的である。第 6 に，「得票率（対数）」は，「期日前投票所数」に対して，有意な影響を与えていない（推定 11，12）。市長の選挙の強さと事務局職員による期日前投票所数との間に有意な関係は認められない。第 7 に，「得票率（対数）」は「投票時間」に対して，都道府県固定効果を入れた場合も入れない場合も，負に有意である（推定 13，14）。

第Ⅰ部　選挙ガバナンスを動かすもの

「投票時間」は，「0」は「短縮で良い」，「1」は「現状で良い」を表すため，市長が選挙に強いほど，事務局職員は投票時間を短縮する選好を持っていることが示される。

順序ロジットと二項ロジットは，係数から独立変数の効果を解釈しにくい。したがって，その他の変数の値を平均に固定したうえで，「得票率（対数）」の値が，(1)平均値から1標準偏差引いた値，(2)平均値，(3)平均値に1標準偏差加えた値それぞれをとった場合の従属変数の予測値を推定した。順序ロジットの場合，「得票率（対数）」が(1)(2)(3)の値をとったときそれぞれについて，従属変数が1，2，3，4などの値をとる確率を示している。二項ロジットの場合，「得票率（対数）」が(1)(2)(3)の値をとったときそれぞれについて，従属変数が1の値をとる確率を示している。結果は図3-5に示し，回帰分析において「得票率（対数）」が有意であった推定のみ予測値を求めている。

「常時啓発の必要性」（図3-5(1)：推定1を使用）について，「必要」と「どちらかというと必要」という回答のいずれかをする確率は，「得票率（対数）」の値に応じて，(1)88％，(2)85％，(3)82％と低下する。「常時啓発の有効性」（図3-5(c)：推定6を使用）について，「効果がある」「どちらかというと効果がある」という回答のいずれかをする確率は，(1)57％，(2)52％，(3)47％と低下する。投票所数（図3-5(5)：推定9を使用）について，「多すぎる」と回答する確率は，(1)24％，(2)33％，(3)43％と上昇する。投票時間（図3-5(7)：推定13を使用）について，「現状で良い」と回答する確率は，(1)75％，(2)68％，(3)59％と低下する。以上より，「得票率（対数）」の値が，(1)平均値から1標準偏差引いた値，(2)平均値，(3)平均値に1標準偏差加えた値と変化することで，いずれの従属変数も実質的に大きな変化をしており，「得票率（対数）」は，「常時啓発の必要性」「常時啓発の有効性」「投票所数」「投票時間」に対して，実質的な効果を与えていることが確認できる。つまり，「臨時啓発の必要性」「臨時啓発の有効性」「期日前投票所数」に対する有意な影響は見られないものの，「得票率（対数）」は，「常時啓発の必要性」「常時啓発の有効性」「投票所数」「投票時間」に対して，有意で実質的な効果を与えており，仮説1はおおむね支持される。

仮説 2 の検証

　次に，仮説 2 に移ろう。仮説 2 を検証する独立変数「投票率（対数）」は，推定 1，2，6，9，13 において，仮説の予測する方向で統計的に有意である。第 1 に，「投票率（対数）」は「常時啓発の必要性」に対して，都道府県固定効果を入れた場合も入れない場合も，正に有意である（推定 1，2）。市長が高い投票率で当選したほど，事務局職員は常時啓発の必要性を感じていないことが示される。第 2 に，「投票率（対数）」は，「臨時啓発の必要性」に対して，有意な影響を与えていない（推定 3，4）。市長の選挙の強さと事務局職員による臨時啓発の必要性意識との間に有意な関係は認められない。第 3 に，「投票率（対数）」は，「常時啓発の有効性」に対して都道府県固定効果を入れた場合のみ（推定 6），正に有意である。市長が高い投票率で当選したほど，事務局職員は常時啓発に有効性を感じていないことが示される。第 4 に，「投票率（対数）」は，「臨時啓発の有効性」に対して，有意な影響を与えていない（推定 7，8）。市長選挙の得票率と事務局職員の臨時啓発の有効性意識の間に有意な関係は認められない。第 5 に，「投票率（対数）」は「投票所数」に対して，都道府県固定効果を入れた場合のみ，負に有意である（推定 10）。市長が高い投票率で当選したほど，事務局職員は投票所が多すぎると感じており，積極的投票権保障に消極的である。仮説 2 は支持される。第 6 に，「投票率（対数）」は，「期日前投票所数」に対して，都道府県固定効果を入れた場合も入れない場合も，有意な影響を与えていない（推定 11，12）。市長選挙の投票率と事務局職員による期日前投票所数との間に有意な関係は認められない。第 7 に，「得票率（対数）」は「投票時間」に対して，都道府県固定効果を入れない場合のみ，負に有意である（推定 13）。市長が高い投票率で当選したほど，事務局職員は投票時間を短縮する選好を持っていることが示される。

　同じく，その他の変数を平均に固定したうえで，「投票率（対数）」の値が，(1)平均値から 1 標準偏差引いた値，(2)平均値，(3)平均値に 1 標準偏差加えた値それぞれをとった場合の従属変数の予測値を推定した。「常時啓発の必要性」（図 2 - 2：推定 1 を使用）について，「必要」と「どちらかというと必要」という回答のいずれかをする確率は，「投票率（対数）」の値に応じて，(1)89％，(2)85％，(3)80％と低下する。「常時啓発の有効性」（図 3 - 5(3)：推定 6 を使用）について，「効果がある」「どちらかというと効果がある」という回答のいずれか

第Ⅰ部　選挙ガバナンスを動かすもの

表3-6　選挙管理委員会

	推定1	推定2	推定3	推定4	推定5	推定6
モデル						順序ロ
従属変数	常時啓発の必要性（値が大きいほど啓発に消極的）		臨時啓発の必要性（値が大きいほど啓発に消極的）		常時啓発の有効性（値が大きいほど啓発の効果を認めない）	
	係数（標準誤差）		係数（標準誤差）		係数（標準誤差）	
得票率（対数）	1.032* (0.455)	0.953+ (0.491)	0.713 (0.456)	0.670 (0.499)	0.741 (0.455)	0.940+ (0.488)
投票率（対数）	1.151** (0.442)	1.430** (0.510)	0.377 (0.442)	0.480 (0.515)	0.485 (0.433)	0.860+ (0.495)
新　人	0.00949 (0.184)	−0.0708 (0.199)	0.358+ (0.189)	0.314 (0.204)	0.102 (0.183)	0.0471 (0.196)
自民党	0.472+ (0.286)	0.510 (0.315)	0.278 (0.287)	0.333 (0.320)	0.642* (0.284)	0.863** (0.313)
公明党	−0.936** (0.301)	−0.880** (0.327)	−0.400 (0.303)	−0.406 (0.335)	−0.551+ (0.292)	−0.433 (0.315)
民主党	0.120 (0.289)	−0.0489 (0.314)	0.0397 (0.291)	−0.113 (0.315)	−0.129 (0.285)	−0.175 (0.307)
社民党	0.717+ (0.416)	0.750+ (0.446)	0.110 (0.424)	0.147 (0.458)	0.497 (0.402)	0.668 (0.438)
共産党	−0.662 (0.819)	−0.0687 (0.932)	−0.0954 (0.859)	0.166 (0.956)	−0.115 (0.814)	−0.310 (0.916)
専　任	−0.384** (0.819)	−0.404+ (0.218)	0.114 (0.186)	0.150 (0.221)	−0.239 (0.182)	−0.266 (0.212)
職員数の増減	0.117 (0.168)	0.150 (0.180)	−0.162 (0.169)	−0.0918 (0.184)	0.0404 (0.162)	0.0631 (0.177)
人　口	−0.00237 (0.00405)	−0.00446 (0.00433)	0.000386 (0.00424)	−0.000947 (0.00438)	−0.00898 (0.00423)	−0.0111* (0.00445)
財　政	−0.508 (0.482)	−0.293 (0.671)	0.134 (0.488)	−0.110 (0.695)	0.0881 (0.476)	0.722 (0.688)
都道府県固定効果		✓		✓		✓
（定数）						
分割点1	7.893 (3.045)	9.482 (3.481)	4.807 (3.028)	5.408 (3.511)	2.390 (3.037)	4.369 (3.431)
分割点2	9.971 (3.057)	11.706 (3.497)	6.787 (3.036)	7.609 (3.521)	4.938 (3.042)	7.109 (3.440)
分割点3	11.529 (3.067)	13.357 (3.508)	8.543 (3.051)	9.555 (3.538)	7.149 (3.051)	9.499 (3.453)
観察数	510	510	510	510	507	507
対数尤度	−547.375	−518.782	−507.723	−473.021	−578.797	−549.142
調整済み R^2	0.038	0.089	0.009	0.076	0.017	0.068

+ : $p < 0.1$; * : $p < 0.05$; ** : $p < 0.01$

事務局の意識の規定要因

推定7	推定8	推定9	推定10	推定11	推定12	推定13	推定14
ジット						二項ロジット	
臨時啓発の有効性（値が大きいほど啓発の効果を認めない）		投票所数（値が大きいほど少ないと考える）		期日前投票所数（値が大きいほど少ないと考える）		投票時間（0：短縮で良い／1：現状で良い）	
係数（標準誤差）		係数（標準誤差）		係数（標準誤差）		係数（標準誤差）	
0.442 (0.450)	0.349 (0.483)	-1.956^{***} (0.535)	-1.735^{**} (0.595)	-0.764 (0.749)	-0.179 (0.833)	-1.878^{**} (0.548)	-1.666^{**} (0.610)
0.309 (0.436)	0.411 (0.502)	-1.178^{*} (0.511)	-0.772 (0.612)	-0.574 (0.733)	-0.107 (0.843)	-1.190^{*} (0.519)	-0.785 (0.629)
0.323+ (0.185)	0.254 (0.196)	-0.109 (0.213)	-0.0921 (0.239)	-0.355 (0.309)	-0.438 (0.338)	-0.0916 (0.335)	-0.0532 (0.245)
0.457+ (0.277)	0.344 (0.304)	0.00654 (0.332)	-0.214 (0.379)	0.275 (0.470)	0.279 (0.538)	-0.00958 (0.335)	-0.230 (0.387)
-0.309 (0.289)	-0.316 (0.313)	0.280 (0.342)	0.0323 (0.384)	-0.391 (0.478)	-0.483 (0.539)	0.313 (0.345)	0.0672 (0.391)
-0.220 (0.282)	-0.164 (3.00)	-0.0531 (0.327)	0.212 (0.374)	0.366 (0.484)	0.525 (0.535)	-0.0222 (0.334)	0.277 (0.394)
0.151 (0.409)	0.0879 (0.438)	-0.169 (0.481)	-0.469 (0.562)	-0.276 (0.694)	-0.00681 (0.765)	-0.258 (0.481)	-0.622 (0.573)
0.824 (0.786)	0.102 (0.880)	0.290 (0.939)	-0.982 (1.152)	0.487 (1.382)	0.320 (1.573)	0.419 (0.960)	-1.280 (1.327)
0.196 (0.182)	0.196 (0.210)	-0.219 (0.211)	-0.148 (0.263)	-0.658^{*} (0.302)	-0.544 (0.371)	-0.186 (0.213)	-0.106 (0.271)
-0.0480 (0.166)	-0.0458 (0.179)	0.463 (0.194)	0.400+ (0.221)	0.330 (0.275)	0.361 (0.313)	0.414 (0.196)	0.335 (0.226)
-0.00262 (0.00385)	-0.00365 (0.00406)	-0.00372 (0.00473)	$-0.00863+$ (0.00510)	-0.00751 (0.00555)	$-1.19e{-}06+$ (6.45e-07)	-0.00327 (0.00478)	-0.00816 (0.00523)
0.543 (0.487)	0.892 (0.693)	1.201 (0.564)	2.325^{**} (0.862)	0.812 (0.832)	0.293 (1.222)	1.071+ 0.573	2.092^{*} (0.909)
	✓		✓		✓		✓
						12.537** (3.616)	25.359 (692.096)
2.010 (3.019)	0.693 3.457	-12.765 (3.540)	-12.574 (4.275)	-7.900 (5.015)	-5.051 (5.871)		
43435 (3.025)	3.269 3.460	-7.7443 (3.521)	-6.774 (4.294)	-1.796 (4.988)	1.969 (5.851)		
6.654 (3.036)	5.646 3.470						
508	508	497	497	499	499	497	497
-570.931	-548.114	-327.544	-295.574	-204.468	-179.091	-300.202	-266.177
0.009	0.048	0.067	0.158	0.038	0.157	0.065	0.171

第I部　選挙ガバナンスを動かすもの

図3-5　独立変数の効果

(1) 得票率と常時啓発の必要性

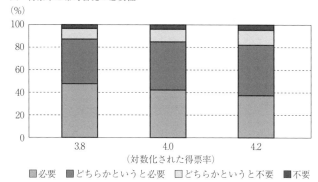

(2) 投票率と常時啓発の必要性

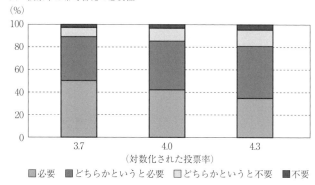

(3) 得票率と常時啓発の有効性

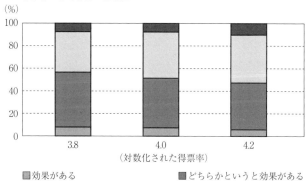

第3章　首長は選挙管理に影響を与えるか

(4) 投票率と常時啓発の有効性

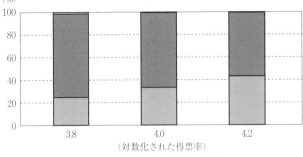

□効果がある　　　　　　　　■どちらかというと効果がある
□どちらかというと効果がない　■効果がない

(5) 得票率と投票所数

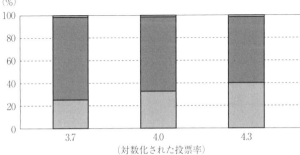

□多すぎる　■適切　□少なすぎる

(6) 投票率と投票所数

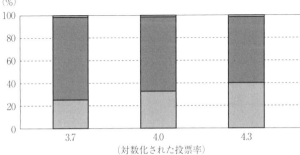

□多すぎる　■適切　□少なすぎる

95

(7) 得票率と投票時間

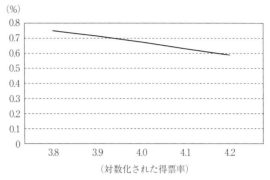

(対数化された得票率)

(8) 投票率と投票時間

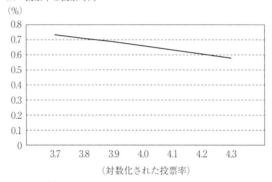

(対数化された投票率)

をする確率は，(1) 58％，(2) 52％，(3) 41％と低下する。投票所数（図3-5(5)：推定9を使用）について，「多すぎる」と回答する確率は，(1) 26％，(2) 33％，(3) 41％と上昇する。投票時間（図3-5(7)）について，「現状で良い」と回答する確率は，(1) 74％，(2) 67％，(3) 58％と低下する。以上より，「投票率（対数）」の値が，(1)平均値から1標準偏差引いた値，(2)平均値，(3)平均値に1標準偏差加えた値と変化することで，いずれの従属変数も実質的に大きな変化をしており，「投票率（対数）」は，「常時啓発の必要性」「常時啓発の有効性」「投票所数」「投票時間」に対して，実質的な効果を与えていることが確認できる。つまり，「臨時啓発の必要性」「臨時啓発の有効性」「期日前投票所数」に対する有意な影響は見られないものの，「得票率（対数）」は，「常時啓発の必要性」「常時啓発の有効性」「投票所数」「投票時間」に対して，有意で実質的

な効果を与えており，仮説2はおおむね支持される。

分析結果のまとめ

分析結果は以下の通りにまとめられる。まず，市長の選挙の強さが選挙管理員会事務局職員の投票保障に与える意識に与える影響について，「得票率（対数）」は，「臨時啓発の必要性」「臨時啓発の有効性」「期日前投票所数」に対する有意な影響は見られないものの，「常時啓発の必要性」「常時啓発の有効性」「投票所数」「投票時間」に対して，有意で実質的な効果を与えている。市長が選挙に強いほど，選挙管理委員会事務局職員は，常時啓発の必要性や有効性を認めにくく，投票所の数や投票時間についても削減すべきと考えている。

次に，市長選挙の投票率が事務局職員の投票保障に与える意識に与える影響については，「臨時啓発の必要性」「臨時啓発の有効性」「期日前投票所数」に対する有意な影響は見られないものの，「得票率（対数）」は，「常時啓発の必要性」「常時啓発の有効性」「投票所数」「投票時間」に対して，有意で実質的な効果を与えている。投票率が高いほど，選挙管理委員会事務局職員は，常時啓発の必要性や有効性を認めにくく，投票所の数や投票時間についても削減すべきと考えている。

最後に，仮説1，2ともに，常時啓発の必要性・有効性，投票所数，投票時間では支持された一方，臨時啓発の必要性・有効性，期日前投票所数では支持されなかった点について考察しておきたい。その理由としては，図3-1から3-4で示されたように，常時啓発の必要性・有効性，投票所数，投票時間については，職員間の認識に相対的にある程度の差がみられる一方，臨時啓発の必要性・有効性，期日前投票所数ではほとんど差がないことが考えられる。前者について，職員間で意識に大きな違いがないため，政治状況によって左右される可能性も低い。とくに常時啓発と臨時啓発の違いについて，臨時啓発は時期や活動内容がある程度固定的で，職員の裁量が小さいと考えられる。それに対して，常時啓発や期間や活動が多岐にわたり，職員の間でも意義などについての考えが分かれ，それらは政治状況によっても変動すると考えられる。この点については，今後さらに検討する必要がある。

第Ⅰ部　選挙ガバナンスを動かすもの

6　首長と選挙管理委員会事務局の関係

　日本のいずれのレヴェルの選挙においても，選挙の実施を直接担当するのは市町村レヴェルの選挙管理委員会である。各市町村において，選挙管理の実務を担うのは選挙管理委員会事務局であり，事務局職員は公務員である。本章では，こうした日本の選挙管理行政の制度配置に関して，首長と選挙管理委員会事務局の関係を，政策立案を担当する政治家を本人，政策実施を担当する公務員を代理人とみなす委任モデルとして捉えた。そのうえで，政治家の再選追求とそのための制度選択という視点から選挙管理を分析した。首長は，現職首長は，行政の長として職の正当性や行政実績を高めるためには投票率を上げる必要性に面しながらも，公選者として次回選挙での自らの当選可能性を高めるためには投票率を下げることを優先するという理論を提示した。選挙管理委員会事務局に対して行ったアンケート調査から，事務局の意識を測定し，首長が前回選挙で高い得票率で当選した自治体ほど，また，首長が前回選挙で高い投票率で当選した自治体ほど，選挙管理委員会事務局は積極的投票権保障政策に消極的になることを示した。この知見は，首長は次回選挙での自らの当選可能性を高めるために投票率を下げる誘因をもっており，首長の政治権力や選挙誘因に応じて，選挙管理委員会事務局に影響を与えていることを示すものである。

　このような本章の知見は，選挙管理は中立公正であるという一般的な理解に対して挑戦するものである。日本においても，首長の政治的安定性や選挙条件に応じて，選挙管理の実務を担当する選挙管理委員会事務局の意識が左右されることを示している。

　注
⑴　「選管調査」において回答のあった1105自治体において，事務局職員の平均人数は3.4人である。
⑵　近年の紛争ケースにおいて，首長が選挙管理委員会に働きかけを行ったケースは以下のものが挙げられる。2009年滋賀県安土町において，町長リコールの署名に対して，町長が選挙管理委員会に働きかけ，署名の審査を行った。また，2008年から2010年にかけて鹿児島県阿久根町において，市長が資料誤記などのあった選挙

管理委員会事務局書記に対し賞罰審査委員会を招集し，停職１カ月の処分を下し，最終的に商工観光係長に異動させた。さらに，2010年名古屋市において，市議会リコールの署名について，選挙管理委員会が厳格な署名審査を行い，市長が署名を無効とされたことに異議申し立てを行い，最終的に市議会が解散されることになった。

⑶　データは平野淳一氏からの提供による。

⑷　現職の当選が予想されるため選挙の投票率が下がったという因果関係も十分に想定される（Cox and Munger 1989）。しかし，投票率が低い選挙において現職が当選しやすいというパターン自体は確認される。

⑸　市長選挙での得票率，投票率，新人が当選したか否か，政党推薦のデータは，平野淳一氏からの提供による。

参考文献

大西裕（2013）「民主主義と選挙管理」大西裕編『選挙管理の政治学――日本の選挙管理と「韓国モデル」の比較研究』有斐閣。

品田裕（2013）「日本の選挙管理委員会について」大西裕編『選挙管理の政治学』有斐閣。

Arnold, R. Douglas (1990) *The Logic of Congressional Action*, New Heaven : Yale University Press.

Cox, Gary W., and Michael C. Munger (1989) "Closeness, Expenditures, and Turnout in the 1982 U. S. House Elections," *American Political Science Review*, 83(1).

DeNardo, James (1980) "Turnout and the Vote : The Joke's on the Democrats," *American Political Science Review*, 74(2).

Fenno, Richard F., Jr. (1973) *Congressmen in committees*, Boston, MA : Little, Brown.

Fenno, Richard F., Jr. (1978) *Home Style : House Members in Their Districts*, Boston : Little, Brown and Company.

Huber, John D., Charles R. Shipan, and Madelaine Pfahler (2001). "Legislatures and Statutory Control of Bureaucracy," *American Journal of Political Science*, 45(2).

Katz, Jonathan N., and Brian R. Sala (1996) "Careerism, Committee Assignments, and the Electoral Connection," *American Political Science Review*, 90(1).

Mayhew, David R. (1974) *Congress : The Electoral Connection*, New Heaven : Yale University Press.

McCubbins, Mathew D., and Thomas Schwartz (1984) "Congressional Oversight Overlooked : Police Patrols versus Fire Alarms," *American Journal of Political Science*, 28(1).

第Ⅰ部　選挙ガバナンスを動かすもの

McCubbins, Mathew D., Roger G. Noll, and Barry R. Weingast (1987) "Administrative Procedures as Instruments of Political Control" *Journal of Law, Economics, and Organization*, 3(2).

第4章　選管職員の中の「積極的投票権保障」とその困難
—— 全国選管職員調査のテキスト・計量分析より ——

秦　　正　樹

1　積極的投票権保障をめぐる選管職員の「困難」

積極的投票権保障と厳密性をめぐるパズル

　近年，積極的投票権保障の概念が全世界的に広がっている（大西編 2013，2017）。むろん，日本もその例外ではなく，積極的投票権保障という言葉自体には聞き馴染みがなくとも，種々の「選挙制度」の変更を通じて，実質的にその概念は広がっている。たとえば，1997 年の公職選挙法改正によって，従来は 18 時までであった投票所の閉鎖時間が 20 時まで延長されることとなった。投票時間の延長は，とくに若い有権者の投票率の向上に資するものである（品田 1999）から，「積極的投票権保障」の推進の一つとして理解される。こうした積極的投票権保障の進展は，有権者の政治参加を促進するだけでなく，政治エリートの応答性を高めることにも繋がる。喫緊で言えば，2013 年の参院選よりネット選挙が解禁され，候補者は，選挙期間中においても自身のブログや SNS（Twitter や Facebook など）を更新してもよいこととなった。ネット選挙の解禁によって各政党や候補者は，選挙キャンペーンにおいて，辻立ちや演説など従来的な「地上戦」に加えて，ネットを駆使した「空中戦」も重要となった（上ノ原 2014）。「空中戦」の本格開始は，政治家の選挙戦略に変更を迫っただけではなく，これまで政治に関わる機会の少なかった人々に対する新しいアプローチともなりうる点で，積極的投票権保障に関する取り組みとして捉えられる。

　以上に代表される積極的投票権保障に関する国（総務省）や自治体の取り組みは，単に有権者の利便性の向上というだけでなく，民主主義における基本理念である「一人一票の原則」の実質化でもきわめて重要な意義と意味を有する。また，今よりも多くの人々の声が「政治」に反映される制度的基盤の構築は，

民主主義の深化にも繋がると考えられている。

ただし，（積極的投票権保障の理念が重要であることは前提として）それを実践することは必ずしも容易ではない。たとえば，期日前投票の期間を延長するとして，有権者にとっては投票環境が充実し，投票しやすくなる一方，選挙管理委員会をはじめとする行政職員の負担は大幅に増加すると予想される。あるいは，選挙業務の増加にともなって臨時職員を雇用する必要が生じれば，その研修などのために時間的・人的・財政的な投資が必要となる。選挙業務は，その性質上，他の行政業務に比してもとくにミスが許されないことからも尚更である。ただし，財政再建が叫ばれ，また職員の日常的業務も増す中で，どれだけ積極的投票権保障を進めようとしても，そのために投資できる自治体や現場のリソースには限界があることもよく考えなければならない。

もっとも積極的投票権保障に関する議論を俯瞰すると，有権者の投票環境向上といったポジティブな側面に焦点が当てられつつも（たとえば，Norris 2014），その裏方にあたる実務担当者の「困難」に目を向けられることは少ない。とりわけ，日本における多くの自治体は，人的・財政的にきわめて厳しい環境に置かれている。そうした中で，選挙管理を実際に担当する側の認識や意見を無視して積極的投票権保障を制度的に進めたとしても，「絵に描いた餅」に終わってしまう可能性がある。また，後の章（第5章）にもあるように，とくに近年，大規模な選挙運営上のミスが発生していることを考えると，積極的投票権保障を進めるほどに業務量が膨大化し，人為的なミスが増加する懸念もある。さらにそれだけではなく，選挙管理上の厳密性を損ない，積極的投票権保障の概念とは逆説的に選挙の正統性や信頼感をますます低下させてしまうかもしれない。だからこそ，裏方である選管職員がどのような意識を持って業務を遂行している（あるいは，しようとしている）のかを考えることは，積極的投票権保障を検討することと同じか，あるいはそれ以上に重要であるといえよう。

選管職員の意識に注目する意義

以上を背景として，本章では，2013年に全国の市区町村選挙管理委員会の職員を対象として実施した「全国市区町村選挙管理委員会・事務局調査」（以下，本調査）の分析をもとに，積極的投票権保障に向き合う実務担当者の意識の構造について明らかにする。本研究の意義は主に，以下の2点に集約できる。

第1の意義は，有権者や政治エリートではなく，選管職員が抱える「実際的な課題」の抽出とその理解を試みる点にある。全国の選管職員を対象とする調査は，少なくとも日本において，管見の限り存在しない。それは裏返すと，選管職員が実際の選挙にどのように向きあっているのかについて，我々はほとんど未知の状態であることを意味している。そこで本章では，後述するように，「選管業務の課題」に関する自由記述回答を用いた内容分析（テキストマイニング）より選管職員の意識の実相を探索的に分析する。自由記述回答を用いることのメリットの1つは，一般的な質問調査では測定しえない「真の課題」を確認することができる点にある。すなわちここでの分析は，選管職員の意識に関して「未知の状態」から脱し，分析の第一歩となる枠組みを形成する手がかりを得ることが目的となる。

　第2の意義は，選挙管理において求められる「全国統一的な選挙運営」がはたして可能なのかに関し，その検討材料を提供する点を挙げられる。本章では，内容分析の結果をもとに，どのような職員が積極的投票権保障に積極的（消極的）なのか，あるいはどのようにして業務内容の効率性とバランスを取ろうとしているのかについても解明を試みる。一口に「選管職員」といっても，職員個人レベルにおける業務年数や，選挙管理における専門性，あるいは選挙全般に対する考え方などは異なると考えられる。したがって，積極的投票権保障の考え方に関する選管職員のバリエイションを検討する本研究の知見は，学術的な貢献のみならず，公正公平で全国統一的な運用に向けた選挙管理の改善方法を考える素材を提供しうるだろう。

　なお本章は，以下の通り進められる。次の第2節では，本研究の基盤となる調査データの特徴について，とくにデータの代表性の側面から検討する。第3節では，「選挙管理上の課題」に関する自由記述回答を用いた内容分析の結果について報告し，第4節では前節の分析結果をもとに，積極的投票権保障と業務の効率性の2つの側面に基づいた分析枠組みを提示する。第5節では，積極的投票権保障への積極性と業務の効率性に類型化による類型化を行い，OLS推定を通じて，どのような職員がどのような類型が該当するのかについて定量的に明らかにし，最後の第6節では，全体の結論と含意を述べる。

2　本章で用いるデータについて

　本章は，その全体を通じて「全国市区町村選挙管理委員会・事務局調査」の
データに基づいて議論する。本調査の実施背景や期間などの詳細については序
章で述べた通りであるが，ここではデータの特徴について詳しく検討する。

　本調査に限らず，あらゆる標本調査において常にサンプリング・バイアスが
存在する。本調査の回答者についても，あくまで各自治体選管の一部に回答を
求めたものであり，したがって母集団である選管職員全体は本調査の回答者の
数倍にも及ぶ。さらに本調査では，「各自治体の中で選挙管理や運営に詳しい
方」に回答をお願いしたことから，データ全体として，若手よりもベテラン寄
りの意見が多く反映されている可能性もある。そこで以下では，重要と思われ
る変数を取り上げて，回答者の傾向（標本平均）と選管職員全体の傾向（母平
均）の乖離を事前に把握しておく。

本調査の代表性(1)——選管業務の従事期間

　まずは，選管業務に従事している期間に注目して，本調査に回答した職員と
選管職員全体の間にどの程度の差があるのかを確認する。

　本調査では，問 25 において，当該自治体における選管事務局に属する全員
の職位・勤務年数・通算年数[1]について尋ねており，各自治体における選管事務
局全体での平均勤務年数と平均通算年数が分かる。また同時に，本調査では調
査回答者についてもまったく同様の内容を尋ねており，調査回答者と選管職員
全体との平均勤務年数・平均通算年数の比較が可能である[2]。

　以上について図 4 - 1 は，選管事務局全体と回答者全体の勤務年数・通算年
数の平均値についてまとめたものである[3]。まず勤務年数について確認すると，
選管事務局全体ではおよそ 3.60 年であるのに対し，回答者全体ではおよそ
3.86 年である。また通算年数でも，選管職員全体では 4.11 年であるのに対し，
回答者全体では 4.31 年と回答者全体の平均年数の方が高い値を示している。
先述したように，本調査では選管業務に詳しい職員に回答を求めたため，回答
者は業務の経験に長けた中堅からベテランの回答者が多くなったと予想される。

第4章 選管職員の中の「積極的投票権保障」とその困難

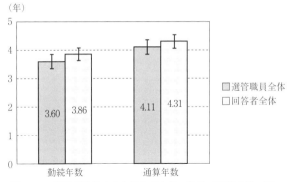

図4-1 選管事務局全体と回答者全体の勤務／通算年数の違い

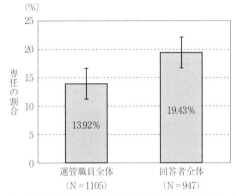

図4-2 選管事務局全体と回答者全体の専任職員の割合の違い

本調査の代表性(2)――専任か兼任か

続いて，選管業務に関する専門性を示す指標として，選管業務の専任率についても回答者と選管職員全体の違いを確認する。

本調査では，兼任の有無についても尋ねている。先ほどと同様に，選管職員全体および回答者全体の専任職員の割合を図示したものが図4-2である。これより，職員全体の専任率は約14％であるのに対し，回答者全体ではおよそ19％であり，5％ほど乖離がある。すなわち本調査の回答者は，選管職員全体に比べても，専任率が高いことが分かる。

とはいえ，およそ8割と大多数の選管職員は他の業務との兼任でもある。そ

第Ⅰ部　選挙ガバナンスを動かすもの

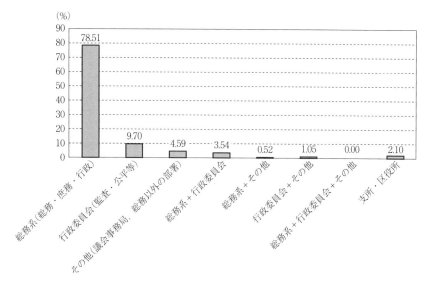

図4-3　兼任先の職務内容

こで兼任職員である回答者は，どのような業務と併職しているのかについても追加的に確認した結果が図4-3である。これより，本調査の回答者における兼任先のほとんどは総務系（総務・庶務・行政）であり，実に8割を占める。また，選管と類似性が高い業務を担う行政委員会を合わせると約9割にものぼる。すなわち，兼任とはいえ，まったく質の異なる業務とを兼任しているわけではなく，むしろ相互に関連した複数の業務を担当していることが分かる。

　これまでの結果をみると，本調査の回答者は，選管職員全体に比べても，総じて職務経験が長く，かつ専門性も高い傾向にある。もっとも勤務年数・通算年数・専任率について，両者に極端な差があるわけではない。くわえて専任率についていえば，確かに回答者の方が職員全体よりも高い傾向にはあるものの，まったく異なる業務を兼任しているわけでもない。以上より，本データが特別に専門的な職員の意見に限定されているわけではないとはいえ，このバイアスは以降の分析結果を理解する際に一定の注意を要するだろう。

3 選挙管理上の課題

積極的投票権保障と選挙ミスの関係

以上にみたデータのバイアスには一定の注意を払いつつ，以下では選管職員が感じている「選挙管理上の課題」の現状について分析する。

あらゆる選挙のたびに，投票所運営や開票作業などでのさまざまなミスの発生が報道される。実際に，本調査でも過去5年以内に選挙運営上でミスを発見したことがあるかを尋ねたところ，全体の7割近くの自治体でミスがあったと回答している。第5章に詳しい，高松市選管や仙台市選管のような大規模なミスや不正はレアケースであっても，小さなミスは多くの選管事務の現場で発生しているようである。

こうしたミスの発生は，実は積極的投票権保障を考える上でもよく検討する必要がある。積極的投票権保障が含意する投票環境の向上は，選管側にとってみれば，業務の拡大を意味しているためである。言うまでもなく業務量の拡大に伴ってミスも発生しやすくなると考えられる。しかし，だからといって各自治体の選管が積極的投票権保障を進める国（総務省）の方針に逆行することは難しく，実際に多くの自治体で既に投票環境の向上に取り組んでいる。こうした現状を踏まえて，選管職員が「実際に」感じている課題を浮き彫りにすることは，選挙管理研究における論点の整理にとどまらず，実践的な意味でも，ミス防止策を検討する材料となろう。そこで以下では，選管業務における実際の課題について，職員自身に自由に記述してもらう方式の回答（自由記述回答）を利用して分析を進める。

内容分析の準備

内容分析は，主にメディア研究やコミュニケーション研究などの分野で用いられる。具体的な分析例では，新聞や雑誌，あるいはテレビ番組などの文字情報（テキストデータ）を大量に収集し，その伝え方（フレーミング）の違いなどについて数量的に把握するものがある（たとえば，池田・稲増 2009；上ノ原 2014；稲増 2015）。本章では，先述した選管業務における現在および中長期的な課題に関する回答者の実際の記述をもとに，KH Coder と呼ばれるテキスト

解析ソフト（樋口 2014）を用いて分析する。

　本章において，（一般的によく見られる）数値的なデータではなく，自由記述回答（テキストデータ）を用いる理由は，研究者や分析者が想定し得なかった論点をあぶり出すことを主眼とするためである。前述の通り，先行研究においても選管職員の意識に関する知見の蓄積は進んでいない。くわえて，選挙管理に関する業務は「黒子」の役割に徹することが求められ，そのため他の研究対象に比べて，実態を観察することが難しい（品田 2014）。それゆえに，まずは職員の「生の声」から実態を析出することを出発点とすることが肝要である。

　ただし，自由記述回答のデータを得たからといってすぐに内容分析に進めるわけではない。テキストデータは（数量化されたデータに比べて）情報量が多い反面，その形式は統一されておらず，分析者による事前の入念な準備（処理）作業が必要となる（樋口 2014）。たとえば，いわゆる誤字脱字の類として，「選管」を「選菅」と誤って記述されていた場合，コンピュータ処理上においてまったく異なる意味を持つ単語として扱われる。あるいは，単語ごとに分析を行う場合は，分析目的やコンテキスト（文脈）に応じて事前の処理が必要となる。たとえば，何の処理も行わななければ「投票所」は「投票」と「所」の別々の単語として認識されてしまう。言うまでもなく，「選管」は選挙管理委員会の意味であるし，「投票所」と「投票」は異なる意味を有することから，やはり分析者の事前の処理が必要となる。

　こうした前処理の手順は「コーディングルール」と呼ばれ，そのルールに基づいて分析結果も変わりうるため，分析前にルール内容を報告しておく必要がある。まず，以降の分析では「・（ナカグロ）」や句読点などは分析から除外し，誤字脱字については常識的な範囲内で筆者が修正した。あるいは「障害者」と「障がい者」などの同一語句は筆者のもとで統一し，「問×と同じ」など，ワードそのものとは異なる意味を有する記述は分析から除外した。ただし「特になし」や「ない」といった回答は，「今の選挙管理上でとくに課題がない」ことを意味しており，本分析においても重要な意味を持ちうる。そのためこれらの回答は欠損値としては処理せず，すべて「特になし」として統一してデータに反映させた。

第**4**章　選管職員の中の「積極的投票権保障」とその困難

表 4 - 1　現在および中長期的な課題の自由記述回答における頻出単語

	現在の課題				中長期的な課題		
抽出語	出現回数	抽出語	出現回数	抽出語	出現回数	抽出語	出現回数
投票所	116	従事者	27	投票所	135	業　務	27
確　保	115	見直し	26	投票率	121	特　に	27
職　員	95	難しい	26	投　票	104	検　討	26
投票率	85	ミ　ス	25	確　保	81	困　難	26
選　挙	75	執　行	25	選　挙	77	事　務	26
選挙事務	66	特　に	25	向　上	74	従事者	26
投　票	61	短　縮	23	職　員	73	今　後	24
期日前	48	投開票事務	23	選挙事務	57	課　題	23
時　間	47	困　難	22	必　要	53	選挙人	23
業　務	46	事務局	22	見直し	47	有権者	23
削　減	44	若年層	21	減　少	47	思　う	22
減　少	40	兼　務	20	期日前	46	改　正	21
向　上	39	数	20	若年層	41	事務従事者	20
低　下	36	育　成	19	伴　う	41	執行経費	20
伴　う	34	効率化	19	削　減	36	考える	19
事　務	33	選挙人	19	低　下	36	再　編	19
職員数	33	課　題	18	高齢化	34	場　合	19
不　足	33	検　討	18	対　応	34	開　票	18
執行経費	32	人　員	18	育　成	32	執　行	18
開　票	29	多　い	18	行　う	31	少ない	18
事務従事者	29	投開票事務従事者	18	時　間	31	電子投票	18
少ない	29	当　日	18	職員数	31	当　日	18
対　応	29	改　正	16	投開票事務	29	難しい	18
必　要	29	経　費	16	統廃合	28	進　む	17
行　う	28	負　担	16	導　入	28	効率化	16

注：網かけの単語は，現在および中長期的な課題のいずれかのみで出現したものを示している。

各課題に関する頻出単語の確認

　以上のコーディング処理を施した上で，まずは 2 つの課題について書かれた自由記述回答における「頻出単語」を確認する。表 4 - 1 は，現在の課題と中長期的な課題のそれぞれについて，上位 50 位の頻出単語を示したものである。まず現在の課題では，「投票所」が 116 回と最も多く，それに次いで，「確保」「職員」といった単語が特徴的に出現している。また，「執行経費」「業務」「削減」など，選管業務にあたる上での人的あるいは財政的なリソースの不足に言及する回答も多く見受けられる。この点は，中長期的な課題でも同様であり，「投票所」が 135 回と最も多く，「確保」（81 回）や「職員」（73 回）といった単語が上位にみられる。前述したように，職員数や予算の確保は，多くの選管に

109

第Ⅰ部　選挙ガバナンスを動かすもの

おいてやはり相当大きな悩みの種になっていることが分かる。

　他方で，現在の課題と中長期的な課題では，異なる傾向も確認される[6]。たとえば，現在の課題では，「時間」「不足」「ミス」「短縮」「経費」「負担」といった単語が見られるが，中長期的な課題では見られない。他方の中長期的な課題の方は，「高齢化」「統廃合」「導入」「電子投票」「再編」といった単語が特徴的にみられる。すなわち，選挙に関する事務作業のさまざまな負担を軽減することが，当面の課題として認識されているようである。さらに電子投票の導入や投票所の統廃合，高齢化への対応など，投票システムの改善や法整備は，将来的に重要な検討課題として挙げられている。

対応分析の結果

　以上の結果は，あくまで「単語ごと」の頻度を確認したものである。そのため，各単語がどのような文脈の中で位置づけられているかまでは分かっていない。たとえば，頻出単語としてみられた「高齢化」は，「（高齢者が投票しやすいように）投票所を増設する必要性」や「投票所のバリアフリー化」など，さまざまな意味が含まれうる。したがって次はこれらの単語間の関係を分析する必要がある。そこで以降では，前節で確認した「勤務年数」[7]ごとにどのような単語が見られるのかに注目して，対応分析（コレスポンデンス分析）を行う。対応分析は，各グループ（ここでは勤務年数ごとの3つのカテゴリ）ごとの頻出ワードの関連を視覚的に表現する手法である。

　図4-4は現在，図4-5は中長期的な課題について，勤務年数グループごとでの単語間の繋がりを図示したものである[8]。まずは，現在の課題（図4-4）について確認しよう。0～2年の新人グループでは，主に「業務」「職員」「少ない」といった，漠然とした日常的な業務への課題に関連する単語がみられる。他方で，3～7年の中堅グループでは，「執行」「不足」「削減」「確保」など，実際的な選挙運営の厳しさを想起させる単語がみられる。最後に8年以上のグループでは，「人材」「育成」「人事」「経験」「適正」など，まさにベテランらしい選挙管理委員会の将来や今後を意味する単語を確認できる。

　続いて図4-5の中長期的な課題について確認する。まず新人グループでは，「人事」「効率」「システム」といった，自身あるいは選管職員のその後の配属を不安視するような単語が特徴的に見られる。他方，「地域」「社会」などから

第4章 選管職員の中の「積極的投票権保障」とその困難

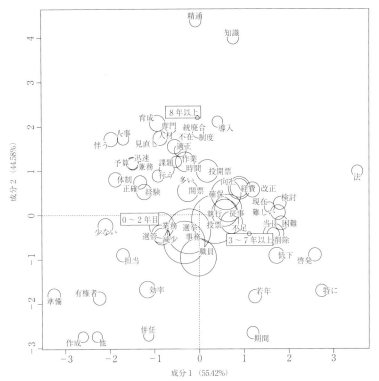

図4-4 現在の課題に関する対応分析

も分かるように，地域ぐるみの取り組みに課題を感じていることも分かる。続く中堅グループは，主に2つの極の中間にいることが示される。具体的には，第3象限付近には「職員」「育成」「見直し」といった新人の選管職員のスキルに対する不安感を意味する単語群がある。一方の極（第2象限）には，「時間」「制度」「不足」「再編」など，選挙執行の制度上の課題が挙げられている。この中間にいる中堅グループは，人事を含む選管に従事する人材育成という行政内部の課題と，国や自治体の制度再編に関する実際的な意味での選管業務の課題の狭間で苦悩しているようである。最後のベテラングループでは，「投開票」「統合」「導入」「電子」「整備」「公選法」などの単語がみられ，行政内部の問題というよりも，選挙運営の実際に近い問題を想起していることが分かる。

111

第Ⅰ部　選挙ガバナンスを動かすもの

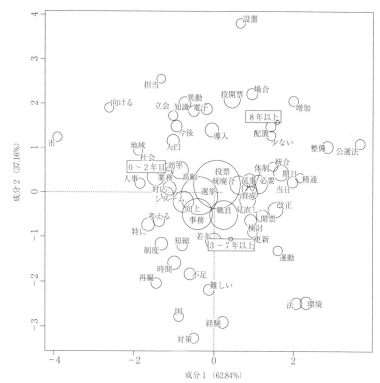

図4-5　中長期的な課題に関する対応分析

小括：選管職員が抱える課題

　本節の分析結果より，選管職員が「実際に」抱える課題は実に多種多様であることが分かる。とくに対応分析の結果は，勤務年数によってまったく異なる類の課題を挙げている点で興味深い。具体的には，新人グループは行政内部での人事の側面に，中堅グループは，選管業務の実際と行政内での立ち位置の狭間の中で課題を感じている。さらに，新人〜中堅グループでは「選挙」そのものに関連するワードがさほど確認されない点にも特徴がある。投票率などの単語は，とくにベテラングループの中で課題として共有されているようである。

　学術的な積極的投票権保障に関する議論の中では，（ベテラングループの中で指摘される）投票率の向上などの側面を重視することが多い。しかし実際の現場では，積極的投票権保障を確保することよりも，眼前にある業務の継続性や実務の運営面での厳しさに腐心している様子がうかがえる。つまり実際の職員

意識においては，積極的投票権保障を進めていこうとすることと，一方で（公正公平な選挙であることを前提に）効率的な選挙運営を目指さざるを得ないことのジレンマがある。少なくとも，積極的投票権保障を進めることと業務を効率化することの2つは重要な課題として認識されているのである。

誤解を恐れず言えば，各自治体において人的・財政的なリソースが先細る中，積極的投票権保障は（重要なテーマでありつつも）職員に「新たな仕事」としてのしかかっているともいえよう。では，実際に「積極的投票権保障」と「選管業務の効率化」の2つの課題はどのような関係にあるのだろうか。以下では，この点についてさらなる分析を行う。

4 「積極的投票権保障」と「業務の効率性」の関係

前節の分析結果を踏まえて，「積極的投票権保障」と「選管業務の効率性」の関係について検討する。またここでは，制度的に積極的投票権保障が担保されているかではなく，職員個人として積極的投票権保障をどのように考えているかの側面に注目する。その理由は，主に以下2点にある。

その第1は，先ほどの分析結果にもあるように，積極的投票権保障を進めるという国（総務省）や自治体の方針に対して，職員の意識においてはバリエイションがあると考えられるためである。実際に内容分析の結果をみても，若手であるほど積極的投票権保障よりも業務の効率性を課題として挙げており，ベテランほど，巨視的な観点から積極的投票権保障に関係する問題を指摘している。また，こうした世代間の分散に加えて，自治体ごとにも分散は生じうる。たとえば，同じ若手職員であっても，有権者数が多い大規模自治体ほど効率性が重視されるかもしれない。第2の点は，積極的投票権保障を促進する上では，個別の職員ごとの業務に対するモチベーションも重要な要因となりうる点が挙げられる。たとえば，兼職の職員は，必ずしも積極的投票権保障だけを考えて業務にあたっているわけではない。また一般的に言っても，専任と兼任の職員の間で，積極的投票権保障を進める上での動機付けにも差があると考える方が自然であろう。

本調査では，これらの点を分析する上で有用な質問が用意されている。以下では，これらのデータの統計量について詳しく確認した後，「積極的投票権保

第Ⅰ部　選挙ガバナンスを動かすもの

障」への意識と「業務の効率性」への意識が一次元軸上に位置づけられるのか，それとも別個の次元軸上に存在するのかについて因子分析を通じて明らかにする。

積極的投票権保障に対する職員意識

　本調査では，「積極的投票権保障」と「業務の効率性」として操作化しうるいくつかの質問が用意されている。そこで以下では，これらの回答の分布について個別に確認しつつ，その操作的定義の妥当性について述べる。

　まずは，積極的投票権保障における取り組みの代表例である「投票所の数／時間」に関する選管職員の意識について検討する。積極的投票権保障を考える時，言うまでもなく投票所の数は多いに越したことはないし，（可能であるなら）どの時間でも投票できるような環境を整備する方向が望ましい。ただしこれは同時に，投票所が拡充されるほどに，選管職員の業務量も比例して増加することとなる。この中で選管職員は，現在の投票所（あるいは期日前投票所）の数や時間をどのように考えているのだろう。本調査では，(1)現在の投票所数／投票時間は適切か，(2)期日前投票における投票所数／投票時間は適切か，の4点を尋ねている。これらの調査結果をまとめたものが，図4-6である。

　図4-6の左部は，投票所および期日前投票所の数を，右部は投票時間および期日前投票の期間について示している。まず投票所について確認しよう。投票日の投票所数について，現在が「適切」と考えている職員は全体のうち71.2％，期日前の投票所数では92.5％にものぼる。逆に，投票所の増設については，「少なすぎる」と考える職員の割合はともに2％にも満たない。むしろ，投票所当日の投票所数では「多すぎる」との回答は27.5％と高い。これらの結果より，相当数の選管職員は，現在の投票所数で十分，もしくは減らしても構わないと考えていることが分かる。

　また図4-6右部の投票時間に関する結果は，この傾向をさらに裏付けるものである。投票日の投票時間を「延長する方が良い」は0％であり，少なくとも本調査に回答した職員のすべてが「現状維持」もしくは「短縮」するべきだと考えている。また期日前投票の期間についてもほぼ同様であり，「延長する方が良い」は0.8％ときわめて少ない。ただし期日前投票の方では，期間縮小を指摘する割合はおよそ65％であり，投票日の投票時間の79.3％に比べると，15％ほど低い。期日前投票の期間は，投票当日の時間に比べれば，職員側の

114

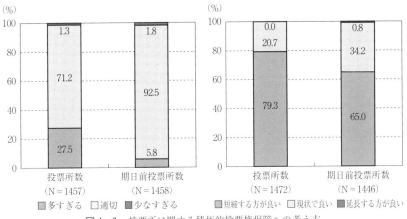

図4-6 投票所に関する積極的投票権保障への考え方

リソースとして（多少ではあるが）余裕があると考えることもできよう。

以上の結果を総合すると、多くの職員は、投票所数は今のままか、あるいは減らしても構わないと考えており、投票時間はむしろ短縮してもよいと考えている。端的に言えば、選管職員の意識は、積極的投票権保障が進める方向とは真逆の傾向にある。また期日前投票においても、投票数をこれ以上増やす必要もなく、期間も短くしてよいと考える職員が圧倒的に多いのである。

もっともこれをもって、「選管職員の多くは積極的投票権保障に反対している」と主張したいわけではない。一般論的に考えれば、投票所増設や投票期間延長は投票率の向上に繋がるであろうし、それは翻って当該選管の「成果」にもなる。ここで浮き彫りになるのは、そのようなメリットがあることを理解していてもなお、投票所数／期間について拡大することに躊躇していることの「内実」である。本章で繰り返し指摘するように、業務量の増加や人的・財政的なリソースの限界を最もよく知る現場の職員にとってみれば、「やりたくてもやれない」といった苦悩として理解するほうが妥当するようにも思われる。

業務の効率化に対する職員意識

続いて、選挙管理の現場における業務の効率化に関する質問について確認する。先ほどの積極的投票権保障に関する職員意識の分析結果では、必ずしも前向きではない傾向が示されたが、その背景には業務量の拡大がありうる。実際

第Ⅰ部　選挙ガバナンスを動かすもの

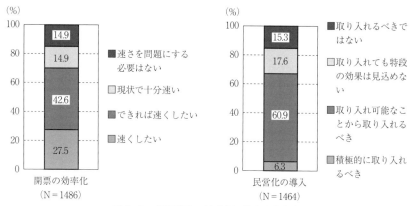

図4-7　選管業務の効率化に関する考え方

に，問9-1において，選挙業務を職員のみで実施した自治体は全体のおよそ6割であり，残りの4割は外部からの人的補助が必要であったと回答している。さらに応援を求めた理由についても，その多くが経費削減と人員不足であり，選挙運営の現場における慢性的な財政的／人的なリソースの低下を意味するものであった。つまり，「選挙での人手不足」を示す結果がみられる。少ないリソースで現在の業務をこなすだけでも相当な労力を要しており，業務の効率化を図ろうとするのは当然のようにもみえる。そこでまずは業務の効率化に関して検討する。この点について，本調査では，(1)開票の効率化，(2)外注などの民営化の2点を尋ねている。これらの調査結果をまとめたものが，図4-7である。

　まず，開票の効率化について見てみると，「速くしたい」と「できれば速くしたい」の意見を合わせると約70％に達する。また民営化の導入についてみても，「積極的に取り入れるべき」「取り入れ可能なことから取り入れるべき」の意見を合わせておよそ65％にもなる。逆に，これ以上の開票の効率化は不要との意見や，民営化に消極的な意見は全体のおよそ15％程度である。これらより，効率化を考える上で代表的な2つの方策について，多くの職員は積極的であることが分かる。

　もっとも，業務の効率化は，必ずしも上述したようなメリットだけでなく，デメリットも併存する。たとえば，開票時間を早くしようとするほど正確性は失われやすくなるし，とりわけ高い専門性が要求される選管業務において民営

第4章 選管職員の中の「積極的投票権保障」とその困難

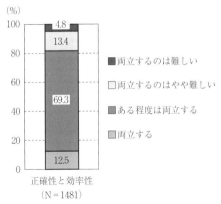

図4-8 選管業務の効率性と正確性に関する考え方

化を導入することで、意図せぬミスも発生しやすくなる。これらのメリット・デメリットを総合的にみて、職員は効率化と正確性をどのように考えているのだろうか。この点について本調査では、効率化と正確性は両立しうるかとの意見についても尋ねている。図4-8はその結果である。これをみると、およそ8割の職員が「両立する」もしくは「ある程度は両立する」と回答している。すなわち多くの職員は、業務の効率化を進めることが、必ずしも正確性を減じるとは考えておらず、むしろ相互に補完可能だと考えているのである。

積極的投票権保障と業務の効率化はトレードオフか

以上の点を踏まえると、先述した開票作業の速さや民営化によって生じうるデメリットを考えてもなお、業務の効率化を優先したいとの意識がうかがえる。では、積極的投票権保障を進めようとすることと業務の効率化は、トレードオフ（一次元的）なのであろうか、それともそれぞれ異なる意味をもっているのだろうか。

この点を明らかにするため、上記で確認した質問文を用いた探索的因子分析を行った。本分析でまず注目したのは、分解される次元の数である。すなわち、仮に両者がトレードオフなのだとすれば、全変数の因子負荷量が高い1つの次元として集約されるだろう。しかし両者が（相関は許容しつつも）異なる意味を有するのであれば、複数の次元に分解されるだろう。この点を明らかにするため、因子数を1に設定した場合と2に設定した場合の因子分析の結果を比較し

第Ⅰ部　選挙ガバナンスを動かすもの

表4-2　積極的投票権保障と業務の効率性に関する探索的因子分析の結果

	因子数(2)		因子数(1)
	業務の効率性	積極的投票権保障	—
投票所数	0.00	0.20	0.20
期日前投票所数	0.02	0.20	0.19
投票時間	−0.02	0.49	0.50
期日前期間	0.02	0.44	0.43
開票効率化	0.49	−0.02	−0.04
民営化	0.25	−0.10	−0.12
正確性と効率性	0.48	0.02	−0.02
固有値	0.53	0.53	0.53

た。その結果が表4-2である[10]。

　まず因子数2の場合，想定通り「積極的投票権保障」に関する因子と，「業務の効率性」に関する因子に分解された。他方で，因子数1の場合は，「積極的投票権保障」に関係する4変数の因子負荷量は比較的高いが，効率性を示す因子負荷量は相当に低い。固有値に目を転じると，いずれも1未満と決して高いものではないものの，次元分解の観点からいえば，因子数2でもほぼ同等である。

　以上を踏まえると，「積極的投票権保障」に関する意識と「業務の効率性」に関する意識は，それぞれ別個の次元にあると考える方が妥当であろう。では，選管業務に関係するこれら2つの異なる志向性は何によって規定されるのだろうか。次節では，ここで得られた2因子の因子得点を用いた重回帰分析を通じて，規定要因を明らかにする。

5　「積極的投票権保障」と「業務の効率性」の規定要因

　本節では，前節で示された，選管業務に関係する2つの異なる意識傾向を規定する要因について分析する。因子分析の結果からも分かるように，「積極的投票権保障」と「業務の効率性」は，共変関係にあるというよりも別々に存在していると考えられる。つまり積極的投票権保障を進めることに積極的であるのと同時に，業務の効率性も高めるべきだと考えるパタンの職員もいれば，いずれか片方のみに積極的であるパタンもある。したがって積極的投票権保障と

118

第4章　選管職員の中の「積極的投票権保障」とその困難

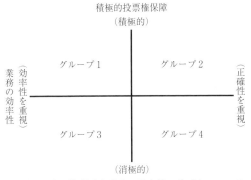

図4-9　積極的投票権保障と業務の効率性に基づく4つのグループ

業務の効率性の関係は，図4-9のような4つのタイプにまとめられる。以下では，これら4つのグループに分類される職員の特徴について，多項ロジット推定より明らかにする。

応答変数と推定方法

本分析で用いる応答変数は，図4-9に示される4つのパタンに分類されるカテゴリカル変数である。ここでの分類は，2つの因子に関する因子得点をそれぞれメディアンで分けた上で，4つのカテゴリに分類した。具体的には，「積極的投票権保障」の因子得点が高く，「効率性」の因子得点も同様に高いグループ1，「積極的投票権保障」の因子得点は高いが，「効率性」の因子得点が低いグループ2，「積極的投票権保障」の因子得点は低く，「効率性」の因子得点は高いグループ3，「積極的投票権保障」「効率性」のいずれの因子得点も低いグループ4という4つのカテゴリを定義した。また以下ではグループ4を基準カテゴリとする多項ロジット推定を行った。

説明変数について

本分析では，「積極的投票権保障」と「業務の効率性」のバランスをどのように考えているのかについて検討するものである。そこで以下に示す選管職員のデモグラフィックおよび心理変数を説明変数として投入する。

まずは，第2節でもみた，職員個人ごとの選管業務に携わっている勤務年数と専任か否かに関するバイナリ変数（専任＝1，兼任＝0）を投入する。これは，

選管業務に関する専門性を意味する変数として捉えられる。すなわち，勤務年数が大きいほど，専任であるほど，選管業務の専門的な知識や能力に長けていると考えられる。くわえて，各職員の属する自治体規模（市区／町村／特別区／政令市（基準カテゴリ））の変数も投入する。

続いて，心理変数について確認する。積極的投票権保障と業務の効率性の規定要因を理解する上で，以下に示す４つの指標を投入する[11]。具体的には，［公職選挙法は複雑すぎる（以下，公職選挙法）］［電子投票は今後普及させるべきだ（以下，電子投票）］［戸別訪問を認めるべきだ（以下，戸別訪問）］［より在外投票しやすい環境を整えるべきだ（以下，在外投票）］［市民向けの政治教育を推進するべきだ（以下，政治教育）][12]の意見への賛否の態度である。これらは積極的投票権保障と業務の効率性を考える上で，それぞれ以下の意味を有する。次では以下の仮説群について，多項ロジット推定の結果に基づいて検討する。

・公職選挙法の複雑性や電子投票の不認可は，業務の効率性を阻害していることを意味しており，したがってこれらの意見に賛成もしくは複雑だと認識している者は，グループ１もしくはグループ３に属するだろう。
・戸別訪問の禁止は，選挙不正を抑制しようと考えるがゆえの方策であり，したがってこの意見に賛成の者は，選挙の正確性を重視してグループ２もしくはグループ４に属するだろう。
・在外投票の環境整備や政治教育の充実は，積極的投票権保障の一環として指摘されるものであり，したがってこれらの意見に賛成の者は，グループ１もしくはグループ２に属するだろう。

多項ロジット推定の結果

多項ロジット推定の結果を示したものが表４-３である。まず職員の属性では，勤務年数のみ，（グループ４を基準とした場合に）グループ２への所属確率が負の方向に統計的有意であった。この結果は，勤務年数が多いベテランであるほど，積極的投票権保障・業務の正確性も重視するタイプになりにくい傾向を意味している。しかしながら，これ以外の変数は統計的有意な結果は示されていない。したがって，職員の外的な属性は積極的投票権保障や業務の効率性と関係があるとはいえない。

第4章　選管職員の中の「積極的投票権保障」とその困難

表4-3　多項ロジット推定の結果

	グループ1	グループ2	グループ3
職員の属性			
勤務年数	−0.02 (0.02)	−0.04* (0.02)	−0.01 (0.02)
専任ダミー	0.44 (0.29)	−0.03 (0.26)	0.11 (0.26)
市　区	−1.44 (1.25)	−1.14 (1.30)	0.05 (1.45)
町　村	−1.45 (1.25)	−0.69 (1.3)	−0.02 (1.45)
特別区	−1.97 (1.29)	−1.63 (1.34)	−0.45 (1.48)
職員の意識			
公職選挙法	−0.48* (0.18)	−0.38* (0.17)	−0.01 (0.17)
電子投票	0.10 (0.13)	−0.01 (0.12)	0.13 (0.12)
戸別訪問	−0.21† (0.12)	−0.27* (0.12)	−0.19† (0.11)
在外投票	0.57* (0.13)	0.31* (0.13)	0.24† (0.12)
政治教育	0.45* (0.15)	0.16 (0.14)	0.22 (0.14)
切　片	0.15 (1.54)	1.96 (1.56)	−0.97 (1.68)
観察数		815	
擬似決定係数		0.037	

※1　各変数について上は係数，下は標準誤差を示す
※2　*は5％，†は10％水準で統計的に有意であることを示す

　逆に心理変数群では，各カテゴリの所属に対していくつかの特徴が見られた。たとえば，在外投票は，グループ1とグループ2の所属に対して正の方向に5％水準で統計的有意，グループ3の所属に対しては10％水準で統計的有意であった。また政治教育に熱心であるほど，グループ1への所属に対して正の方向に5％水準で有意であった。これらの結果は，先ほどの予想とおおむね整合的な結果である。すなわち，在外投票の整備や政治教育に熱心であるほど，やはり積極的投票権保障も重視する傾向にある。さらに，政治教育変数に関していえば，業務の効率性も積極的投票権保障も重視するグループ1に対してのみ規定している。

第Ⅰ部　選挙ガバナンスを動かすもの

他方，先ほどの仮説とは異なる結果もいくつか示されている。公職選挙法の複雑性に関する認識では，グループ1ならびにグループ2の所属に対して負の方向に統計的有意である。また戸別訪問の解禁については，グループ2の所属に対して5％水準，グループ1およびグループ3の所属に対しては10％水準で負の方向に統計的有意であった。すなわち，公職選挙法が複雑だと考えるほど，積極的投票権保障に対して後ろ向きである。また戸別訪問は解禁するべきだと考えるほど，全般的に，積極的投票権保障には消極的で選管業務の正確性を重視するグループ4に属する確率が高くなる。これらの仮説に反する結果の解釈は以下のシミュレーション結果とともに考えたい。

推定結果を用いたシミュレーション結果

以上では，各変数が統計的有意か否かに基づいて検討した。しかし，統計的に有意であったとしても，その変数が「どの程度」効果を有するのかは明らかにできていない（Long 1997）。そこで，多項ロジット推定で有意となった変数が，各グループの所属確率について実質的にどの程度の効果を有するのかについて確認する。

図4-10は，勤務年数・公職選挙法・個別訪問・在外投票・政治教育の各キー変数に注目して，それ以外の変数を平均値に固定した上で，各キー変数の値を最小値から最大値に変化させたときの各グループへの所属確率を表したものである。まずは勤務年数について確認しよう。統計的有意であったグループ2の選択確率に注目すると，勤務年数が最小値の0（配属したての新人）から最大値の39（39年のベテラン）になることで，グループ2を選択する確率は20％ほど低下する。選管職員歴が長くなることの効果は，実質的に一定の意味を有することが分かる。

続いて，公職選挙法の複雑性の認識についてはどうであろうか。公選法は複雑だと考えるほどに，グループ1の選択確率はおよそ19％，グループ2の選択確率はおよそ11％低下する。対して，グループ3の選択確率は17％ほど，グループ4でも13％ほど高くなる。つまり，公職選挙法の複雑性を認識するほど，実際には積極的投票権保障に消極的になることが分かる。続く戸別訪問の解禁は，解禁に賛成であるほどグループ1やグループ2への選択確率は確かに低下するが，その効果自体は数％ほどであり，他の効果に比べれば小さい。

122

第4章 選管職員の中の「積極的投票権保障」とその困難

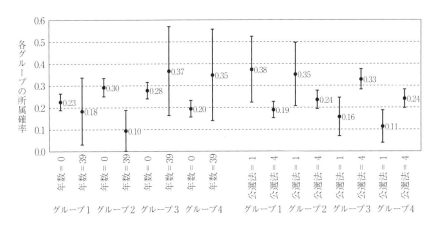

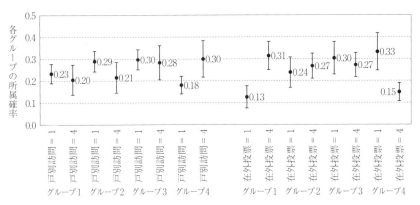

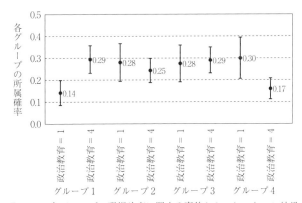

図4-10 各グループの選択確率に関する事後シミュレーション結果

第Ⅰ部　選挙ガバナンスを動かすもの

さらにグループ3の選択確率は2％ほどと，10％水準で有意ではあっても，戸別訪問の解禁に対する賛否や認識は実質的な意味において効果を有していないと判断できよう。

逆に，正の方向に統計的有意であった在外投票の整備については，グループ1の選択確率では18％ほど高める。しかしグループ2の選択確率は3％ほどであり，グループ1の選択確率と比べても相当の開きがある。最後に政治教育の効果について確認すると，政治教育を重視するほど，グループ1の選択確率は15％ほど高まり，逆にグループ4の選択確率は13％ほど低下する。以上の点より，在外投票の環境を整備するべきだと考えるほど，あるいは政治教育の推進に積極的であるほど，積極的投票権保障・業務の効率性の双方を重視するグループ1と強く関連していることが分かる。

6　選管職員の中の「積極的投票権保障」

積極的投票権保障をめぐるジレンマ

本章では，選管職員の意識に着目して，積極的投票権保障と業務の効率性の2つの志向性の関係について明らかにしてきた。本章ではまず，本調査のデータの代表性について確認した。その後，選管業務における現在および中長期的な課題の所在について，内容分析を通じて確認した。そこでは，積極的投票権保障に含まれる投票環境の向上に関する課題と，行政業務そのものの効率化に関する課題とに分類された。この枠組みを用いて，次は選管職員全体において積極的投票権保障と業務の効率性に対する意識の様相について分析した。因子分析の結果より，これら2つの課題はトレードオフというよりも，それぞれ別個の次元として認識されていることが示された。最後に，この2つの意識を規定する要因について，職員の勤務年数や属する自治体規模などの属性と個人の心理的要因に注目して，多項ロジット推定を用いて分析した。分析結果より，この2つの志向性を規定するのは，職員の外的な属性というよりも，職員個人の内的な心理変数であることが示された。

本章の分析結果は，選管職員の意識の中で「積極的投票権保障」が持つ実際的な意味に関して，以下の2点を示唆している。その第1の点は，積極的投票権保障を進める上で，選管職員の実際的な「困難」にも相当の目配せする必要

があることを挙げられよう。裏方に徹することが多い選管職員の行動や様態は観察することが難しく，そのこともあり「選管では全国統一な運用が"きっと行われているのだろう"」との暗黙の認識が共有されてきた。しかし本章の分析結果は，必ずしもそうではなく，むしろ選管の運営方法や課題には相当のバリエイションがあることを意味している。実際に，積極的投票権保障に含まれる投票所の整備については（必ずしも後ろ向きという表現が正しいわけではないが）否定的な意見が多数を占めている一方で，業務の効率化は望ましいとも考えられている。また第2は，第1の点とも関連して，積極的投票権保障を進める上で，選管職員の負担を下支えするために必要な法制度の基盤をしっかりと構築しなければならないことが挙げられる。多項ロジット推定の結果をみても，職員の勤務年数などの属性よりも，在外投票や戸別訪問，あるいは公職選挙法そのものの簡素化を含む法改正が必要な内容についての認識と積極的投票権保障に対する考えに強い関連性がみられた。言うまでもなくこのような課題は，職員個人がどれだけ強く考えていたとしても解消しえないのであるから，やはり国や自治体レベルでの制度構築が重要となろう。さらにいえば，積極的投票権保障の概念を具現化していくプロセスにおいては，選管職員の強い認識なしには実行できないが，現在でも手一杯の業務量の中でそれを進めることに厳しさがあるといえる。有権者における投票意識の向上も重要な課題であるが，それを支える「裏方」が有するリソースの限界にも注意を払う必要があるだろう。

本章の課題

最後に本章の課題を述べることで締め括りとしたい。第1の課題は，とくに公職選挙法の複雑性の認識とグループの選択に関して，仮説（想定）と大きく異なる結果が示された点にある。とくに公職選挙法が複雑であるほど，現場でも混乱を招きかねず，それゆえに複雑性の認識は業務の効率性を重視するようになると考えた。しかし実際には，公職選挙法の複雑性を認識するほどに業務の効率性よりも正確性を重視するようになるとの結果が示された。この点を解釈するならば，法改正による選管業務の簡素化が可能であれば，そのぶんのリソースを積極的投票権保障に示されるような「新たな業務」に還元するのではなく，むしろ今ある業務の質的向上に努めようとしているのかもしれない。この点についてはさらなる詳細な分析が必要である。

また第2の課題は，本章の分析はあくまで相関関係を確認したにすぎないという点にある。一般に，強い理論の背景があってこそ，分析結果の因果関係が保障される（飯田・松林 2011）。本章は，これまでほとんど解明されなかった選管職員の意識を理解することを優先し，因果というよりも実相の解明を試みた。しかしながら，本章の結果は，積極的投票権保障に積極的であるからこそ，種々の制度変更の意識も高く見えるといった逆の因果関係によっても説明されうる。すなわち本章の分析結果から，「選管職員の意識が変わることによって積極的投票権保障も現場レベルで進展する」といった提言をすることはできない。今後の分析では，たとえば実験的手法などを用いて因果の問題を解消することで，実践的な意味でも選管業務の改善に繋がる，より頑健な知見を提供する必要があるだろう。

注
(1) 勤務年数は，現在属している選管に配属してからの期間を，通算年数は当該自治体において過去に選管業務に就いている場合はそれも含めた期間という違いがある。

(2) ただしこの質問において，調査回答者の所属に関して，回答拒否あるいは無回答が 410 自治体および，本調査を複数人で回答したとする 6 自治体（あわせて，全体の 27.1％）は以下の分析上，欠損値として処理した。

(3) 基礎的な情報として，勤務年数について，選管事務局全体の最大値は 38，回答者全体では 29 であった。また通算年数では，選管事務局全体最大値が 39，回答者全体では 38 であった。ともに最小値は 0（1 年未満）である。

(4) ここでは専任の回答者を除いた兼任職員のみを母集団として再分析した。そのためサンプルサイズは 763 であり，割合はすべて「兼任職員のうち」となっている。

(5) ただし本章では紙幅の関係で，すべてのコーディングルールを記すことは出来ないため，以降の分析において重要と思われるルールのみを記述している。

(6) 表 4-1 で網掛けした単語は，それぞれの課題の方にのみ出現した単語を意味している。

(7) ここでは，新人として勤務年数が 0～2 年，中堅レベルとして 3～7 年，それ以上（8 年以上）の 3 つのグループに分けた。この年数による区分けは，衆院選をどの程度経験しているかに基づいている。

(8) これらの図中ではそれぞれの課題における頻出ワード 60 語を対象としている。

(9) ここでは主に，業務委託や各自治会などからの人的応援が含まれる。

(10) 投票所数・期日前投票所数・投票時間・期日前投票期間については，高いほど効

率性を重視する形で解釈するように尺度を反転させている。また表4-2は，最尤法・オブリミン回転後の結果を示している。後のOLS推定も同様。

(11) 本調査では他にも「電子メールを用いた選挙運動は認めるべきだ」「インターネット（ホームページ，ブログ，ツイッター）を用いた選挙運動は認めるべきだ」の項目も用意されているが，これらは2013年のネット選挙で既に可能となっているため，本分析での変数からは除外した。

(12) これらの変数は，直感的に理解しやすいように，高くなるほど，複雑すぎるもしくは賛成の方向になるように反転させている。

参考文献

飯田健・松林哲也（2011）「選挙研究における因果推論の研究動向」『選挙研究』27(1)。

稲増一憲（2015）『政治を語るフレーム——乖離する有権者，政治家，メディア』東京大学出版会。

稲増一憲・池田謙一（2009）「多様化するテレビ報道が有権者の選挙への関心および政治への関与にもたらす効果の検討——内容分析と大規模社会調査の融合を通して」『社会心理学研究』25。

上ノ原秀晃（2014）「2013年参議院選挙におけるソーシャルメディア——候補者たちは何を「つぶやいた」のか」『選挙研究』30(2)。

大西裕編（2013）『選挙管理の政治学——日本の選挙管理と「韓国モデル」の比較研究』有斐閣。

大西裕編著（2017）『選挙ガバナンスの実態 世界編——その多様性と「民主主義の質」への影響』ミネルヴァ書房。

品田裕（1999）「公職選挙法の改正による投票時間の延長が与える影響について」『神戸法学年報』3。

品田裕（2013）「日本の選挙管理委員会について」大西裕編『選挙管理の政治学——日本の選挙管理と「韓国モデル」の比較研究』有斐閣。

樋口耕一（2014）『社会調査のための計量テキスト分析——内容分析の継承と発展を目指して』ナカニシヤ出版。

Long, J. Scott（1997）*Regression Models for Categorical and Limited Dependent Variables, Advanced Quantitative Techniques in the Social Sciences Number 7.* Sage Publications : Thousand Oaks, CA.

Norris, Pippa（2014）*Why Electoral Integrity Matters*, New York : Cambridge University Press.

第Ⅱ部

選挙ガバナンスの課題

第5章 選挙ミスが生じる背景とその防止策
——再発防止委員会の経験をふまえて——

河 村 和 徳

1 仙台市青葉区で生じた不適正な選挙事務処理

　2014年末に行われた第47回衆議院総選挙において仙台市青葉区選挙管理委員会で生じた不適正な選挙事務処理について，その再発防止を検討していた仙台市選挙事務不適正処理再発防止委員会（以降，再発防止委員会）は，2015年4月24日，中尾忠昭仙台市選挙管理委員会委員長に対し，「不適正な開票事務に係る再発防止策のための提言」を提出した。仙台市選挙管理委員会（以下，選管）は，この答申を基に，2015年夏に実施される仙台市議会議員選挙に向け，不適正な選挙事務処理が再び起きないための取り組みを進めることとなった。[1]

　仙台市青葉区において投票者数の計上ミスが発生し，区選管事務局がこの誤差に気づきながら，つじつま合わせのため白票を水増ししたこの事件は，2013年実施の第23回参議院議員通常選挙において高松市で起こった開票の不適正処理によって揺らいでいた日本の選挙制度の信頼をさらに揺るがす大事件となった。[2]

　また，この仙台市の事件が問題であったのは，事件の約5カ月前の2014年7月15日に開票作業で不適切な処理を行った高松市職員が公職選挙法違反（投票増減罪）で起訴されていたのにもかかわらず，白票を水増しに用いた点であった。高松だけではなく，仙台でも白票がつじつま合わせに用いられた結果，「選挙管理の現場で恒常的に白票処理が行われるのではないか」という疑念を生じさせたとともに，「高松だけが特殊ではない」という印象を植え付けたからである。[3]

　なお，この事件は筆者自身にとっても，大きな事件であった。筆者は，小島勇人川崎市選挙管理委員会アドバイザー，吉田幸彦弁護士（元宮城県選挙管理委員）とともに前出の再発防止委員会のメンバーとなり，委員長を務めたからで

ある。この委員会を通じ，選挙管理の実務の課題や事件が生じた際に設置される第三者委員会の意義等について考えることができただけではなく，選挙実務におけるミスとその扱いについて考え直す良い機会となった。

選挙ミスが続けば，選挙管理委員会や選挙制度の信頼は大きく低下する。民主主義の危機と言ってもよい。ミスがあってはならない選挙管理の場では，信頼はミスによって簡単に失われるが，選挙は他の自治体業務と異なり，1年にあるかないかであるため，信頼回復にはどうしても時間がかかる。そのため選挙ミスがなぜ起こるのか，その背景について検討し，提言をすることは必要である。

ただ本章では，高松市や仙台市などミスが生じた選管の事例の検討は行わない。本章では，筆者の仙台市での再発防止委員会で委員長を務めた経験を織り交ぜながら，選挙管理の現場においてミスが生じやすくなっている背景を論じ，全国市区町村選挙管理委員会・事務局調査（以下，選管調査）のデータを用いて，ミス発生とミス防止策との間の関連性について考察する。そして最後に，選挙に関わる人的担保の新しい動きについて紹介することにする。本章は，ミスそのものに焦点を定めるのではなく，ミスを発生させる背景とその防止策に注目するのである。

2　選挙ミスが生じる背景

意外に多く発生している選挙管理でのミス

選挙の管理執行は，「本来，瑕疵なく"100満点"で完了しなくてはならない」（小島 2014）。しかしながら，どんなに努力をしても，人間が行う以上，ミスが生じる確率はゼロにならない。小さなミスは日常的に生じており，そのたびにミスをリカバーすることに追われているのが実態に近いと考えられる。

一般的に，「ヒューマンエラーの発生確率は，その業務に携わる者が増えれば増えるほど高まる」と考えられる。人口が多い政令市では，選挙管理業務に携わる者もどうしても多くなる。そのため，ミスが生じた自治体の比率は，町村選管に比べ市区選管の方が，市区選管よりも政令市選管の方が高くなると予想できる。

図5-1は，5年以内のミスについての回答結果である。この図5-1の結果

第5章　選挙ミスが生じる背景とその防止策

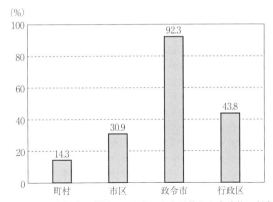
図5-1　5年以内に選挙ミスがあったと回答した自治体の割合
出所：選管調査データから筆者作成。

は衝撃的な結果である。政令市選管のほとんどで「5年以内にミスがあった」と答えている。また市区レベルでも，ミスがあったと答えた所は3割ある。現在，日本では毎週のように地方選挙が行われているが，この結果を基に考えれば，2，3週間に一度はどこかで選挙ミスが起こっているということになる。

ただし，選挙ミスといっても「選挙無効につながるような重大なもの」から，「投票所レベルでの転記ミスで確定前に訂正されたといったもの」まで，千差万別である[4]。また，選挙管理の責任者が犯した判断ミスから，外部スタッフによる偶発的なケアレスミスまでさまざまである。我々はどうしても「選挙ミス」と聞くと重大なものを想起してしまうが，ヒューマンエラーが原因の小さなミスは報道されない（情報が公開されない）だけで，選挙管理の場では「ヒヤリ・ハット」が日常的に起こっていることを，図5-1は示唆している[5]。

選挙制度改革の影響

仕事が増えれば，当然，ミスが生じる確率は高まる。そのため，ミスを減らしたいのであれば作業はシンプルな方がよい。しかしながら，わが国の選挙制度は，1990年以降，選管の仕事を増やす方向で制度改正が行われてきた（表5-1）[6]。

たとえば，国政選挙は，開票の手間がかかる方向へ改正されている。1996年に行われた第41回衆議院総選挙から中選挙区制から小選挙区比例代表制に

133

第Ⅱ部　選挙ガバナンスの課題

表5-1　政治改革期以降における選挙制度改革

期日	上段：国政選挙　下段：改正内容（選管の負担増につながる改正）
1996年10月20日	第41回衆議院議員総選挙
	小選挙区比例代表並立制が導入
1998年7月12日	第18回参議院議員通常選挙
	投票時間，不在者投票時間が延長・不在者投票事由が緩和
2000年6月25日	第42回衆議院議員総選挙
	在外投票（比例代表）及び洋上投票が導入
2001年7月29日	第19回参議院議員通常選挙
	比例代表制が非拘束名簿方式に
2003年11月9日	第43回衆議院議員総選挙
	マニフェストの頒布が解禁
2004年7月11日	第20回参議院議員通常選挙
	期日前投票制度が導入・郵便投票制度が拡充
2007年7月29日	第21回参議院議員通常選挙
	在外投票で選挙区選挙が可能に・南極投票等が導入
2013年7月21日	第23回参議院議員通常選挙
	成年被後見人選挙権の回復・インターネット選挙運動が解禁
2016年7月11日	第24回参議院議員通常選挙
	選挙権年齢の18歳引き下げ・合区選挙区の発生・共通投票所制度が導入・期日前投票における時間の弾力化

出所：総務省提供資料を一部修正。

制度変更が行われ，1人2票投票できることになった。これに伴い，比例の開票分が純増した。2001年実施の第19回参議院通常選挙から，比例代表が拘束名簿方式から非拘束名簿方式になり，比例部分で個人票を集計しなければならなくなった。

　投票率の低下傾向が続くことを考えれば，投票する権利を保障する取り組みは必要である。しかし，在外選挙制度や洋上投票制度の導入など，こうした投票環境改善の動きは選挙管理上の負担を増やすことになっていることも事実である。とりわけ期日前投票の導入は，期日前投票所の運営に加え，「二重投票の防止策の仕組みづくり」などを選管に強いることになった。[7]

　期日前投票でミスが起こりやすいと考えている選管関係者が多いことは，選管調査から明らかである。選管調査では，選管事務局に対しミスがどの時間帯

134

第5章 選挙ミスが生じる背景とその防止策

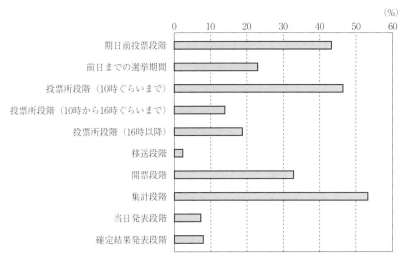

図5-2 選挙ミスが起きやすいと認識されている段階（多重回答，回答数は3つまで）
出所：選管調査データから筆者作成。

に生じやすいのか，質問している（多重回答（3つ）まで）。図5-2は，その質問に対する回答結果をグラフ化したものである。最も回答が多かった選択肢は「集計段階」であった。この選択肢が多かった理由は，集計ミスが起きやすいという理由だけではなく，投票所での転記ミス等が発覚したりするからであろう。2番目に多かったのは「投票所段階の午前10時頃までの間（46.6％）」，そして，その次が「期日前投票段階」である。どちらも，投票が始まったばかりで，投票用紙の二重配付や別の投票用紙を配付してしまう「うっかりミス」が生じやすい（小島 2014）。そのために回答数が多かったと考えられる。また，この段階は，事前準備（たとえば，自動交付機への投票用紙の装填）を行った際に生じたミスが発覚しやすい。これも，回答が多かった理由と考えられる。

人件費削減傾向による影響

秋野（2014）は，(1)人件費削減[8]，(2)外部スタッフ起用，(3)設備投資，(4)選挙管理事務運営ノウハウの継承，(4)開票の時短，(5)投票率アップ，(6)バリアフリー化など，現在の選挙管理委員会はさまざまな問題を抱えていると指摘する。秋野の指摘のうち，(1)から(4)の遠因には，地方自治体の置かれている厳しい財政環境がある。

135

第Ⅱ部　選挙ガバナンスの課題

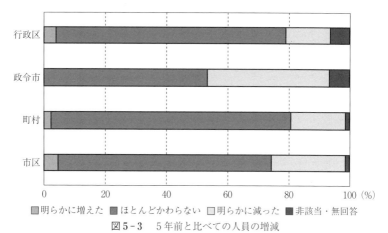

図5-3　5年前と比べての人員の増減
出所：選管調査データから筆者作成。

　図5-3は，5年前と比べて選挙管理委員会事務局の人員の増減がどうであるか，選管調査の回答結果を図示したものである。5年前とほとんど変わらないという回答が多数であるが，政令市選管を中心に人員が減少する傾向があることにも気づく。

　選挙費用抑制圧力，とりわけ人件費抑制圧力は，選挙管理委員会事務局職員の専任率の低下を生む1つの原因となっている。兼職が増えることは，労働条件の悪化やモチベーションの低下を生み（国政情報センター 2014），ミス誘発の潜在要因となる。また専任職員率の低下は，人事考査の見直しや市町村合併とあわせて，中長期的な視野での人材育成を困難にする。近年では，「選挙畑一筋」のような熟練職員は希有の存在であり，事務局のトップが経験不足で選挙事務全体の把握ができていないため，小さなミスに適切な判断を下せない事態も生じているという(11)（秋野 2014，小島 2014）。

　また，人件費削減圧力は，投開票日当日の選挙業務における人材のアウトソーシング（外部スタッフの活用等）を促す。アウトソーシングは，一見，職員を投開票日に休ませることができ，かつ人件費の抑制にも繋がるため，一挙両得のように見える。しかし，公務員OBなどの一部を除けば，期待したスキルを有していなかったり，個人情報に対する認識の甘さがあったりするなど，ミス誘発のリスクも高まる。さらに，アウトソーシングを促した結果，自治体職員の中に「選挙はお手伝い」感覚が増え，それがミスの誘因になるという指摘も

第**5**章　選挙ミスが生じる背景とその防止策

表5-2　プレッシャーを感じる政治的アクター（多重回答）

(%)

	市　区	町　村	政令市	行政区	全　体
都道府県や国	37.6	41.5	33.3	24.4	38.3
市町村長・役所幹部職員	20.9	19.7	33.3	35.4	21.8
候補者・政党・支持団体	69.3	59.7	53.3	56.7	63.8
一般住民	69.2	61.9	73.3	63.0	65.4
マスコミ	72.5	65.1	86.7	72.4	69.3
その他	5.1	3.6	13.3	8.7	4.8
非該当・無回答	2.0	2.5	0.0	5.5	2.5
N	684	685	15	127	1521

出所：選管調査データから筆者作成。

ある（小島 2014）。

心理的な圧力の影響

スポーツの世界では，プレッシャーがかかればかかるほどミスが生じやすいと言われる。どんなに卓越した才能を持つ選手であっても，オリンピックなどの大舞台ではプレッシャーがかかり，そのストレスによって平時のようなプレーができなくなったり，判断を誤ったりする。

選挙管理の場もおそらく同じとみなすことができるだろう。選挙管理はミスが許されない構造であるため，選挙業務の従事者には心理的な圧力がかかる。とりわけ開票時には，当落の影響を受ける候補者陣営や一般住民，マスコミから強い心理的圧力がかかる。表5-2は，選管調査において，「選挙に際して，ミスなく厳正に執行するという重圧（プレッシャー）を強く感じるのは，どこからですか」という多重回答の結果を表にしたものである。この結果は，マスコミや一般住民の圧力を全国の市区町村選管が感じていることを示している。

さらに，開票スピードを競うことを奨励する近年の動きも，選管にプレッシャーを与えているようである。本来，開票スピードを他自治体と競うことは意味をなさない。もちろん開票時間を早める努力は求められるが，わが国の選挙管理では自署式投票を採用している以上，紛らわしい記述が数多く出ればその判定にどうしても時間がかかることになるし，投票率が高い選管は，低い選管よりも取り扱う票数が多くなるため，相対的に開票時間はかかってしまうこと

137

第Ⅱ部　選挙ガバナンスの課題

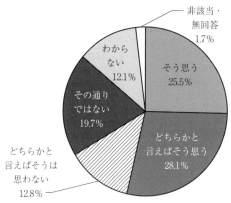

図 5-4　開票時間を競う風潮が高松・仙台での事件の主たる原因と思っている者の比率
出所：河村（2015b）。

は，冷静に考えれば簡単に分かることである。しかし，「開票時間が長くなればなるほど選挙費用が増える」という行政改革的な発想に強く引きずられてしまうと，「『開票時間の短縮』と『投票結果の正確性』の両立」という視点が失われてしまうことになる。

　実は，高松市や仙台市で生じた不祥事の原因を，開票時間を競わせようという風潮にあると考える見方がある。

　筆者は，委員長を務めた仙台市の再発防止委員会で開票従事者に対しアンケートを行っている[14]。そのアンケートの中には，「『開票時間を競う風潮が，高松や仙台での事件の主たる原因ではないか』という見方があるが，どう思うか」[15]という質問を行っているので，この結果をここで紹介しておきたい。図5-4がその結果である。「そう思う（そう思う＋どちらかと言えばそう思う）」が50％を超えている。少なくとも，従事者の中には開票時間を競う風潮を好ましく思っていない層がかなりいるのである[16]。

　日本の選挙管理はマンパワー依存度が高く，かつハイテクよりもローテクを基本とした選挙管理がなされている（河村・湯淺・高 2013）。そうした前提の下，選挙制度がより複雑・煩雑になり，業務量は増えている。その一方，行財政改革の流れから，選挙事務の人的担保は以前ほどではなくなっている。さらに，開票時間を競うような風潮が開票従事者に心理的なプレッシャーをかけている

第5章　選挙ミスが生じる背景とその防止策

のである。⁽¹⁷⁾繰り返しとなるが，構造的にミスが増える方向に進んでいることは間違いないのである。

3　選挙ミス発生とミス防止策の関係

　地方自治体においてなんらかの重大なミスが生じた際，そのミスを検証し再発防止策を議論する組織を立ち上げるのが一般的である。前出の高松市や仙台市の場合，ミスを糊塗する過程で違法性が確認されたため，事実の解明は司法の場で明らかにされる一方，再発防止に関しては選管内部に第三者委員会を設置し検討する方法が採用された（河村 2015a, 2015b）。

　再発防止委員会委員長を経験した立場からいえば，ミスの発生は選挙管理体制を見直すきっかけとなると考えられる。ミスを犯すことによってメディアや有権者から選管事務局は批判され，「ミスを犯さないためには，どうしたらよいか」という動機が生まれるからである。その過程で，担当者のメモやノートがつくられ，選挙業務に関わる者向けの選管事務局内部のマニュアル類の見直しがなされることになるだろう。それと平行して，前任者への問い合わせ頻度はミスを契機に増えると考えられる。

　そこでここでは，選管調査の回答結果を用い，選挙ミスの経験がミス防止策との関係についてみることにしたい。

ミス防止策の状況

　ミス防止策と一口に言っても，選挙管理に従事する者の意識改革もあれば，集計システムの見直しや，開票場におけるレイアウト・職員配置の見直しなど，多岐にわたる。筆者が関係した仙台市の再発防止委員会でも，各区選管から提示されたミス防止策は，「職員体制に関するもの」「組織・権限に関するもの」「トラブル対応に関するもの」「職員の習熟度や理解に関するもの」「タイムスケジュールにかかわるもの」など，さまざまであった。

　ただ，本章では数多くあるミス防止策のうち，「担当者のメモやノートの作成有無」「選管事務局内部のマニュアル類の作成有無」「前任者への問い合わせ頻度」を採り上げる。これらについての回答が，選管調査で得られたからである。またこれらは選挙ノウハウの継承と深く結び付くものであり，ミス防止策

139

第Ⅱ部　選挙ガバナンスの課題

表5-3　ミス防止策の回答状況
担当者のメモやノートの作成 (%)

	市区	町村	政令市	行政区	全体
作っている	31.7	21.0	53.3	41.7	27.9
それに準じるものを作っている	55.4	49.9	40.0	47.2	52.1
作っていない	12.3	28.2	6.7	10.2	19.3
非該当・無回答	0.6	0.9	0.0	0.8	0.7
合　計	100.0	100.0	100.0	100.0	100.0

選管事務局内部でのマニュアル類の作成 (%)

	市区	町村	政令市	行政区	全体
作っている	25.0	8.3	66.7	58.3	20.6
それに準じるものを作っている	48.5	41.9	26.7	33.9	44.0
作っていない	26.2	49.2	6.7	7.1	34.8
非該当・無回答	0.3	0.6	0.0	0.8	0.5
合　計	100.0	100.0	100.0	100.0	100.0

前任者への問い合わせ頻度 (%)

	市区	町村	政令市	行政区	全体
よく（月1回以上）	40.8	35.2	13.3	33.1	37.3
ときどき（年3〜4回）	41.2	44.8	46.7	44.9	43.1
まれに（年1〜2回程度）	15.8	17.8	33.3	20.5	17.4
たずねたことはない	2.0	1.9	6.7	0.8	1.9
非該当・無回答	0.1	0.3	0.0	0.8	0.3
合　計	100.0	100.0	100.0	100.0	100.0

出所：選管調査データから筆者作成。

の基本と考えられるものである。

　表5-3は，回答状況をまとめたものである。全体的に見て，担当者のメモやノートを作成していたり，マニュアル類を作成していたりする選管が多数派である。また多くの選管で前任者への問い合わせの頻度は高い。ただ，町村選管の約半数がマニュアル類を作成していないという実態も垣間見える。

　なお，3つの変数間のそれぞれの相関（ケンドールのタウ b，スチュアートのタウ c）をとると，担当者のメモやノートの作成有無とマニュアル類の作成有無の間にはある程度強い正の相関（0.42程度）があり，担当者のメモやノートの

作成有無と前任者への問い合わせの頻度の間では弱い相関（5％水準で統計的に有意）が認められる。マニュアル類の作成有無と問い合わせの頻度の間はほぼ無相関である。この結果は，ミス防止策を行う選管と行わない選管とに明確に分けられるのではなく，それぞれの選管の置かれている事情で採用される防止策が異なってくることを示唆している。

ミス防止策を従属変数とするロジスティック回帰分析

先ほど述べたように，ミスの発生はミス防止策の導入・見直しの機会となると考えられる。ミスが起こっている選管ほど防止策を採用していると考えられるのである。ただ，逆の見方もできる。ミスが発生している選管は，相対的にミス防止策を採っていないという見方である。どちらの方が妥当なのであろうか。そこで，表5-3でみたミス防止策の回答を従属変数とし，過去5年間でのミスがあれば1，なければ0とするダミー変数（ミスダミー）を独立変数とする多項ロジスティック回帰分析[18]を行うことで，どちらが妥当か確認することにしたい。

ただし，ロジスティック回帰分析を行うにあたり，独立変数に「人口（住基人口（2013年度））」，「財政力（単年度財政力指数（2012年度））」，「市区（市区を1，町村を0とするダミー変数）」に関する操作変数を加える。選挙管理に多くの者が関わる人口が多い市の方がマニュアルの整備が進んでいると考えられるし，財政的な余裕がある自治体もそうした整備を行いやすい環境にあると考えられるからである。

表5-4は，担当者のメモやノートの作成の有無を従属変数とした分析結果である。それらを作成している選管は，作成していない選管に比べ，相対的に人口が多く，またどちらかと言えば市区である傾向にある。それに準じているものを作成している選管も，作成していない自治体に比べ，やはり人口的に多いという傾向が確認できる。ところで，ミスダミーであるが，このダミー変数は，双方とも10％水準を切っていないため，統計的有意差があるとは言い切れないが，ただ有意確率が10％ぎりぎりであることを考慮すると，ミス有無とメモやノートの作成と間に関連性がまったくないというわけではないであろう。なお，ミスダミーの符号をみると，双方マイナスである。この結果は，人口等をコントロールしても，ミスをしていない選管の方がメモやノートを作成

第Ⅱ部　選挙ガバナンスの課題

表5-4　担当者のメモやノート等の作成の有無

		B	標準誤差	Wald	有意確率
作っている	切　片	-0.871	0.242	12.980	0.000
	財政力指数2012	0.429	0.340	1.587	0.208
	住基人口2013	0.000	0.000	15.995	0.000
	市　区	0.442	0.223	3.937	0.047
	ミスダミー	-0.309	0.206	2.246	0.134
それに準じるものを作っている	切　片	0.131	0.207	0.404	0.525
	財政力指数2012	0.157	0.305	0.264	0.607
	住基人口2013	0.000	0.000	13.325	0.000
	市　区	0.293	0.202	2.100	0.147
	ミスダミー	-0.299	0.182	2.702	0.100

Cox & Snell	0.072
Nagelkerke	0.083
McFadden	0.037
N	1334

表5-5　選管事務局内部のマニュアル類作成の有無

		B	標準誤差	Wald	有意確率
作っている	切　片	-2.255	0.267	71.228	0.000
	財政力指数2012	0.954	0.341	7.851	0.005
	住基人口2013	0.000	0.000	18.766	0.000
	市　区	1.010	0.212	22.786	0.000
	ミスダミー	-0.030	0.203	0.022	0.882
それに準じるものを作っている	切　片	-0.444	0.181	6.050	0.014
	財政力指数2012	0.557	0.252	4.876	0.027
	住基人口2013	0.000	0.000	6.879	0.009
	市　区	0.411	0.153	7.261	0.007
	ミスダミー	-0.036	0.155	0.054	0.816

Cox & Snell	0.109
Nagelkerke	0.125
McFadden	0.056
N	1339

していることを示唆する結果である。

　表5-5はマニュアル類の作成の有無を従属変数とした分析結果であるが，ここではミスダミーの有意確率は0.882，0.816であり，ミスとマニュアル類の作成の有無の間に関連性を見出せない。

　表5-6は，前任者への問い合わせ頻度を従属変数とした分析結果である。前任者への問い合わせは人口の多い市区選管ほど，頻度が高くなる傾向にある

第**5**章　選挙ミスが生じる背景とその防止策

表5 - 6　前任者への問い合わせ頻度

		B	標準誤差	Wald	有意確率
よ　く （月1回以上）	切　片	0.720	0.238	9.116	0.003
	財政力指数2012	0.413	0.318	1.685	0.194
	住基人口2013	0.000	0.000	11.197	0.001
	市　区	0.419	0.188	4.980	0.026
	ミスダミー	0.293	0.201	2.126	0.145
ときどき （年3〜4回）	切　片	1.087	0.231	22.206	0.000
	財政力指数2012	0.386	0.309	1.557	0.212
	住基人口2013	0.000	0.000	3.168	0.075
	市　区	0.009	0.185	0.002	0.962
	ミスダミー	0.451	0.195	5.343	0.021

Cox & Snell　　　0.016
Nagelkerke　　　 0.018
McFadden　　　　0.008
N　　　　　　　 1350

　ことが確認できる。ミスダミーを見てみると，ミスを起こした選管の方が相対的に前任者への問い合わせ頻度が多いという傾向を見てとれる。

　ロジスティック回帰分析の結果をまとめると，次のようになる。まず，ミスが起きていない選管ほど相対的に職員のメモやノートが作成される傾向が見てとれる。ミスが起きたからメモやノートを作成するというよりも，そうした取り組みをしている選管ほどミスが起きにくいということを意味しているのであろう。一方，ミスがあった選管では前任者に対する問い合わせが相対的に多くなるようである。ミスが発生し，誤りを繰り返さないという意識の向上が，問い合わせに繋がっているように思われる。また，マニュアル類の作成はミスとの関連性はない。おそらくミスの発生に関係なくマニュアル整備が奨励されているからであろう。

　またこの回帰分析の結果から，人口が多い自治体の選管ほど，ミス防止策を行っている傾向があることが確認できる。やはり人口が多い自治体ほど関わる職員が多いため，対策を打っているのであろう。[19]

第Ⅱ部　選挙ガバナンスの課題

4　選挙ミスを減らすためへの動き

2015 年仙台市議選で再度起こった選挙ミス

　仙台市の再発防止委員会はミスがなくなることを期待し，「不適正な開票事務に係る再発防止策のための提言」を提出した。「選挙事務は正確性を第一とすること」を基本に，選挙事務は市職員の職務であると認識することを訴えた。そして，市民の理解を得るよう努めることで選挙管理の信頼が回復することを期待した。しかし，提言後初となる 2015 年の仙台市議会議員選挙でもミスは続発した。提言に基づいて，さまざまな改革を試みたにもかかわらず，である。

　ミスをなくそうという努力が水泡に帰す事件が，選挙管理の最も初期段階で発生した。泉区選管が「ポスター掲示板の誤り」という，あってはならない凡ミスを犯したのである。ポスター掲示板の数字は，本来 1 から順番に並んでいるはずであるが，誤りのあった掲示板は 1 から 6 まで数字が並んだ後，本来あるはずの 7 から 12 の数字がなかった。ミスのあったポスター掲示板は，泉区八乙女 1 丁目公園南側のもの 1 件だけであったが，この確認ミスによって，正しい表示の表示板に交換するまでの間，候補者陣営のポスター掲示作業は中断を余儀なくされた。致命的なミスであった。

　投開票でもミスが相次いだ。たとえば，太白区では「投票用紙の二重交付」が発生し，泉区では「不在者投票用紙送付の際の説明の不備」が生じ，宮城野区と若林区では「市外転出者への投票用紙送付」が発生した。投票者総数と投票総数も泉区以外の 4 区で不一致となった。また開票段階で，泉区では「中間速報の誤発表」が，若林区では投票所の投票録に問題がある疑いが強まった結果，その投票所の残投票用紙および入場券を数え直す事態が起きた。

　仙台市選管の開票速報ページがフリーズし，速報の更新がなかなかされなかったという事件もあった。フリーズした原因は，開票速報を行う旨を市のホームページデータのバックアップ作業担当者に伝えていなかったからであった。ホームページのバックアップ作業が優先され，開票速報がアップロードできなかったのである。

　2015 年仙台市議選での選挙ミスは，ミスが生じた過程を見直し努力したとしてもミスが発生する確率はゼロにならないことを示している。そして，管理

144

職が節目ごとにチェックを厳しくしても，携わる者の意識が変わらなければミスはなくならないし，優れたマニュアルができたとしても簡単なことではないことを示唆している。

「人」を担保する仕組みづくり

これまで筆者は，数多くの選挙管理委員会事務局職員に対してインタビューを行ってきた。そこで，多くの職員が「選挙管理の基本は『人』であり，人の担保さえしっかりすればミスは減らすことができる」ことを指摘する。ここでいう「人の担保」とは，(1)投開票を含めた選挙業務に携わる質の高い者の担保と，(2)選挙管理の実務に精通した事務局職員の担保，を指す。

ただし，選挙制度改革によって選挙の業務量は増える一方，財政は厳しい。そうした中，人を担保する仕組を検討する必要がある。

おそらく，前者に関しては，やはり外部スタッフの依存を減らし，できる限り自治体職員で選挙実務に望む方向に改革を進めるべきだろう。高松市でも仙台市でも，再発防止を検討する過程で「選挙事務は市職員の職務であると認識すること」が掲げられている。少なくとも，自らの自治体の選挙事務は「自治事務」である。それを前提に考えれば，自治体職員が「選挙事務は他人事」と捉えないような仕組み（たとえば，全職員が選挙事務を経験するようにローテーションを組む，新人職員には選挙事務を兼任させる等）を整える必要がある。さらに，職員の選挙に対する熟練度を測定できる環境も必要だろう。

後者に関しては，人事の見直しが一番である。しかしながら，自治体を代表する首長の意向などの影響を考えると，選挙分野だけ見直すことは難しいだろう。個々の自治体で対応が難しいのであれば，外部にサポートできる団体をつくり，選挙の過程等で生じた疑義に対する問い合わせに応じられる環境を整えるという方策を考えるしかない。

2014 年，選挙制度実務研究会[24]が設立された。選挙管理に関する人材育成や職員の知識・能力のブラッシュアップをサポートする組織である。役員は，前出の小島川崎市選管アドバイザーが代表理事を務め，理事には秋野諭全国市区選挙管理委員会連合会事務局長や清水大資都道府県選挙管理委員会連合会事務局長など，選挙実務に通じた者が研究会の運営に携わっている。この研究会の主な事業は，選挙検定の実施や選管サポート事業であり，選挙検定では選管職

員の実務スキルの向上を，選管サポート事業では選挙管理事務に関する疑問等を受け付け，選管実務に精通した専門家がアドバイスするというものである。

選挙制度実務研究会は，上述の外部から選管業務をサポートする団体であり，また若手職員の質の向上に資する団体と見なすことができる。発足して間もないため，成果は未知数のところはあるが，個々の選管を超えたところで選挙ミスを減らす団体が作られたことは，選挙管理史から見て画期的なことといえるだろう。

ICT活用の道も

繰り返しとなるが，日本の選挙管理はマンパワー依存型である。マンパワー依存は人件費がかかり，ヒューマンエラーが絶えないという欠点がある。選挙管理でミスが絶え間ないのは，転記ミスなどヒューマンエラーが構造上発生しやすいからである。

ミスを減らしたいのであれば，「人ではなく，機械に置き換えてしまえばよい」という発想があってもよい。事実，選挙管理の現場では，有権者の見えない所で二重投票防止のためのシステムや投票用紙の分類機など，ICT（情報通信技術）の活用は進んでいる。ただ，ICTを導入するには初期投資がかかり，また機械に対する不信感からシステム導入に抵抗のある有権者は少なくない（河村・湯淺・高 2015）。投票所での本人確認等でICTを活用するための合意形成には，まだまだ時間がかかりそうである。また，地方自治体の情報セキュリティ基準が過度に厳しいことも，ICT活用を考える上で乗り越えなければならない壁となっている。

課題は多いものの，選挙ミスが多発する傾向にある以上，選挙管理にICTをどう活用するかについて，踏み込んだ議論を今こそすべきである。[25]

注

(1) これに関連して，2015年5月18日，開票事務の不適正処理に直接関与した仙台市青葉区選挙管理委員会事務局選挙課長と同選挙係長，および市議会などに虚偽の説明をした青葉区選管事務局長が懲戒免職処分となった。不適正な処理に直接関与した2人は仙台簡易裁判所から罰金の略式命令を受けたことが，事務局長は不正を把握したのにもかかわらず市議会に虚偽説明したことが，懲戒免職の主たる判断根

拠となったと報道は伝えている。市役所内では依願退職ではないかという観測が一部にはあったそうだが，社会全体に与えた影響等も考慮されたのか，重い処分となった。『河北新報』2015年5月19日。

なお，中尾忠昭仙台市選管委員長および藤原直青葉区選管委員長は引責辞任をし，奥山恵美子仙台市長は自らを3カ月間の減給処分（20％）としている。

⑵　仙台市の事件に関する一連の過程については，河村（2015a，2015b）を参照。

⑶　複数の選挙管理委員会事務局経験者は，「高松市や仙台市の事件のポイントであるのは，『白票』『持ち帰り票』の処理であり，投票結果の確定が最後になると，数字が合わない際に白票で処理したくなる誘惑にかられる。白票の確定は開票前にしておくべきだ。」と指摘する。

⑷　具体的なミスの事例としては，小島（2014）を参照。

⑸　高松市や仙台市で発生した事件は，小さなミスを誤った方法で取り繕ってしまった事件といえる。なお，高松市や仙台市では今回の事件を選管だけでの問題だけではなく，職員全体の問題と捉え，市全体のコンプライアンス推進の取り組みを試みている。たとえば，高松市（2016）を参照。

⑹　ただし，長期的に見て，選挙運動期間は短くなる傾向にある。「選挙にカネをかけるのは望ましくない」という世論と，候補者サイドの「選挙にカネをかけたくない」という意向が合致しているからである。

⑺　2016年参議院通常選挙から共通投票所制度が導入されたが，二重投票防止策の必要性から，導入を検討してはいるが実際に踏み出せないでいる選管は多い（河村・伊藤 2017）。

⑻　財政を良くする手段は，基本的には3つしかない（河村 2008）。収入を増やすか，支出を減らすか，それとも合理化し効率化を進めるか，である。国政選挙や都道府県レベルでの選挙は法定受託事務であるため，経費削減圧力はそれほどまで強くないように思われるが，市区町村長選挙や同議会選挙は自治事務であるため，前者とのバランスから，削減圧力がかかっていると見るべきである。

⑼　町村レベルで減ったという回答が相対的に高くないのは，既に兼任率が高いことが背景にあると考えるべきかもしれない。

⑽　近年は，職員が3年程度で異動するケースが増えており，首長選挙を経験しても次の首長選挙には異動しているという事例が生じているという（秋野 2014）。

⑾　選挙業務は頻度が少ないため，熟練度が上がりにくい構造になっている。これは，熟練の職員が増えにくい1つの背景となっている（小島 2014）。

⑿　選挙管理の質を担保する上でネックと考える選管もある。また，もともと選挙業務における外部スタッフの確保は容易ではなく，派遣業法改正がその状況に追い打ちをかけているという検討もある（河村 2013）。

147

第Ⅱ部　選挙ガバナンスの課題

⒀　普段から「開票が遅い」と指摘されている選管には，マスメディアから開票作業
迅速化の要望が出される場合もある。不祥事を起こすことになった高松市選管では，
2007 年の第 21 回参議院議員通常選挙の際，高松市報道責任者会から開票作業を迅
速化するよう要望が出されている。

⒁　本アンケートは，質問票を筆者が作成し，選挙管理委員会事務局を通じて該当者
全員（609 名）に配布・回収する悉皆調査で実施している（無記名調査）。回収数
は 537，回収率は 88.2 ％である。個人情報保護と守秘義務の観点から，回答はす
べて筆者自らがデータ入力し，集計も筆者のみが行った。回答結果は，河村
（2015b）を参照。

⒂　この設問に対し，早稲田大学マニフェスト研究所は異論を述べており，我々は彼
らの意見にも耳を傾けなければならない。『河北新報』2015 年 3 月 28 日。

⒃　くわえて，アンケートの回答の自由欄の中には，選挙事務の効率化を他の行政サ
ービスと同様な感覚で追求することへの批判があった。

⒄　余談となるが，「プレッシャーがかけられ，時間に追われる結果，ミスが生じる
のであれば，土曜日を投票日にするなどして翌日開票したらどうであろう」と思う
人は少なくないであろう。しかし，そうした発想は乏しいようである。仙台市再発
防止委員会のアンケートでは，翌日開票に賛意を示す者は少数派であった。「月曜
日の業務等に支障が及ぶ」などが反対の主たる理由のようである。日本の選挙管理
は多くの自治体職員による応援を前提としており，そうした「選挙管理のスタイ
ル」（大西 2013）がこの回答結果の背景にはあるようである。なお「『翌日開票に
なったからミスがなくなる』という単純な話ではない」という指摘もある。

⒅　ロジスティック回帰分析における参照カテゴリーは，担当者のメモやノートの作
成有無と選管事務局内部のマニュアル類の作成有無」では「作っていない」，「前任
者への問い合わせ頻度」では，「まれに」と「たずねたことはない」を統合したカ
テゴリーとした（尋ねたことがないという回答がきわめて少なかったため）。

⒆　ただ，これは別の解釈もできる。零細町村での選挙管理は職員総出で牧歌的なレ
ベルで行われているため，形式張ったミス防止策がそれほど必要とは思われていな
い結果，コンプライアンスを意識する都市的自治体との差となったかもしれない。
これについてはもう少し詳細な検討が必要である。

⒇　2015 年市議選に関する筆者の感想等，詳細については，河村（2015c）を参照。

㉑　『河北新報』2015 年 7 月 28 日。

㉒　仙台市選管の資料によれば，この不一致を受け，トラブル対応マニュアルに基づ
いた再点検作業が行われ，青葉区と太白区では集計されていなかった票があること
が確認され，若林区では投票録の誤りがあることが見つかっている。結果的に見れ
ば，マニュアルが機能しており，ヒューマンエラーを訂正できたという評価もでき

なくはない。

⒀　『河北新報』2015 年 8 月 4 日。

⒁　一般社団法人選挙制度実務研究会の詳細は次の URL を参照。選挙制度実務研究
　　会　http://www.senkyoseido.jp/（2016 年 10 月 1 日閲覧）

⒂　ICT の活用は有権者がより投票しやすい環境を生み出す可能性を含んでおり，
　　議論は有意義であると考える。関連して，総務省投票環境の向上方策等に関する研
　　究会の報告を参照。総務省　http://www.soumu.go.jp/menu_news/s-news/01
　　gyosei15_02000144.html（2016 年 10 月 1 日閲覧）

参考文献

秋野諭（2014）「『これからの選挙管理事務運営』に寄せて」国政情報センター『これか
　　らの選挙管理事務運営——経費削減と外部スタッフ・事務継承ほか現状の課題に
　　ついて』国政情報センター。

河村和徳（2008）『現代日本の地方選挙と住民意識』慶應義塾大学出版会。

河村和徳（2013）「東日本大震災被災地の選挙管理におけるマンパワー不足」『選挙研
　　究』29⑴。

河村和徳（2015a）「仙台市選挙事務不適正処理再発防止委員会を振り返って⑴」『月刊
　　選挙』2015 年 6 月号。

河村和徳（2015b）「仙台市選挙事務不適正処理再発防止委員会を振り返って⑵」『月刊
　　選挙』2015 年 7 月号。

河村和徳（2015c）「仙台市選挙事務不適正処理再発防止委員会を振り返って⑶——
　　2015 年仙台市議会議員選挙についての報告」『月刊選挙』2015 年 10 月号。

河村和徳・伊藤裕顕（2017）「代替不在者投票から考えるインターネット投票への道」
　　糠塚康江編著『代表制民主主義を再考する——選挙をめぐる三つの問い』ナカニ
　　シヤ出版。

河村和徳・湯淺墾道・高選圭編著（2013）『被災地から考える日本の選挙——情報技術
　　活用の可能性を中心に』東北大学出版会。

小島勇人監修（2014）『選挙管理事務におけるミス発生事例集』国政情報センター。

国政情報センター（2014）『これからの選挙管理事務運営——経費削減と外部スタッ
　　フ・事務継承ほか現状の課題について』国政情報センター。

大西裕編（2013）『選挙管理の政治学——日本の選挙管理と「韓国モデル」の比較研
　　究』有斐閣。

選挙ガバナンス研究会（大西裕・河村和徳・品田裕・秦正樹・平野淳一）（2014）「「全
　　国市区町村選挙管理委員会事務局調査」についての報告（三）」『選挙時報』2014
　　年 12 月号。

第Ⅱ部　選挙ガバナンスの課題

高松市（2016）『高松市職員のためのコンプライアンスハンドブック』高松市総務局コ
　ンプライアンス推進課。

［付記］本章の執筆には，総務省選挙部，高松市選挙管理委員会事務局，仙台市選挙管
　理委員会事務局をはじめ，多くの方々に資料提供等のご協力いただいた。記して感謝
　申し上げたい。なお，本章の誤りは全て筆者の責任である。また本章は，科学研究補
　助金（23243022，15H01931，15H02790，26245003）の研究成果の一部である。

第6章 選挙公報とインターネット
──地方選挙における選挙公報のネット掲載──

岡 本 哲 和

1 選挙管理研究におけるインターネット

　ウェブサイトを通じた選挙公報のインターネット掲載に焦点を合わせた上で，各地方自治体における実施の有無に対して，政治的な要因がどのような影響を及ぼしているかを明らかにすることが本章の目的である。

　後述するように，2011年の東日本大震災をきっかけとして，選挙公報の内容をインターネットで提供することが可能となった。公営による選挙運動の一手段である選挙公報の提供について，インターネットを手段として用いることが可能になったという点で，これは一種のネット選挙「解禁」であると見なされ得る。

　もっとも，本章が対象とする地方選挙においては，必ずしも選挙公報のインターネット掲載が実施されるわけではない。実施の有無は，地方自治体ごとの決定に委ねられている。そのため，選挙公報がインターネットで提供されるかどうかについては，各自治体におけるさまざまな要因が影響を及ぼすと考えられる。なかでも本研究が注目するのは，選挙公報の発行業務に当たる選挙管理委員会の組織的特質である。具体的には，選挙管理委員会の構成メンバーである選挙管理委員が誰によって実際に選出されているかが，インターネット掲載の有無に影響を及ぼすと予想する。これについて，地方選挙でのデータを用いた分析を行うことによって，日本における選挙管理機関が政治的に行動している可能性を検証したい。

　本章での研究は，次のような意義を持ち得る。第1に，その重要性についての認識が高まっている選挙管理の問題を，政治学的に取り扱っていることである。日本の政治学および行政学においては，選挙管理を対象とする研究はきわめてまれであった。だが，最近では大西編（2013）のような体系的な研究が発

表されており，それに伴って，中立的かつ画一的に実施されていると考えられていた日本の選挙管理のイメージも修正されつつある。本章は，選挙管理と政治的要因との関連についての新たな分析を試みることによって，選挙管理研究の発展に寄与をなし得ると考える。第2に，インターネットと選挙に関する研究に対しても，本章は一定の貢献をなし得る。従来のインターネットと選挙に関わる研究は，政党や候補者によるインターネット利用やその影響，あるいは有権者の意識や行動に対してインターネットが及ぼす影響といった問題に，主たる焦点を合わせてきた。しかしながら，岡本（2014）といった例外を除いては，清原（2013）が指摘するように，選挙運動手段としてのインターネットと選挙管理とを結び付けて論じた研究は，ほとんどなされていない。本研究は選挙管理機関とインターネット選挙との関連を分析の中心に据えることによって，この空隙を埋めることも試みる。

　構成は以下の通りである。まず，選挙公報のインターネット掲載が行われるようになった経緯について説明した上で，地方選挙を対象として著者が行った調査結果に基づいて，その実施状況を概観する。続いて，地方自治体ごとのインターネット掲載に対して影響を及ぼすと予想される要因の説明を行い，その影響についての検証を試みる。最後に，分析結果が選挙管理研究に対して持つ意義と，今後の課題について議論する。

2　選挙公報のインターネット掲載——それに至る過程とその結果

　本研究で取り上げる選挙公報のインターネット掲載について，それが実施されるに至った経緯について説明を加えておこう[1]。選挙公報とは，選挙公営の趣旨に基づいて選挙管理委員会によって発行および配布される文書であり，候補者の氏名，経歴，政見等が記載されたものである。その発行と配布については公職選挙法第167条から第172条において規定がなされているが，当初はインターネットを用いた選挙公報の提供は同法に違反する可能性があるというのが一般的な解釈であった[2]。

　しかしながら，2011年3月11日に発生した東日本大震災後の同年7月29日に開催された参議院政治倫理の確立及び選挙制度に関する特別委員会において，片山善博総務大臣（当時）は，被災地において選挙情報を多くの人々に提

供する手段としてインターネットは非常に有効な手段であり、選挙管理委員会のウェブサイトに選挙公報を掲載することは法的にも可能である旨の発言を行った。総務省も、全国各地に避難している有権者の便宜などを考慮すれば、「公職選挙法第6条の規定に基づき、有権者に対する啓発、周知活動の一環として」ウェブサイトによる選挙公報の提供を被災地で行うことは可能であるとの判断を示すこととなった。それを受ける形で、まず岩手・宮城・福島の被災3県における県議選や知事選などの選挙で、選挙公報のウェブサイトによる提供が行われた（安本 2012；河村 2013b）。さらに同年の10月以降には、東京都の複数の市区長選でも、東京都選挙管理委員会との協議に基づいて選挙公報のインターネット掲載が行われるようになった。

　同時期に総務省が実施した都道府県選挙管理委員会からの意見聴取では、選挙公報のウェブサイトへの掲載を可とするという意見が大半を占めた。そして、これらを受ける形で出された2012年3月29日付の自治行政局選挙部選挙課長通知「選挙公報の選挙管理委員会ホームページへの掲載に関する質疑応答集について」の中で、選挙公報の選挙管理委員会ウェブサイト（同通知では「ホームページ」の語が用いられている）での掲載は「公職選挙法第6条の規定に基づき、有権者に対する啓発、周知活動の一環として行うことは可能」との見方を、総務省は明確に示すこととなった。[3]以上の経緯から、地方選挙のみならず国政選挙においても、選挙公報をインターネットで提供することが一般的に認められるようになったのである。

3　地方選挙における選挙公報のインターネット掲載状況

調査の対象

　地方選挙では、選挙公報のインターネット掲載はどのように実施されているのか。その状況について概観してみる。調査の対象としたのは、2014年6月1日から2015年2月1日までの期間に投票が実施された、市町村および特別区の首長選挙と議会議員選挙である。補欠選挙については通常の選挙とは性質が異なると考えて、対象から除外している。該当する選挙は、合計で347である。内訳は、市長選挙が88、市議会議員選挙が76、町長選挙が92、町議会議員選挙が46、村長選挙が20、村議会議員選挙が21、特別区長選挙が4となっ

第Ⅱ部　選挙ガバナンスの課題

表6-1　選挙公報ネット掲載調査対象の選挙種別

選挙種別	度数	（%）
区長選挙	4	2.3
市議会議員選挙	65	37.6
市長選挙	57	32.9
村議会議員選挙	1	0.6
村長選挙	1	0.6
町議会議員選挙	17	9.8
町長選挙	28	16.2
合　計	173	100.0

ている。

　ただし，これらの選挙すべてにおいて，選挙公報が発行されるわけではない。
第1に，無投票となった選挙では，一般的に選挙公報は発行されないことが多
い。調査対象となった地方選挙のうちで，無投票当選となったのは全体の
25.9%にあたる90ケースであった。第2に，地方選挙では，選挙公報の発行
は各自治体の決定に委ねられている。すなわち，国会議員選挙と知事選挙では，
都道府県の選挙管理委員会は選挙公報を発行せねばならないが（公職選挙法第
167条第1項），都道府県議会と市町村議会の議員選挙，そして市町村長の選挙
では，「条例で定めるところにより，選挙公報を発行することができる」とさ
れている（同法第172条の2）。347の調査対象のうち，選挙公報発行条例が未
制定の自治体における選挙は91ケース（調査対象の26.2%）であった[4]。条例が
未制定のために選挙公報が発行されない場合には，もちろんインターネットに
選挙公報が掲載されることもない[5]。

ネット掲載状況の概観

　選挙公報のインターネット掲載については，上記の2つの理由によってネッ
ト掲載が結果的に行われなかったケースを除いた上で，その状況を概観する。
該当する選挙の数は173であった。選挙の種別ごとの割合は表6-1に示した。
無投票当選となる選挙および選挙公報発行条例の未制定自治体は，町村で多く
なる傾向がある。それゆえ，全体の調査対象と比較して，町村長選挙と町村議
会議員選挙の割合が少し低めとなった。首長を選ぶ選挙か，それとも議員の選

154

第**6**章　選挙公報とインターネット

表6-2　選挙公報のネット掲載状況1（選挙種別）

	市長選	市議会議員選	区長選	町長選	町議会議員選	村長選	村議会議員選
ネット掲載あり	45 78.9%	44 67.7%	4 100.0%	7 25.0%	6 35.3%	1 100.0%	0 0.0%
ネット掲載なし	12 21.1%	21 32.3%	0 0.0%	21 75.0%	11 64.7%	0 0.0%	1 100.0%
合　計	57 100.0%	65 100.0%	4 100.0%	28 100.0%	17 100.0%	1 100.0%	1 100.0%

表6-3　選挙公報のネット掲載状況2（選挙種別）

	首長選挙	議会議員選挙
ネット掲載あり	57 63.3%	50 60.2%
ネット掲載なし	33 36.7%	33 39.8%
合　計	90 100.0%	83 100.0%

挙かという区分では，前者が90ケース，後者が83ケースとなっており，さほどの偏りはない。

　これら173の選挙に対して，各選挙期間中に各自治体のウェブサイトに毎日アクセスすることによって，選挙公報のインターネット掲載が行われたかどうかを確認した。その結果として，インターネット掲載が行われたケースは全部で107（全体の61.84%）だったことが明らかになった。掲載が行われたケースの内訳は，表6-2の通りである。特別区と村についてはケース数が少ないために傾向を読み取ることはできないものの，市と町とを比較すれば，首長選挙と議員選挙のどちらにおいても市の方でネット掲載が多く行われていることが分かる。都市化の程度などの社会環境要因は，インターネットの利用状況とも関連があると指摘されている。ネット掲載の有無は社会環境要因とも関連するとの前提を置くならば，一般的に町よりも都市化の程度が高い市においてネット掲載率が高くなるとの結果は，予想どおりともいえる。また，ネット掲載の有無を，首長選挙と議員選挙の2つに大きく区分した結果も表6-3に示した。両者の間には，ネット掲載率については明確な差が現れていないことが見てとれる。

第Ⅱ部　選挙ガバナンスの課題

4　選挙公報のインターネット掲載を規定する要因

政治的要因の重要性

本章では，地方自治体による選挙公報のインターネット掲載に対して，どのような要因が影響を及ぼしているかを明らかにすることを試みる。これに関する先行研究として岡本（2014）は，2012年衆議院選挙および2013年参議院選挙での都道府県選挙管理委員会による選挙公報のインターネット掲載に注目し，ウェブサイトへの選挙公報の掲載については，そのタイミングにおいて都道府県ごとに違いがあったこと，さらにウェブサイト掲載までの経過日数は2012年衆院選時よりも2013年参院選時の方が短くなるという傾向があったことを示した。その上で，2013年参院選におけるいわゆる「ネット選挙解禁」が，インターネット掲載のタイミングを早めた可能性があることを示唆している。

同研究が対象とした国政選挙では，公職選挙法によって選挙公報の発行が義務づけられている（同法167条第1項から第3項）。そのインターネット掲載についても，2012年衆院選および2013年参院選（さらには2014年衆院選）においては，例外なくすべての都道府県の選挙管理委員会によって行われた。これは，総務省自治行政局選挙部選挙課長通知「選挙公報の選挙管理委員会ホームページへの掲載に関する質疑応答集について」（2012年3月29日）において，「全国統一的に，選挙公報の発行主体である都道府県選挙管理委員会のホームページに掲載することとする」とされたためである。[6]岡本（2014）が選挙公報のインターネット掲載の有無ではなく掲載までの経過時間を分析対象としたのは，このような理由による。

これに対して地方選挙では，すでに述べたように，選挙公報の発行とそのインターネット掲載そのものが各地方自治体に委ねられている。国政選挙と地方選挙との比較という観点からは，掲載までの経過時間を対象とする分析は一定の意義を持つと考えられるが，ひとまず本章ではインターネット掲載の有無自体に焦点を合わせて，その規定要因を明らかにすることを試みたい。

規定要因を探るために，ここでは選挙公報のインターネット掲載自体が政治的な影響を及ぼし得ることに注目する。インターネットの政治的影響に関する先行研究では，インターネットを通じた選挙情報との接触は，有権者の投票行

156

動に影響を及ぼすことが明らかにされている（Strandberg 2014；Sudulich, Wall and Baccini 2014）。インターネット上での選挙公報の閲覧についても，それが投票行動にも効果を及ぼす可能性がある。これについて，2014年衆院選時に著者らが実施した有権者のインターネット利用に関する調査では，インターネットで選挙情報に接触した有権者の37.0％（1030人中381人）が，選挙公報をインターネットで閲覧したと回答している。そして，選挙公報を閲覧した結果として「小選挙区でどの候補者に投票するかを決めるのに役立った」と回答したのはそのうちの53.5％（381人中204人），「比例代表でどの政党に投票するかを決めるのに役立った」と回答したのは50.9％（381人中194人）であった[7]。

　問題となるのは，その効果が特定の有権者層に対してとくに強く及ぶ場合，そしてそのことが特定の党派や候補者が有利となるように作用する場合である。このときには，選挙公報のインターネット掲載を行うか否かの判断は，きわめて高い政治性を帯びることになる。実際，日本でのインターネット利用は全体的には増加傾向にあるが，世代間と年収間ではいまだに利用割合に格差が見られるとの調査結果も示されている（『平成26年版情報通信白書』338頁）。選挙公報の発行・配布は，選挙期間中における選挙キャンペーンの調整に関わる選挙管理業務の1つと考えられる。そうであるならば，その業務は公平かつ公正に実施されねばならない。公職選挙法第170条第1項において，市町村の選挙管理委員会は選挙人名簿に登録された者の属する各世帯に選挙公報を配布せねばならないと定められていること，そして同法第170条第2項において，各世帯への配布が困難である場合には，さまざまな方法によって容易に選挙公報が入手できるようにすべきと定められていることは公平性を保つためである。だが，選挙公報のインターネット掲載には，その公平性を損ねる可能性が含まれている。

政治的要因の影響についての予想

　選挙管理のあり方が選挙結果を左右しうることは，すでに指摘されてきた（大西 2013）。それゆえに政治家が選挙管理に影響を及ぼそうとすることについても，いくつかの先行研究によってその実態が示されている（James 2012；Rocha and Matsubayashi 2014；Hicks et. al. 2015）。上述のように，選挙公報のインターネット掲載は選挙結果になんらかの効果を及ぼす可能性がある。だとすれ

ば，選挙公報をインターネットで掲載するかどうかという問題に対しても，政治家が影響を及ぼそうとすることは十分に考えられる。つまり，インターネット掲載の有無は，政治的な決定の帰結である可能性がある。選挙公報のインターネット掲載に関する先行研究では，このような政治的要因からの影響は分析の対象範囲外であった（岡本 2014）。もちろん，インターネットを通じた選挙公報の閲覧が実際に選挙動員や投票選択に対して実際に影響を及ぼすかどうかについては，より厳密な検証がなされねばならない。だが，ここでより重要なのは，実際にそのような影響が存在するかどうかに関わりなく，影響が存在する（可能性が高い）との認知がなされた場合には，政治家による影響力行使の確率が高まるということである。ここでは，政治家が自らの利益のためには，選挙管理の様態にも影響を及ぼそうとするとの前提を置いた上で，選挙公報のインターネット掲載の有無と政治的要因との関連を明らかにすることを試みる。

　すでに述べたように，選挙公報の発行およびそのインターネット掲載は選挙管理委員会によって行われる。条例によってその発行がいわば義務づけられている紙媒体の選挙公報とは違って，そのインターネット掲載は各地方自治体の裁量に委ねられる。それについての判断に関わる選挙管理委員会に注目した上で，同委員会への政治的影響に分析の焦点を合わせることにする[8]。具体的には，各地方自治体の選挙管理委員の人選が，誰によって行われているかを問題とする。「2013 年選管調査」には，選挙管理委員会委員の人選を誰が行っているかについての質問が含まれており，回答の選択肢として「市町村長ら役所幹部」「市町村議会」「選挙管理委員会事務局」および「その他」の 4 つが提示されている。この質問に対する回答結果を，各自治体の選挙管理委員会がどこからの政治的影響を受けやすいかを示す指標として扱う。すなわち，「市町村長ら役所幹部」あるいは「市町村議会」との回答は，選挙管理委員会がそれぞれの影響を受けやすいことを示すと捉える。それに対して「選挙管理委員会事務局」との回答については，その自治体の選挙管理委員会が政治的な影響を相対的に受けにくく，自律的に行動する傾向があることを示すと捉える。

　ここでの予想は，首長もしくは地方議会が選挙管理委員の人選を行っている場合には，選挙管理委員会事務局が人選を行っている場合と比べて，選挙結果に及ぼす影響がより大きく考慮されるために，選挙公報のインターネット掲載が行われる確率がより高くなる，あるいはより低くなる，というものである。

第6章　選挙公報とインターネット

政治的要因がインターネット掲載に及ぼす影響の方向は，このように一概には予想できない。なぜならば，選挙管理委員の人選主体にとって，インターネット掲載を行うことが政治的に有利な効果を及ぼすのか，それとも不利な結果をもたらすかは，地方自治体ごとの事情によって異なってくるからである。このことは，インターネット掲載を促す影響とそれを妨げる影響とが相殺されることによって，全体的に見た政治的要因の影響は弱められる可能性があることを意味する。換言すれば，それにもかかわらず政治的要因からの影響が見出された場合には，その結果はそれだけ頑健であるといえる。以下では，上記の予想についての検討を行う。

5　データと分析

　使用するデータについて説明しておこう。選挙公報のインターネット掲載状況に関して用いるのは，前述の市町村および特別区の首長選挙と議会議員選挙のデータである。ここでも，そもそも選挙公報発行条例が制定されていない自治体と，無投票となった自治体は除外する。次に，このインターネット掲載データに，「2013 年選管調査」のデータ（以下，「選管データ」と表記する）をマッチングさせる。その結果として，インターネット掲載データと選管データの双方が得られた自治体とその選挙を，ここでの分析対象とする。該当する選挙数は 137（インターネット掲載について首長選挙と議会議員選挙の両方のデータが得られている自治体数が 7 あるため，自治体数では 130）であった。ただし，137 のうちの 6 つの選挙については，実施した自治体が質問に対して無回答であったという理由によって，以下の分析に用いる変数の一部が選管データ中では欠損値となっている。そのため，それらを除外した 131 の選挙を対象として分析を行うこととする。自治体区分別に見ると，市・特別区の選挙が 101 サンプル，町村での選挙が 30 サンプルという内訳になっている。町村がやや低めに代表されているのは，そこでの選挙が無投票となることが比較的多かったためである。選挙種別では，首長選挙が 65 サンプル，議会議員選挙が 66 サンプルとなっており，数の面でバランスのとれた構成となっている。

　最初に，選挙委員会委員の人選についての状況を概観しておこう。これに関して，地方自治法第 182 条第 1 項では，地方自治体の選挙管理委員については

159

第Ⅱ部　選挙ガバナンスの課題

表6-4　選挙公報ネット掲載と委員選出主体

	市町村長ら役所幹部	市町村議会	選挙管理委員会事務局	その他
ネット掲載あり	7 31.8％	49 65.3％	18 72.0％	2 100.0％
ネット掲載なし	15 68.2％	26 34.7％	7 28.0％	0 0.0％
合　計	22 100％	75 100％	25 100％	2 100％

「普通地方公共団体の議会においてこれを選挙する」と規定されている。構造的に見れば，選挙管理委員会が地方議会からの影響をもともと受けやすくなっていることが確認できる。用いる分析データでも，「貴自治体で委員の選出にあたり，人選を実際に行っているのは，どなたでしょうか。」との質問に対し，最も回答割合が高かったのは「市町村議会」の60.5％（首長選挙と議会議員選挙の両方のデータが得られている7自治体の重複分を除いた124自治体のうちの75）となっている。制度面から考えるならば，当然の結果ともいえる。だが一方で，残りの40％近い自治体が市町村議会以外の選択肢を選んでいることは，実態が制度とは異なっていることを示している。すなわち，「市町村長ら役所幹部」との回答割合は17.7％（124自治体のうち22）であり，「選挙管理委員会事務局」との回答割合も20.1％（124自治体のうち25）にのぼっている。[9]

　次に，選挙委員会委員の人選主体と選挙公報のインターネット掲載について，2変数関係のみに注目して検討を行う。表6-4では，両者の関連をクロス表で示した。明らかな特徴は，「市町村長ら役所幹部」が人選を行っている場合と，それ以外との比較において現れている。すなわち，「市町村議会」と「選挙管理委員会事務局」が人選を行っている自治体では，選挙公報がインターネット掲載される割合は70％前後と高くなっている。それに対して「市町村長ら役所幹部」が人選を行う自治体では，（選挙公報発行条例があるにもかかわらず）インターネット掲載が行われない割合が70％近くになっている。

　選挙公報のインターネット掲載の意義としては，郵送などの手段を用いるよりも，その情報内容をいち早く有権者に届けられること，そして場所や時間の制約を受けることなく有権者が選挙公報を入手できるようになることなどが挙げられる。[10]東日本大震災被災地における選挙公報のインターネット掲載は，有

第**6**章　選挙公報とインターネット

権者から好意的に受け止められたとの指摘もある（三船 2013）。インターネット掲載の実施によって有権者の便宜を向上させることは，行政の長である首長の任務とも考えられよう。しかしながら，ここで示されたのは，それとは反対の結果である。

6　多変量解析による分析

使用する変数

　以上のように，少なくとも選挙公報のインターネット掲載に関しては，首長が行政の長としてというよりも，むしろ政治家として行動した可能性が高い。このようなインターネット掲載と政治的要因との関連を，さまざまな他の要因からの影響を考慮した上で，多変量解析の方法を用いて改めて検証することとする。従属変数は，各選挙において選挙公報のインターネット掲載が行われた場合は「１」，行われなかった場合は「０」の値をとる二値変数である。それゆえ，分析方法としてロジスティック回帰分析を用いる。

　最も重要な独立変数は，選挙管理委員の人選主体となる。これについて，「市町村長ら役所幹部」が人選を行っている場合，そして「地方議会」が人選を行う場合のそれぞれについて，該当する場合を「１」，該当しない場合を「０」とするダミー変数をそれぞれ作成して分析に投入する。参照基準は「選挙管理委員会事務局」（および「その他」）である。先述のように，正の方向であれ負の方向であれ，この２つの変数が有意な影響を及ぼしているかどうかが問題になる。

　コントロール変数として，これ以外にも次のような変数を加えた。まず，選挙の種類がインターネット掲載の有無にも影響を及ぼす可能性があると考えて，首長選挙の場合には「１」，議会議員選挙の場合には「０」の値をとるダミー変数を投入する。この変数が及ぼす影響の方向については一概に予想できない[11]。次に，地方自治体自体の特質もまたインターネット掲載に影響を及ぼすと考えられる。これに関して分析に投入するのは，市・特別区ダミー変数（市・特別区での選挙の場合は「１」，町村での選挙の場合は「０」）および財政力指数（データは 2012 年のもの）の２つである。選挙公報のインターネット掲載に関する作業にあたっては，情報技術に関する一定の知識も必要となる[12]。規模が大きい自治

161

第Ⅱ部　選挙ガバナンスの課題

体ほど，そして財政的に余裕がある自治体ほど，そのような知識を有した職員の動員が容易であると考えられる。そのため，これら2つの変数については，いずれも正の影響を及ぼすと予想される。

以上に加えて，各自治体の選挙事情が及ぼす影響を考慮して，前回に行われた選挙の投票率を独立変数として用いる分析も行う。一般的に選挙管理委員会には，選挙啓発事業を通じて投票率を向上させることが役割の1つとして期待されている。選挙管理委員会が自律的に行動するとの前提を置けば，前回選挙の投票率が低かった場合には，さまざまな手段を用いて投票率の向上に努めようとするだろう。選挙公報のインターネット掲載は，そのための手段として選択される可能性がある。それゆえ，同変数について期待される係数の符号は負（前回選挙の投票率が低いほどインターネット掲載が行われる確率は高くなる）である。[13]

分析の結果

分析結果は，表6-5に示されている。まず，コントロール変数についての結果を概観しておこう。分析モデル1においては，市・特別区ダミー変数と財政力指数が1％水準で有意な正の影響を及ぼしている。これらの変数が及ぼす影響の方向は，いずれも予想通りであった。前回選挙の投票率についても，予想通りに負の影響を及ぼしている。投票率向上を図るために，選挙管理委員会が自律的に行動する側面があることを示唆している。

それでは，最も注目すべき変数である選挙管理委員の人選についてはどうか。2つの分析モデルのいずれにおいても，地方議会選出ダミー変数の係数の符号は正である。選挙管理委員会事務局が人選を行う自治体と比較して，地方議会が人選を行っている自治体の方が選挙公報のインターネット掲載が行われる確率が高いことになるが，どちらも統計的に有意ではない。それに対して，市町村長ら役所幹部ダミー変数は，どちらの分析モデルにおいても5％水準で有意な負の影響を及ぼしている。地方議会が人選を行う自治体よりも，首長が人選を行う自治体の方が，インターネット掲載が実施される確率は低くなることが示されている。より具体的には，他の独立変数の値を平均値に固定した上で，地方議会が人選を行っている自治体における選挙で選挙公報のインターネット掲載が実施される確率は，分析モデル1において70.05％，分析モデル2で74.09％であったのに対し，首長が人選を行っている自治体でのそれは，それ

162

第6章　選挙公報とインターネット

表6-5　選挙公報のインターネット掲載の規定要因（二項ロジット分析）

モデル	1	2
独立変数	係数	係数
選挙管理委員の選出（参照基準：選挙管理委員会事務局選出）		
首　長	-1.311^{**} (0.57)	-1.327^{**} (0.658)
地方議会	0.476 (0.569)	0.657 (0.651)
首長選挙ダミー	0.098 (0.429)	-0.259 (0.521)
市・特別区ダミー	1.387^{***} (0.515)	0.679 (0.625)
財政力指数（2012）	4.099^{***} (1.073)	2.517^{*} (1.319)
前回選挙投票率		-0.07^{***} (0.026)
定　数	-2.899^{***} (0.81)	3.181 (2.386)
Pseudo R^2	0.215	0.259
N	131	113

*p＜0.10，**p＜0.05，***p＜0.01.
カッコ内は標準誤差。

それ38.66％と43.14％であった。どちらにおいても，確率を30ポイント以上低下させている[14]。

　インターネット掲載が有権者の投票に効果を及ぼす可能性があるために，掲載の判断が政治的な動機で行われているとすれば，掲載が支持されるか否かは各自治体の選挙事情に依存することになる。先述のように，このことは政治的要因の効果が全体として顕在化しにくくなるような作用を及ぼす。そのような作用の存在にもかかわらず，インターネット掲載に対しては，首長による選挙管理委員の人選が明白な影響を与えていた。それだけ結果の頑健性が高いことになる。

　さらに興味深いのは，首長が人選を行っていることが，インターネット掲載の実施に対して負の影響を及ぼしていることである。先述のように，インターネット掲載を実施して有権者の便宜を向上させることは，行政の長である首長

163

の任務でもある。分析対象となったケースには，選挙管理委員会への影響力を通じて，このような動機からインターネット掲載を積極的に進めた首長も含まれている可能性がある。それにもかかわらず，首長による人選がインターネット掲載の実施確率を押し下げる影響を及ぼしていたことは，首長が行政の長としてよりも，むしろ政治家として行動したことの帰結であるといえる。

7　今後の研究課題

　選挙管理機関の独立性が，その活動の直接的な産出物であるアウトプットとどのように関連するかについては，これまでほとんど分析の対象とはされてこなかった（曽我 2013：43）。そのアウトプットにあたる選挙公報のインターネット掲載に対して，選挙管理委員会の特質が影響を及ぼしていることを明らかにした点が，本章の意義である[15]。

　もっとも，各自治体の内部において，インターネット掲載の判断が具体的にどのように行われているかについては明らかにできなかった。今後はインターネット掲載に関わる自治体内部の決定プロセスを詳細に検討することによって，ここで得られた分析結果を補完していく必要がある。さらに，選挙管理のアウトプットである選挙公報の発行とそのインターネット掲載が，投票率や選挙結果などのアウトカムにどのような影響を及ぼすかについても検証が求められる。インターネット掲載と投票率などとの間になんらかの関係があることが実際に見出されたならば，ここで示した分析結果は規範的な議論の対象ともなり得る。これについても今後の研究課題である。

注

(1)　本章の記述については，岡本（2014）に依拠している。

(2)　インターネットでの選挙公報の掲載を求める動きは以前からあった。都道府県選挙管理委員会連合会は2006年，2007年，2010年の3回にわたって，選挙管理委員会ウェブサイトでの選挙公報掲載が可能となるような法改正を，政府や国会に要望している（東京都選挙管理委員会事務局 2012）。

(3)　自治行政局選挙部選挙課長通知の題名には「選挙管理委員会ホームページへの掲載」との表現が用いられているが，選挙管理委員会が独自のホームページを開設していない地方自治体も実際には多く存在する。そのような場合には，自治体サイト

第**6**章　選挙公報とインターネット

における情報提供という形で選挙公報がアップロードされている。

⑷　ただし，347 ケースのうち，28 ケースについては本章執筆時点で選挙公報発行条例の有無が未だ確認できていない。これらについては，以下の分析では条例未制定と同様に扱っている。

⑸　ネット掲載のみでなく，選挙公報の発行自体に影響を及ぼす要因を明らかにすることも重要な研究課題と考えられるが（品田 2013：146），ここではその問題は扱わない。

⑹　全国統一的に都道府県選挙管理委員会のホームページに掲載すべしとされた理由は，「その掲載の有無や掲載方法等が都道府県の選挙管理委員会ごとに異なると，かえって有権者の混乱を来すおそれがあると考えられ」たからである（総務省自治行政局選挙部選挙課 2012：13）。なお，インターネット掲載のタイミングについては，前出の総務省自治行政局選挙部選挙課長通知では，「特段の制限はないが，当該選挙の公示日又は告示日の日後，選挙管理委員会において掲載データの作成等の準備が整った時点で，できるだけ早く掲載することが適当」とされている（総務省自治行政局選挙部選挙課長通知 2012：51）。

⑺　2014 年衆院選調査は，2014 年衆議院選挙に関する情報にインターネットで接触した経験を持つインターネット・ユーザーを対象として，次のように実施された。まず，投票日翌日の 2014 年 12 月 15 日に，ネット調査会社に登録しているモニターから 50000 サンプルを無作為に抽出した上で，そこからさらに公示期間（12 月 2 ～13 日）および投票日（12 月 14 日）の前後の期間に，「候補者が開設しているホームページ」「候補者によるツイッター」「候補者によるフェイスブック」のいずれかに接触した経験を持つ 2126 名を抽出した。続いて，その 2126 名を対象として，2014 年 12 月 17～18 日までの期間に調査会社のウェブサイトを通じてインターネットを通じた選挙情報との接触状況とその効果に関する質問を行い，結果として 1031 名から回答を得た。なお小倉（2013）では，2012 年衆院選および都知事選について，ウェブサイトでの選挙公報に接触したと回答した東京都内有権者の割合は 3.0％であったとの東京都選挙管理委員会による調査結果が紹介されている。

⑻　著者による聞き取り調査では，インターネット掲載に関わる判断は選挙管理委員会が中心となってなされているとの発言が得られた。ただし，これについても地方自治体によって違いがある可能性もある。今後，さらなる調査と分析が必要である。

⑼　基となる全国市区町村選挙管理委員会事務局調査では，最も回答割合が高かったのは，「市町村議会」の 54.4％（1468 有効回答数のうち 799）であった。「市町村長ら役所幹部」との回答割合は 15.7％（1468 有効回答数のうち 231），「選挙管理委員会事務局」との回答割合は 26.8％（1468 自治体のうち 394），「その他」との回答割合は 2.9％（1468 自治体のうち 44）となっている。ここでの分析データが，

165

第Ⅱ部　選挙ガバナンスの課題

選挙管理委員会についてのより一般的なデータからかけ離れたものではないことが示されている。選挙管理委員の人選に関するさらに詳細な調査結果の分析については，大西・河村・品田・秦・平野（2015）を参照のこと。

⑽　著者による聞き取りでは，「選挙公報が自宅になかなか届かない」という有権者からの問い合わせに対して，選挙公報はウェブサイトにも掲載されている旨の回答を行うと納得が得られやすかったという意見が，都道府県選挙管理委員会事務局担当者から得られた。これは，選挙公報のインターネット掲載による事務負担の軽減効果であるとも考えられる。

⑾　選挙の種別に関して，たとえば選挙管理委員の人選を首長が行っている自治体において首長選挙が行われる場合には，インターネット掲載が行われる確率がより高く（あるいは低く）なるとも予想される。だが，結果は省略するが，このような交互作用の存在は認められなかった。

⑿　筆者による都道府県職員からの聞き取りでは，選挙公報のインターネット掲載作業自体には，情報技術についてのとくに専門的な知識は必要ではないとのことであった。しかし，自治体によっては，その程度のレベルの知識を有した職員であっても動員が難しいことも考えられ得る。

⒀　前回選挙が無投票であった場合には分析から除外した。

⒁　計算には，SPost 9 の prvalue コマンドを用いた。
　　<http://www.indiana.edu/~jslsoc/spost9.htm>

⒂　先述の総務省自治行政局選挙部選挙課長通知「選挙公報の選挙管理委員会ホームページへの掲載に関する質疑応答集について」では，選挙公報のインターネット掲載は公職選挙法第 6 条の規定に基づいて行われるものとの見方が示されている。同法の第 6 条第 1 項には，地方自治体の選挙管理委員会は「常にあらゆる機会を通じて」選挙に関し必要と認める事項を選挙人に周知させなければならないとの規定がある。それゆえ，規範的な観点からは，政治的な要因がインターネット掲載を抑制している可能性があるとの結果はきわめて問題である。

参考文献

明るい選挙推進協会（2014）『第 23 回参議院通常選挙全国意識調査：調査結果の概要』（http://www.akaruisenkyo.or.jp/wp/wp-content/uploads/2011/07/23sanin1.pdf）（2015 年 3 月 23 日閲覧）。

大西裕編（2013）『選挙管理の政治学——日本の選挙管理と「韓国モデル」の比較研究』有斐閣。

大西裕（2013）「民主主義と選挙管理」大西裕編『選挙管理の政治学』。

大西裕・河村和徳・品田裕・秦正樹・平野淳一（2014）「『全国市区町村選挙管理委員会

事務局調査』についての報告(1)」『選挙時報』63(10)。

大西裕・河村和徳・品田裕・秦正樹・平野淳一（2015）「『全国市区町村選挙管理委員会事務局調査』についての報告(4)」『選挙時報』64(1)。

岡本哲和（2014）「もう一つの"ネット選挙"——2012年衆院選および2013年参院選における選挙公報のインターネット掲載」関西大学『法学論集』64(2)。

小倉由紀（2013）「インターネット選挙運動の解禁を知っていますか？——衆議院議員・都知事選挙（H24.12.16）における世論調査結果・年代別投票行動の概要と今後」『選挙』66(9)。

河村和徳（2013）「選挙情報からみた被災地の選挙」河村和徳・湯淺墾道・高選圭編著『被災地から考える日本の選挙——情報技術活用の可能性を中心に』東北大学出版会。

清原聖子（2013）「ネット選挙で何ができるようになるのか——2013年公職選挙法の一部改正で変わる日本の選挙運動」清原聖子・前嶋和弘編著『ネット選挙が変える政治と社会』慶應義塾大学出版会。

品田裕（2013）「日本の選挙管理委員会について」大西裕編『選挙管理の政治学』。

総務省（2014）『情報通信白書（平成26年版）』日経印刷。

総務省自治行政局選挙部選挙課（2012）「選挙公報の選挙管理委員会ホームページへの掲載に関する質疑について」『選挙』65(5)。

曽我謙悟（2013）「選挙ガバナンスに関する研究の動向と展望」大西裕編『選挙管理の政治学』。

東京都選挙管理委員会事務局（2012）「選挙公報の選管ホームページへの掲載の次にくるもの」『選挙』65(5)。

三船毅（2013）「選挙情報から見た被災地の選挙」河村和徳・湯淺墾道・高選圭編著『被災地から考える日本の選挙』。

安本康浩（2012）「東日本大震災東北3県被災地の選挙を終えて」『選挙』65(5)。

Hicks, William D., Seth C. McKee, Mitchell D. Sellers and Daniel A. Smith（2015）"A Principle or a Strategy ? Voter Identification Laws and Partisan Competition in the American States," *Political Research Quarterly*, Vol. 68, No. 1.

James, Toby S.（2012）*Elite Statecraft and Election Administration : Bending the Rules of the Game ?* Palgrave Macmillan.

Rocha, Rene R. and Tetsuya Matsubayashi（2014）"The Politics of Race and Voter ID Laws in the States : The Return of Jim Crow ?," *Political Research Quarterly*, Vol. 67, No. 3.

Strandberg, Kim（2014）"Mapping the Online Campaign Audience : An Analysis of Online Participation and Its Mobilizing Potential in the 2011 Finnish Parliamentary

第Ⅱ部　選挙ガバナンスの課題

Campaign," *Journal of Information Technology & Politics*, Vol. 11, No. 3.
Sudulich, Maria, Matthew Wall, and Leonardo Baccini（2015）"Wired Voters : The Effects of Internet Use on Voters' Electoral Uncertainty," *British Journal of Political Science*, Vol. 45, No. 4.

［追記］本研究の一部は独立行政法人日本学術振興会の科研費（25380183）の助成を得た。

第7章　緊急時対応と選挙管理
——温度差がある将来の災害への備え——

河 村 和 徳

1　災害発生と選挙事務

災害大国日本

　日本は「災害大国」である。そのため，世界的に見て，日本は「自然災害によって選挙の実施が中断・延期になる可能性がきわめて高い国」と言ってよい。選挙期間中に災害が発生した場合，ないしは選挙期間中に台風接近などで災害が発生すると予想される場合，選挙管理委員会（以下，選管）は，それに対応することが求められる。平時の日本の選管は，決められたことを決められた通りに行う存在である。だが，災害の発生時，または災害発生が予想される時には，投票所を開け続けるべきかなど，難しい判断を迫られることになる。

　自然災害の発生とそれに伴う選管の危機対応としてすぐに思いつく最近の事例は，東日本大震災の際の被災地の選管の対応である。東日本大震災の被災地では，東北地方太平洋沖地震とそれに伴う大津波，そして福島第1原子力発電所の事故によって，選挙の基本である「資格のある有権者を正確に把握し，公正かつ効率的な選挙環境の下で投票をさせ，そして開票する（Cain, MacDonald and Murakami 2008）」という前提が成り立たなかった。[1]津波・原発事故の影響で多くの死者・行方不明者が発生し，また被災者が遠方に避難する事態が発生した結果，被災地選管は有権者の把握に忙殺され，投票所の確保も避難との兼ね合いから容易ではなかった。さらに，遠方に避難している有権者に候補者情報を伝える必要に迫られ，政治に最も期待せざるをえない被災者の投票環境にも，被災地選管は配慮しなければならなかった。津波被害を受けた三陸沿岸の選管の中には職員が被災した結果，マンパワー不足に陥った所もあった。そのような所は，非被災自治体からの応援職員によってなんとか選挙を実施したのであった（川崎市選挙管理委員会 2011, 2012a, 2012b；宮城県選挙管理委員会事務局

2012；東京都選挙管理委員会 2012；河村・湯淺・高 2013)。

　過去の選挙を振り返ると，東日本大震災後ほどではないが，災害によって選挙事務の現場で難しい判断を迫られたという事例は，意外にも起こっている。

　ここ10年を例とすれば，たとえば，2005年に行われた第44回衆議院総選挙では，選挙期間中に台風14号が日本列島を通過したことでいくつかの自治体で選挙管理業務に支障が出ている[2]。2007年に発生した新潟県中越沖地震では，第21回参議院議員通常選挙の公示日の5日後の7月16日に発生しており[3]，柏崎市選管事務局は復旧作業が進む中で選挙業務をすることを余儀なくされた。

　「投票中に災害等が発生し，投票所が閉鎖された」という事例もある。たとえば2010年のおいらせ町長選挙では，2月27日に発生したチリ地震の影響で，町沿岸に大津波警報が発表された結果，津波の避難指示対象地区である一川目，二川目，川口の投票所が閉鎖された[4]（川村 2010）。東日本大震災発災後初の国政選挙である第46回衆議院総選挙でも，2012年12月7日，三陸沖で震度5弱の東北地方太平洋沖地震の余震が発生し，津波警報が発表された。その影響を受け，石巻市などが期日前投票所を閉鎖している（三浦 2013）。

　2017年10月に行われた第48回衆議院総選挙では，台風の影響で開票がいくつかの自治体で繰り下げられた。

少ない先行研究

　このように，日本では大規模自然災害が発生して選挙を行うことが生じたり，選挙期間中に自然災害が発生して選挙管理業務に支障が生じたりする事例はしばしばある。しかし，それにもかかわらず，日本において自然災害時における選管の危機管理対応に焦点を当てた研究論文は少ない。清水・小島（2017）など，これに関する文献のほとんどは，実務に携わった者による備忘録である。

　なぜ，自然災害と選挙管理の関係に着目した研究論文が少ないのか。その大きな理由の1つとして挙げられるのは，日本を研究対象とする選挙研究者が選挙管理に関心を示してこなかった現状がある。選挙に参加するアクターは，大きく「支持を集めようとする者（政党・候補者）」「投票する者（有権者）」そして「管理する者（選管）」に分類できる[5]。日本は選挙の歴史が長い国であり，選挙管理は適切に行われて当たり前と考えられる風潮がある（小島 2014）。言い換えれば，選挙ごとに管理が大きく変化するわけではなく「地味」であり，

選挙管理が注目されるのは選挙ミスが発生したときぐらいである（本書第5章）。一方，政党・候補者のキャンペーンや有権者の投票行動はそれぞれの選挙ごとに違いが見られ，また現実の政治に直結することもあり，どうしても研究者の関心を引きやすい。

　危機対応事例があまりにも多様で一般化が容易ではないことも，研究者が振り向かなかった要因であろう。自然災害によって選管が難しい判断を強いられることはきわめて稀であり，研究者にとってみれば計画を立てて研究することは容易ではない。これも研究者から敬遠されてきた背景にあると考えられる。

本章の位置づけ

　本章は，日本の選挙管理における危機対応について，全国市区町村選挙管理委員会・事務局調査（以下，「選管調査」）のデータを用いながら議論する。まず，日本の選挙管理体制が危機対応という視点からどう見えるのか，制度や実態を踏まえながら議論する。その次に，選管の緊急時に対応するための危機管理マニュアル（以下，「緊急時対応マニュアル」）の作成状況について検討する。そして，最後に，緊急時対応から見た日本の選管が抱えている課題を指摘する。東日本大震災の対応などの事例検討については，既に河村（2013b）などがあるが，本章ではそれらが扱っていない部分に重きを置くことにする。

　なお，自然災害によって選管が危機対応しなければならない状況には，東日本大震災のような特別な立法を必要とするような未曾有の状況もあれば，選挙業務を短期間中断させるかもしれないレベルの豪雨や地震のようなものもある。前者は，国（総務省）も重要な判断者となるものである。本書は各選管に注目するスタンスなので，本章では，前者のような大規模災害における危機対応よりも，個々の選管が判断を下すレベルの緊急時対応に焦点を当てて議論を進めることにしたい。

2　制度比較からみた日本の選挙管理

　ロペス–ピントール（López-Pintor 2000）の示した「独立モデル」「混合モデル」「政府モデル」分類に従えば，日本の選挙管理の仕組みは「混合モデル」に該当する。完全に政府（自治体）に従属していないが，完全に独立している

わけではないからである。たとえば，日本の選管は行政委員会として制度的には独立性があるが，選管事務局の職員は当該自治体からの出向で成り立っており（山内 1991），予算執行も当該自治体に依存している。

一般的に，独立モデルや政府モデルに比べ，混合モデルの仕組みは相対的に「危機的な状況への対応能力は低い」と考えられる。なぜなら，混合モデルは，政策・監視部門は恒久的には職務に就いておらず，専門的能力や習熟度の点で他のモデルよりも劣っているのがもっぱらであり，判断の適切性に疑問が入り込む余地があるからである（大西 2013）。

ただ，日本の選挙管理は，中央が法改正を担い，各選管に対し「技術的な助言」や「勧告」を行うことができる。言い換えれば，全国一律の法制度の下で行われている「中央集権的な管理体制」なのである。そのため，災害等の危機が起こったとき，政府モデル的対応が可能になる。そう見ると，「日本の選管の危機対応は政府モデルの国よりも明らかに劣っている」と言い切ることはできない。

事実，日本では，災害で難しい判断を迫られた市区町村選管は，総務省や都道府県選管に助言を求めることが多い。また，災害等が要因で選挙実施に必要なマンパワーが欠けた際，他の自治体からの応援を受けることが可能である。さらに，災害によって選挙管理のノウハウが失われたとしても，被災地支援の過程でそれを復元することも可能であるし（川崎市選挙管理委員会 2011，2012a，2012b；宮城県選挙管理委員会事務局 2012；東京都選挙管理委員会 2012；河村・湯淺・高 2013），ノウハウを取り入れる過程でそれをアップデートすることもできる。

日本の選挙管理は，マンパワー依存型（河村・湯淺・高 2013）であり，「実働部隊」さえ確保できれば選挙の実施がほぼ可能である点で，ICT（情報通信技術）への依存が高い国よりも，災害により柔軟に対応できる。ICT に強く依存している国では，自然災害の直接的な影響を受けるだけではなく，停電や機器の故障という間接的な影響も受けるからである。

日本の法体系が全国一律を基本としていることに加え，公職選挙法（以下，「公選法」）に災害に対する規定が少ないことも，危機に対する柔軟な対応を可能にしている。湯淺（2013）によれば，公選法には，災害が生じた際にどのようにするかの規定はほとんどなく，第56条（繰上投票）および同57条（繰延投票）が数少ない災害関連の規定であるという。56条は，台風の接近等が予想

され，投票所を早めに時間を閉めなければならなくなったときの法的根拠となっている。「天災その他避けることのできない事故により，投票所において，投票を行うことができないとき，又は更に投票を行う必要があるとき」を条文に含む第57条は，選管が選挙の実施を中断するか否かを判断することを規定したものである。法の縛りが緩く，災害発生時に現場で判断がしやすい点も，日本の選挙管理の特徴なのである。[8]

3　緊急時対応マニュアルの作成状況

緊急時対応マニュアル作成の背景

日本では，投票日当日にあらかじめ定められた投票所で投票する「投票当日投票所投票主義」を採用している。あらかじめ定められた投票所で投票するという仕組みは，二重投票リスクを軽減させる上で有効な原始的方法である。しかしながら，これには，「投票所は安全である」「投票所の利用は選挙が優先である」という暗黙の前提がある。投票所の安全性が確保できなければ，選管はその建物を投票所として用いない措置をとらなければならないし，投票中に安全が確保できない状況が発生すれば，選管は投票所の閉鎖を判断しなければならない。[9]

本章の冒頭で，第46回衆議院総選挙の期日前投票中に東北地方太平洋沖地震の余震が起こった結果，住民避難のために石巻市などで期日前投票所が閉鎖されたことを述べた。三浦（2013）によれば，宮城県下での期日前投票所の閉鎖は緊急時対応マニュアルに基づく対応であった。「余震によって津波警報が発令され，選挙人が命の危険にさらされることが予想されたので，このマニュアルに従い，期日前投票所の一時閉鎖はやむを得ないと判断したのだ」という。

災害規模が大きくなればなるほど，選管はさまざまなトラブルに直面し，意思決定を行わなければならない。大規模地震が発生したような被災地では，余震の発生を意識しなければならないし，それに伴う投票所の倒壊や道路の不通にも配慮しなければならない。かつて火山噴火があった地域では，いつ起こるか分からない再度の噴火に備えて選挙に臨む必要がある。東日本大震災以降，次の大規模自然災害に対する国土強靱化が強く訴えられている中，選挙管理の現場でも災害対応が強く求められている。

災害が起こる確率が高まっているのであれば，緊急時対応マニュアル（危機管理マニュアル）を作っておくインセンティブはどうしても高まっていくことになる。仮にマニュアルがあれば，選管委員や事務局幹部の判断する機会を減らすことができる。災害時では，時間をかけて判断することは難しい。マニュアルは，判断の迅速化に供することができる[10]。

ところで，筆者のヒアリングによれば，前述の宮城県の緊急事態対応マニュアルは，東京都選挙管理委員会が2006年に作成した「緊急時における対応マニュアル[11]」を参考に，岩手県選管が作成したものを，宮城県用にアレンジしたものであった。岩手県選管が緊急時対応マニュアルを作成した背景には，東日本大震災の被災3県（岩手県・宮城県・福島県）のうち，岩手県で最も早く県議選が行われることになり，不安を抱える県下の市町村選管から要望があったからであった[12]（河村・湯淺・高 2013）。

選管調査の結果

東日本大震災の発災を受け，現在，政府は将来の大規模災害に向けた対策を強化している。たとえば，2014年3月28日の中央防災会議において，今後発生するおそれがあるという大規模地震に対する防災・減災対策として，検討すべき取り組みを網羅的に取りまとめた「大規模地震防災・減災対策大綱」が策定されている[13]。こうした流れは，選管レベルでも，緊急時対応の準備をしなければならないという意識を醸成すると考えられる。

そこで現時点で，全国の選管のうち，緊急時対応マニュアルを作成している選管はどの程度あるのか，確認したいと思う。

図7-1は，選管調査に回答した選管（政令市の行政区選管は除く）の結果を，円グラフで示したものである。マニュアルを既に作成している選管が11.8％，作成を検討している選管が20.3％に留まっている。今のところ検討する予定がない選管は61.5％と多数派である。

回答結果をブロック別に集計したものが，図7-2である。首都直下地震が想定される関東地方，長い期間東海地震の発生に対して準備してきた東海地方，そして東日本大震災で大規模な被害を受けた東北地方で，作成しているないしは作成を検討している選管が相対的に多いことが確認できる。図7-2の結果は，災害の経験ないしは将来の予想が緊急時対応マニュアルの作成と関連性が

第７章　緊急時対応と選挙管理

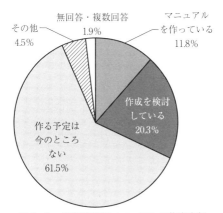

図7-1　緊急時対応マニュアルの作成有無

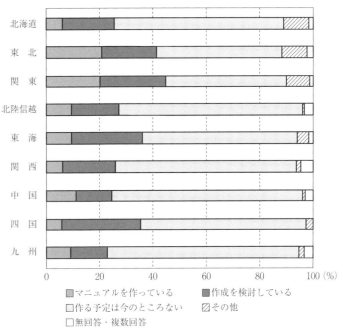

図7-2　ブロック別の回答

第Ⅱ部　選挙ガバナンスの課題

ある可能性を示唆している。

　ただし，緊急時対応マニュアルを選管が作成する背景には，さまざまな要因があると考えられる。たとえば，有権者数が多い選管はどうしても選挙事務に携わる者が多くなる。職員間の意思疎通を考えると，有権者数が多い所ほどマニュアルを作成するインセンティブは高い。同様に，選管業務へ職員が専従している者の比率が高い市区の方が，町村よりも専従率が高いがゆえにマニュアルを作成ないしは作成を検討することができる余裕があり，結果，作成していたり検討していたりしているのかもしれない。

　他の要因を考慮してもなお災害を経験した選管の方がマニュアルを作成しているといえるのか，また将来の災害が予想される選管の方がマニュアルを作成しているといえるのか，ロジスティック回帰分析を行って確認することにしたい。

　まず，「マニュアルを作っている」「作成を検討している」「作る予定は今のところない」の3カテゴリーからなる変数を従属変数とする多項ロジスティック回帰分析を行う。従属変数の基準カテゴリーは「作る予定は今のところない」とし，「作る予定のない選管と作成している選管」「作る予定のない選管と作成を検討している選管」の違いに影響を与えている変数を確認する。

　回帰分析の独立変数には，災害とマニュアル作成の関係を確認するために投入する3変数と，人口および財政環境を示す3変数を用いる。

　災害とマニュアルの作成の関係を確認するために投入する変数は，被災3県の選管であるか否かを示す「被災3県ダミー」，首都直下地震緊急対策区域指定市区町村であるか否かを示す「首都直下ダミー」[14]，南海トラフ地震防災対策推進地域指定市町村であるか否かを示す「南海トラフダミー」[15]である[16]。

　被災3県ダミーがもし有意であれば，過去の災害の経験がマニュアルの作成ないしは作成の検討に結び付いているといえることになる[17]。首都直下ダミーと南海トラフダミーを変数に加えるのは，指定された自治体は指定されていない自治体よりも災害対策が進められる傾向にあることを確認するためである。もし，この2変数が統計的に有意であれば，将来に備えてマニュアルが作成されている，または作成が検討されていると判断できる。

　人口および財政環境を示す3変数は，有権者環境を示す「住基人口（2013年）」，財政環境を示す「単年度財政力指数（2012年度）」，そして市区（政令市を

第7章 緊急時対応と選挙管理

表7-1 ロジスティック回帰分析の結果(1)

		B	標準誤差	Wald	有意確率
マニュアルを作っている	切　片	−2.424	0.223	117.712	0.000
	住基人口2013	0.000	0.000	12.034	0.001
	財政指数2012	0.032	0.396	0.007	0.935
	市　区	0.403	0.207	3.801	0.051
	被災3県	1.782	0.307	33.620	0.000
	南海トラフ	−0.099	0.201	0.242	0.623
	首都直下	1.153	0.238	23.436	0.000
作成を検討している	切　片	−1.340	0.162	68.684	0.000
	住基人口2013	0.000	0.000	13.261	0.000
	財政力指数2012	−0.693	0.331	4.383	0.036
	市　区	0.255	0.164	2.398	0.122
	被災3県	0.835	0.307	7.378	0.007
	南海トラフ	0.216	0.151	2.060	0.151
	首都直下	0.863	0.203	18.080	0.000

Cox & Snell	0.085
Nagelkerke	0.103
McFadden	0.051
N	1296

含む）を1，町村を0とする「市区ダミー」である。

　表7-1は，ロジスティック回帰分析の結果を示したものである。

　まず，マニュアルを作成している選管は，作成する予定のない選管に比べ，住民（有権者）が多い選管である傾向にあり，被災3県の選管や首都直下地震の緊急対策区域に指定されている選管の方が作成している傾向にあることも分かる。同様に，作成を検討している選管も，総じて人口の多い自治体の選管であり，相対的に，被災3県の選管や首都直下地震の緊急対策区域に指定されている選管の方が検討していることも，表7-1の結果から読み取れる。このことから，自治体の人口環境や財政環境を考慮してもなお，東日本大震災という未曽有の災害はマニュアル作成を促していることが統計的に支持されるといえる。また首都直下が予想される自治体でも，マニュアルの作成・検討が進められるといえる。ただし，南海トラフダミーは統計的に有意ではなく，南海トラフ地震が予想されるところであっても，作成どころか検討もしていない選管が

第Ⅱ部　選挙ガバナンスの課題

表7-2　ロジスティック回帰分析の結果(2)

		B	標準誤差	Wald	有意確率
マニュアルを作っている	切　片	−1.085	0.252	18.549	0.000
	住基人口2013	0.000	0.000	0.003	0.957
	財政力指数2012	0.819	0.471	3.026	0.082
	市　区	0.094	0.240	0.154	0.694
	被災3県	0.951	0.350	7.356	0.007
	首都直下	0.267	0.265	1.019	0.313
	南海トラフ	−0.336	0.224	2.241	0.134

Cox & Snell	0.043
Nagelkerke	0.058
McFadden	0.033
N	445

少なくない実態も，この結果は示唆している。

　ところで，マニュアルを作成している自治体と作成を検討中の自治体の違いは何か。これを検討するため，従属変数を，マニュアルを作っていれば1，検討中であれば0とするダミー変数として，ロジスティック回帰分析を行ってみた（表7-2）。この表から，被災3県ダミーが統計的に有意であることが確認でき，東日本大震災の経験がマニュアルの作成に繋がっていると解釈することができる。また，財政力がある所の選管の方がマニュアルを作成しているようである。

　2つのロジスティック回帰分析の結果は，東日本大震災の経験がマニュアルの作成に影響を及ぼし，そして首都直下地震が予想される地域では将来に向け作成・検討が進んでいるという流れがあることを示唆している。しかしながら，南海トラフ地震の発生が予想される地域では，作成する予定がないという選管は少なくない（図7-3）。首都直下の指定市区町村の約半数がマニュアルを作成または検討しているというのに対し，南海トラフの指定市町村は3割強に留まっている。

　この背景には，東海地震の発生が叫ばれてから長期にわたって防災が意識されてきた東日本と，東日本大震災以降，急速に将来の地震が意識されてきた西日本の温度差があるのかもしれない。また国─都道府県─市区町村という選挙の三層構造[18]を考えると，都道府県選管のマニュアル作成に対する温度差の影響

第7章　緊急時対応と選挙管理

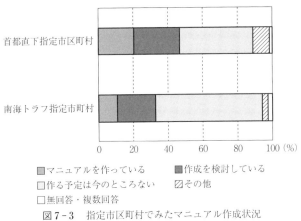

図7-3　指定市区町村でみたマニュアル作成状況

も受けているのかもしれない。

　ただし，既に述べたように，日本の選挙管理は，全国一律を基本としており，人員だけではなく，マニュアルを融通しあうことができる体制を採っている。そのため，先進的な選管からマニュアルをコピーし自らの自治体にあわせてアレンジすることは，他の政策以上に容易であると思われる。そう考えると，マニュアルを作成もしくは検討している選管と，作成する予定がないという選管の最も大きな違いは，都道府県を含めた各選管の「危機管理に対する意識の差」なのかもしれない。

4　緊急時対応から見た日本の選挙管理の弱さ

垂直的分業に伴う弱さ

　自然災害といった危機が発生した際の緊急時対応の点から日本の選挙管理体制を見ると，独立モデルの国や政府モデルの国に比べれば，選管委員や事務局職員の専門性や習熟度に難はあるかもしれないが，中央集権的な体制を採っていることもあり，柔軟に緊急時対応ができるということを既に述べた。また先ほど見たように，過去の経験の蓄積から緊急時対応マニュアルを作る選管が現れており，また将来の災害に対する準備を始めている選管もある。こう見ると，日本の選挙管理の現場での緊急時対応は盤石であるように見える。しかしながら，細かくチェックしていくと，危機への弱さも垣間見える。

たとえば，日本の中央集権的な選挙管理体制は中央と地方の垂直的分業で成り立っており，水平的な応援は可能である。しかし，垂直的な応援は容易ではない。言い換えれば，選挙の実働部隊が足りない場合，日本ではマンパワー的に余裕のある自治体から職員を派遣することは可能である[19]。しかし，実務を経験したことがない総務省職員を市区町村の選挙管理の現場へ赴かせ，実際の実務を「いきなりやれ」とはいかないのである。その好例が，2011 年 4 月の千葉県議会選挙浦安市選挙区で生じた事件である[20]。浦安市選管が災害を理由に県議選の執行を拒否した際，千葉県選管も総務省も（現実的に）代執行することはしなかった。

また，災害による被災選管への支援は，国政選挙レベルでは容易ではない点も押さえておく必要がある。国政選挙は全国同時に行われるため，非被災選管から被災選管へ職員派遣は難しい[21]。国会議員の任期は憲法規定であるため，大規模災害が発生した際，阪神・淡路大震災や東日本大震災時のような対応ができるのか，議論もある[22]。

さらに現実問題として，中越沖地震のように国政選挙の投票時間中に局地的な大規模災害が発生し，投票ができなくなった場合，繰延投票の判断を選管が下せるかという問題も抱えている（湯淺 2013）。日本では衆参とも選挙区制と比例制の並立方式を採用しており，投票所が閉鎖され繰延投票になると当選者の決定が大幅に遅れる事態が発生するからである。

これらの弱さは，中長期的に議論していく必要があろう。

人材確保の課題

緊急時対応から見た選挙管理体制の差し迫った課題は，人材の問題である。世界的に見れば，選挙管理の専門性や習熟度は相対的に低いのが日本の特徴である。そもそも選管委員の選考に危機管理が意識されることは，まずない[23]。仮にあったとしても，訴訟対応の観点から弁護士が選ばれるケースや，ミス防止の対応の観点から警察官や選管職員 OB が選ばれるケースに限定されるだろう。選管委員に危機管理監等の経験者を充てるというのは，非現実的である。

そのため，選挙管理の危機対応を高めるためには，緊急時対応もできるような職員を育てていく必要がある。しかしながら，かつてのような人材育成は難しくなっており，選管調査によれば，近年の行財政改革の煽りを受け，選管事

第7章　緊急時対応と選挙管理

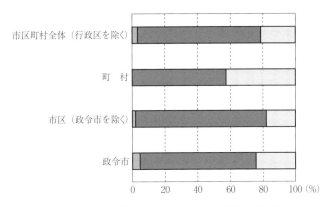

図7-4　選管職員の増減傾向（過去5年との比較）

務局職員は削減傾向にある（図7-4）。

　危機管理的には，日本の選挙管理はマニュアルの作成等によってソフト面では向上する傾向にあるが，ヒューマンウェア的には弱まる傾向にある。マニュアルがあっても，それを判断する人が育っていなければならないし，マニュアルが想定していない事態にも対処できる人材を育成することが危機管理の基本である。ヒューマンウェアの部分をどのように改善するか，平時における人材育成とあわせて検討することが，今求められていると筆者は思う。

投票所と避難場所の重複

　ところで，世界的に見て先進的とされる日本の防災体制が，災害時の選挙の足枷になる可能性がある点も，最後に指摘しておきたい。日本では，災害時の避難場所・避難所に指定されている施設が，平時には投票所として使われている場合が多い。そのため，投票時間中に避難警報が発令された場合,「投票所を閉鎖する前に，避難者が避難場所である当該施設（投票所）に集まってきてしまう」という状態が発生する。また投票所が，被災者が避難生活を送る避難所として利用されている場合,「次の選挙の投票所をどう確保するか」という悩ましい問題も発生する。「平時には投票所，非常時には避難所・避難場所」[24]という施設利用は効率的であるが，こうした問題が内在していることは知っておくべきだろう。[25]

第Ⅱ部　選挙ガバナンスの課題

さらに，厳しい自治体の情報セキュリティが災害時対応を難しくしているという意見もある。情報セキュリティが厳しく無線 LAN による情報共有ができない自治体では，災害が発生し，自治体内の各地で有線 LAN ケーブルが切断された際，期日前投票などのシステムを稼働できなくなり，選挙業務を遂行できなくなる怖れがある。[26]

冒頭で述べたように，我々はこれまで選管について深く議論してこなかった。なかでも緊急時の対応については，ほとんど注意が払われてこなかった。防災・減災に注目が集まる今だからこそ，選管の危機対応についても，我々は注意を払う必要がある。

注

(1) 東日本大震災被災地では統一地方選挙が法律によって延期されたが，「2011 年 4 月に被災 3 県で選挙業務が行われなかった」というわけではない。東日本大震災の際，全国から自衛隊員や警察員，消防員が被災地支援のため現地入りしており，また NPO やボランティア団体も数多くいた。彼らの中には不在者投票を希望する者がおり，津波沿岸部の周囲の自治体では彼ら向けの不在者投票業務を行っている。また，津波被害と無縁な岩手県の内陸では選挙を行った自治体もある（たとえば北上市は，2011 年 4 月に任期満了に伴う市長選挙を実施している）。

(2) このときの選挙管理については，田代（2008），加藤（2008）を参照。

(3) このときの選挙管理の状況については，小池（2008）や品田（2008）を参照。また柏崎市ホームページには当時の選挙管理業務をまとめた『2007 中越沖地震選挙の記録』がある。柏崎市　http://www.city.kashiwazaki.lg.jp/senkyo/shise/senkyo/kako/2007.html（2016 年 10 月 12 日閲覧）

(4) 閉鎖された投票所での投票は全て無効となり，3 月 7 日に再投票（繰延投票）が行われた。閉鎖された投票所以外の投票所での投票および不在者投票・期日前投票は有効であったため，選管はそれらの投票箱を耐火金庫に入れ，24 時間監視を行ったという。これらについては，おいらせ町ホームページを参照。おいらせ町 https://www.town.oirase.aomori.jp/uploaded/attachment/594.pdf（2016 年 10 月 12 日閲覧）

(5) これに「情報を送る者（マスメディア等）」を加えることもできるが，小さな町村での選挙は，マスメディアに取り上げられないこともしばしばである。そのため，ここでは割愛した。

(6) また市区町村選管にとって，市区町村長選挙や市区町村議会議員選挙は自治事務

182

であるが，都道府県知事選挙や都道府県議会議員選挙，国政選挙は法定受託事務であり，上からの意向が反映されやすい環境にある。

⑺　政策が自治体に広まっていく「政策波及」と同じ構図といえる。関連して，伊藤（2002）を参照。

⑻　ただし，安田・荒川（2009）によれば，第57条の規定は，選挙自体が実施困難な状況，たとえば有権者全てが町外避難を強いられた双葉郡町村のような事態は想定しておらず，あくまでも緊急避難的なものという。東日本大震災で，「東日本大震災に伴う地方公共団体の議会の議員及び長の選挙期日等の臨時特例に関する法律」が制定されたのは，そのためである。

⑼　東日本大震災の際，沿岸部が津波被害を受けた宮城県では，投票所に用いている施設が流出したり，それらの安全性が確保できなかったりしたため，投票所が大幅に減った。ただし，仮設住宅団地の集会施設や市町区域外に投票所を設置するなどして，宮城県の投票所の減少は95減（震災前1068，震災後973）に留まったという。また期日前投票所も，投票所閉鎖の代替の観点から88カ所から116カ所に増えている（三浦 2013）。

⑽　行政による一種のBCP（business continuity plan）とみなすことができるだろう。関連して山村（2012）を参照。

⑾　仄聞では，東京都が緊急時対応マニュアルを作成した背景には，2000年に発生した三宅島噴火に伴う島民の全島避難があったという。

⑿　なお，岩手県が作成した緊急時対応マニュアルは，「Ⅰ　災害の発生（投票編）」「Ⅱ　災害の発生（開票編）」「Ⅲ　投票所への投票用紙等の不着」「Ⅳ　投票時の停電」「Ⅴ　移送中の事故による投票用紙の消失」「Ⅵ　開票開始手続きの不備」「Ⅶ　ポスター掲示場の倒壊」といった項目から成り立っていた（河村・湯淺・高 2013）。

⒀　この大綱は，「南海トラフ地震」「首都直下地震」「日本海溝・千島海溝周辺海溝型地震」そして「中部圏・近畿圏直下地震」を対象としたものである。内閣府 http://www.bousai.go.jp/jishin/pdf/daikibo.pdf（2016年10月16日閲覧）

⒁　指定市区町村は下記を参照。
内閣府　http://www.bousai.go.jp/jishin/syuto/pdf/syuto_shichouson_kinkyuu.pdf（2016年9月26日閲覧）

⒂　指定市町村は下記を参照。
内閣府　http://www.bousai.go.jp/jishin/nankai/pdf/nankaitrough_shichouson.pdf（2016年9月26日閲覧）

⒃　変数の値は次の通り。被災3県ダミーは，被災3県の選管であれば1，そうでなければ0としている。首都直下ダミーおよび南海トラフダミーは，指定を受けていれば1，そうでなければ0である。

183

第Ⅱ部　選挙ガバナンスの課題

⑰　より厳密に検討するのであれば，豪雨災害の経験も考慮した変数を独立変数に加えるべきである。しかし，変数作成に伴う情報収集や定義の面で困難が伴うので，ここでは東日本大震災の被災地であるか否かのみを用いることとした。

⑱　政令市では，実務は行政区選管が行うので，四層構造である。

⑲　日本では地方選挙の統一率が長期低下傾向にあり，そのため，非被災自治体の選管が被災地の地方選挙を支援できるという側面があることを忘れてはならない（河村・伊藤 2017b）。

⑳　『朝日新聞』2011 年 4 月 2 日。

㉑　派遣を可能にするには，選管 OB などを登録し災害時に派遣するような仕組み（自衛隊の予備自衛官制度のような仕組み）を検討する必要があろう。

㉒　一部に，これをもって「憲法に緊急事態条項を加えるべき」という意見もある。たとえば，次のネット記事を参照。ハフィントンポスト　http://www.huffington-post.jp/kazuya-matsumoto/sota-kimura-yosuke-isozaki_b_9775910.html（2016 年 10 月 16 日閲覧）

㉓　選管委員が地方議員 OB によって占められる選管もある（品田 2013）。

㉔　船橋市選管ではこの発想を逆手にとって，被災安否に選挙システムを応用する試みを行ったという（船橋市選管提供資料「選挙と防災について」）。期日前投票システムを利用し，災害発生時において避難場所に避難してきた者の把握を行おうというのである。たしかに，投票所の業務と避難所の受付業務には共通性が高い。投票の場合も避難の場合も，そこに訪れた者の特定が必要になる。船橋市選管の取り組みは，選挙と防災を考える上で有意義なものといえる。船橋市選管の実証実験についての報道としては，『朝日新聞』2015 年 3 月 11 日（千葉全県版）ほかを参照。

㉕　2016 年 7 月の第 24 回参議院議員通常選挙において，熊本地震の被災自治体である南阿蘇村が共通投票所を導入した背景には，この問題があったと考えられる。共通投票所については，河村・伊藤（2017a）を参照。

㉖　関連して，共通投票所制度の導入においても，無線 LAN の利用は 1 つのポイントになっている（市ノ澤 2016）。

参考文献

市ノ澤充（2016）「第 5 回自治体アンケート「共通投票所は次世代型投票所への一歩」島根大学合同調査より」政治山 WEB サイト掲載記事（https://seijiyama.jp/research/investigation/jichitai_5.html　2017 年 5 月 10 日閲覧）。

伊藤修一郎（2002）『自治体政策過程の動態——政策イノベーションと波及』慶應義塾大学出版会。

大西裕（2013）「民主主義と選挙管理」大西裕編『選挙管理の政治学——日本の選挙管

理と「韓国モデル」の比較研究』有斐閣。

加藤友教（2008）「選挙期間中に大型台風に見舞われた第44回衆議院議員総選挙と第21回参議院議員通常選挙の管理・執行（2・完)」『月刊選挙』2008年8月号。

川崎市選挙管理委員会事務局（2011）「陸前高田市選挙管理委員会と二人三脚でなし遂げた選挙執行の記録(1)」『月刊選挙』2011年12月号。

川崎市選挙管理委員会事務局（2012a）「陸前高田市選挙管理委員会と二人三脚でなし遂げた選挙執行の記録(2)」『月刊選挙』2012年1月号。

川崎市選挙管理委員会事務局（2012b）「陸前高田市選挙管理委員会と二人三脚でなし遂げた選挙執行の記録(3)」『月刊選挙』2012年2月号。

河村和徳・伊藤裕顕（2017a）「代替不在者投票から考えるインターネット投票への道」糠塚康江編著『代表制民主主義を再考する――選挙をめぐる三つの問い』ナカニシヤ出版。

河村和徳・伊藤裕顕（2017b）『被災地選挙の諸相――現職落選ドミノの衝撃から2016年参議院選挙まで』河北新報出版センター。

河村和徳・湯淺墾道・高選圭編著（2013）『被災地から考える日本の選挙――情報技術活用の可能性を中心に』東北大学出版会。

川村尚俊（2010）「再投票となった青森県おいらせ町長選挙――投票日前日にチリ大地震発生，大津波警報発表で3投票所閉鎖」『月刊選挙』2010年5月号。

小池隆（2008）「中越沖地震と第21回参議院議員通常選挙の管理・執行(1)」『月刊選挙』2008年4月号。

小島勇人監修（2014）『選挙管理事務におけるミス発生事例集』国政情報センター。

清水大資・小島勇人編（2017）『災害時における選挙事務支援実例集』国政情報センター。

品田眞弘（2008）「中越沖地震と第21回参議院議員通常選挙の管理・執行（2・完)」『月刊選挙』2008年5月号。

品田裕（2013）「日本の選挙管理委員会について」大西裕編『選挙管理の政治学――日本の選挙管理と「韓国モデル」の比較研究』有斐閣。

田代紳一（2008）「選挙期間中に大型台風に見舞われた第44回衆議院議員総選挙と第21回参議院議員通常選挙の管理・執行(1)」『月刊選挙』2008年7月号。

東京都選挙管理委員会編（2012）『被災地選挙支援の記録――3.11東日本大震災』東京都選挙管理委員会。

三浦保徳（2013）「被災地における選挙管理――宮城県の事例から」2013年度日本選挙学会研究会報告資料。

宮城県選挙管理委員会事務局（2012）「支会の窓（第9回）北海道東北支会　東日本大震災の影響で延期された選挙の管理執行について」『月刊選挙』2012年2月号。

第Ⅱ部　選挙ガバナンスの課題

安田充・荒川敦編（2009）『逐条解説公職選挙法　上』ぎょうせい。

山村武彦（2012）『防災・危機管理の再点検——深化する BCP（事業継続計画)』金融財政事情研究会。

山内和夫（1991）「市選挙管理委員会事務局の兼務体制——都市行政委員会等に関する実態調査からの報告」『行動科学研究』36。

湯淺墾道（2013b）「震災とインターネット選挙運動」河村和徳・湯淺墾道・高選圭編著『被災地から考える日本の選挙——情報技術活用の可能性を中心に』東北大学出版会。

Cain, Bruce E., Karin MacDonald, and Michael H. Murakami（2008）"Administrating the Overseas Vote," *Public Administration Review*, 68(5).

López-Pintor, Rafael（2000）*Electoral Management Bodies as Institutions of Governance*, Bureau for Development Policy, UNDP.

［付記］本章の執筆には，総務省選挙部をはじめ，多くの方々に資料提供等，ご協力いただいた。記して感謝申し上げたい。なお，本章の誤りは全て筆者の責任である。また本章は，科学研究補助金（23243022，15H01931，15H02790，26245003）の研究成果の一部である。

第8章　総務省と選挙管理委員会
―― 積極的投票権保障をめぐって ――

大 西　　裕

1　選挙管理と総務省

　本章は，総務省と選挙管理委員会の関係が，選挙ガバナンス研究の焦点の1
つとなっている積極的投票権保障にいかなる影響を与えているのかに対し一定
の示唆を与える。積極的投票権保障は，日本でも実務上重要な関心事となりさ
まざまな改革が進められている。後述するように，総務省選挙部を中心に，在
外投票，郵送投票，期日前投票，投票時間の延長など，投票環境の改善や，ネ
ット選挙など選挙情報へのアクセス改善，18歳選挙権の実現など従来投票権
がなかった人々への投票権の付与などが実現されてきた。この背景には，選挙
の信頼性，投票率の低下など広い意味での選挙パフォーマンスの低下への危惧
があったと考えられる。これらの改善措置に対する総務省選挙部の意向と地方
の選管の実践や意識は同じなのであろうか。違うとすればそれは何によるもの
なのか。この点を明らかにしていきたい。

　本章の問いの背景にあるのは，日本の選挙管理機関が公平性・公正性を保障
しにくい制度設計になっていることである。序章で説明したように，選挙管理
委員会は，制度的に地方議会や首長の影響を受けやすい構成となっており，選
挙結果に正統性を与えるという意味で脆弱である。続く第Ⅰ部の各章でも論じ
られているように，とりわけ首長が選管のパフォーマンスに影響を与えている。
にもかかわらず，日本の選管は選挙結果を保障しているという「神話」がこれ
まで成立してきたのには違和感がある。これに対し，本章は近年総務省選挙部
が推進する積極的投票権保障に対する選管と総務省との乖離を浮かび上がらせ，
選挙管理に関する中央―地方関係の重要性を析出することで，不十分な制度設
計にもかかわらず選管の活動が以前は党派的にならなかった一端を示したい。

　本章の主張を要約すると，次のようになる。日本の選挙管理のあり方は，元

187

来政治性を帯びやすいものであった。原理的に，首長と地方議会双方が選挙管理委員会の行動に容喙しやすい制度であったのである。しかし，地方分権一括法以前は，総務省選挙部が地方の選管を強く統制していたため，地方政治による選挙管理制度の恣意的運用は発生し得なかった。しかし一括法以降，総務省が地方の選管を統制できなくなり，地方政治アクター，とりわけ首長による介入が容易になった。総務省と選管との間に生まれた，積極的投票権保障をめぐる行動と意識の齟齬の一因はこの点に求められる。

2　理論的検討

選挙管理の政治性

　はじめに，日本の選管が選挙の公平性・公正性を保障しにくい制度設計となっていることを，序章と重複するが再度確認しておこう[1]。日本では選挙管理委員会と呼ばれる選挙管理機関は，代議制民主主義を政治制度として採用する社会にとって最も重要な政治イベントの１つである選挙に携わる，いわば「黒子」であり，審判役である。選挙が自由で公正に行われねば国民の意思を政治に反映させることはできないが，それを保障し，選挙というある種の「競技」を管理し最終的に勝者が誰であるかを決定するのが選挙管理機関の役割である。

　選挙管理機関が選挙を適正に管理し，選挙結果に正統性を与えるためには，選挙管理機関が特定党派の影響を受けないという意味での中立性と独立性を保障される必要がある。しかし，選挙はその性質から，この要請を実現することが容易ではない。

　選挙は，有権者が自らの代表を複数の候補者から選択するゲームである。政治家は自由で公正な競争を経て，有権者の信頼を得て勝利することで，国民の代表であるという正統性を獲得できる。しかし他方で，候補者たちは選挙で勝たねば政治活動を行うことができないので，なんとしても勝利を得たいと考える。言い換えれば，選挙というゲームをできる限り自分に有利なように展開させたいと考える。ゲームである以上，候補者，有権者を含めたアクターはゲームのルールに従って行動しなければならない。しかし，選挙というゲームでは，一般的にはルールを破った方が勝利するために有利になる。それゆえ，アクターの行動を監視し，選挙手続きを管理する選挙管理機関が必要となる。

問題は，選挙管理機関が守らせるべきルール（選挙法）を作成し，選挙管理機関を構成すること自体が政治の役割であるということにある。政治家は自らに有利なようにルールを作成し，それを選挙管理機関に運用させることが可能である。それゆえ，選挙に参加するアクターは，可能であれば選挙管理機関が自らに好意的に行動するよう影響を与えたいと考えるであろう。しかし，選挙管理機関が党派的に行動した場合，選挙の敗者は，実際に不正があったか否かにかかわらず選挙結果を承認しない可能性が高い。そうであれば，政治的問題は選挙によって決着がつかず，クーデタを含め暴力による解決を求めることに繋がりかねない。

　選挙管理機関の公平性と公正性を保障するためには，選挙管理機関の形態が重要だという議論は以上の点に論拠を持つ。とりわけ重視されるのが，選挙管理機関の中立性と独立性である。ACE（http://aceproject.org）やロペス–ピントール（Lopez-Pintor 2000）など選挙管理研究者の多くは，選挙管理は政治的党派から，とりわけ政府を支配する与党党派から自立的でなければならないと主張する。すなわち，彼らは選挙管理機関を，選挙管理に関する意思決定と，選挙監視を管轄する政策・監視部門と，選挙管理の実務を担当する実施部門に分ける。次に，両部門いずれもが行政から自立的であるものを独立モデル，逆にいずれもが行政の一部である場合を政府モデルとし，政策・監視部門は政府から自立的だが実施部門は行政の一部である場合を混合モデルと類型化する。両部門が政府から独立的であればあるほど，選挙期間の公平性と公正性が担保されやすいとされるのである。

　この観点からすれば，日本の選挙管理委員会は制度的に独立性が担保されているとはいいにくい。両部門とも，党派性を帯びやすい性格を有しているからである。日本の選挙管理委員会は混合モデルの１つである。政策・監視部門である選挙管理委員会を構成する委員は４名からなり，いずれも地方議会によって選出され，首長は選出に関与しない。他方，実施部門である選挙管理委員会事務局は，公職選挙法上は事務局を構成する公務員は選挙管理委員会の指揮下に入るが，当該公務員は選管が所属する自治体職員でなければならない。選挙管理委員は地方議会が選出するが，任期が議員と同一であるため，議会総体の持つ政治性を帯びやすい。選挙管理委員は誰がなるべきであるかの資格設定もなされておらず，議会が決定すれば誰でもなることができる。他方，事務局は，

公職選挙法上は選挙管理委員会が事務職員を当該自治体の公務員の中から任命することとなっているが，実質的な人事権は首長にある。首長は，人事のみならず，選挙管理委員会の予算についても決定権を有している。したがって，首長と議会が対立した場合，事務局は首長の利益を重視して行動する可能性が高い。つまり，日本の選挙管理機関は，委員会部分は議会の党派性を帯びやすく，事務局部分は首長の党派性を帯びやすいため，制度的には中立的であるとはいえなくなるのである。

トラスティーシップモデル

それではなぜ，日本の選挙管理に関する「神話」は信じられてきたのであろうか。ここまでの議論で暗黙の前提としてきた，政治家を本人とし，官僚制を代理人とする本人―代理人理論とトラスティーシップモデルに依拠しつつ検討してみよう。

ここまで述べた政治家と選挙管理機関の関係を本人代理人理論的に再整理すると，次のようになる。本人である首長と議会（政党）は，代理人である選挙管理機関を統制している。首長は予算と事務局人事を用い，議会は委員会人事を用いて統制している。しかし，選挙の際には，統制される選挙管理機関が首長や議会構成員の選任に関与する。選挙管理機関は中立性と自律性を持たねば選挙への信頼が揺らぎかねない。しかし選挙の際には客体となる首長と議会に統制されている以上，中立性を保ちにくいというジレンマに陥るのである。

以上のような政官関係に関するモデルは，国際的には今日主流であり，日本においても行政学の領域で優れた研究を排出してきている[2]。本章もまたこのモデルを肯定的に捉えているが，このモデルのみでは先ほど挙げた「神話」の説明が困難である。

そこで，近年新たに提起されているもう1つの分析モデルであるトラスティーシップモデルに依拠しつつ検討を進めてみよう。フッド（Hood 2002）によると，官僚制のあり方は国際的には大きく2つに分けられる。1つは本人代理人理論に適合的なエージェンシータイプで，官僚制は政治家の代理人として行動する。もう1つは，官僚制は政治家から業務を請け負うが，政策目標や手段について官僚制から政治家への提案がなされ，政治家は本人の意思と必ずしも適合的でなくても官僚制の提案に従いうるというトラスティーシップタイプで

ある。両者の違いは官僚制がある程度自律的と見なされるかどうかにある。トラスティーシップタイプの場合，言い換えれば官僚制が自律性を獲得している場合，政治過程はエージェンシータイプとは大きく異なることになる。

官僚制はいかなる場合に自律性を確保できるのか。近年の研究では大きく3つの経路が指摘されている。第1に，行政法の複雑性である (McCubins, Noll, Weingast 1987)。官僚制は，実際には政治家による直接的な統制の他，行政法によっても統制されている。これは，本質的には官僚制の恣意的な行動による短期的なレントシーキングを阻止するものであり，本来的には官僚制を縛るが，官僚制の防御を擁護するツールに転化しうる。行政法は複雑であり，政治家によって容易には理解されないだけでなく，一度制定されてしまうと第一義的な解釈は官僚制によってなされる。政治家は行政法を変更することで官僚制への統制を行うことはできるが，そのためには膨大なコストが必要である。そのコストが政治家による直接的な統制を阻止あるいは緩和することになる。

第2に，評判である。カーペンター (Carpenter 2001, 2010) は，アメリカの農商務省，郵政省，内務省，およびアメリカ食品医薬品局の研究を通じて，官僚制が公民から高い評判を獲得することで，それを権力に転化し政治家からの自律性を獲得することを描いている。評判の調達は市民と官僚制間のネットワーク形成による場合もあり，ネットワークを介さない直接的な支持ということもありうる。いずれにせよ評判を確立した官僚制は自らが所管する政策領域に対して，公民の直接的な利益に繋がると考えられる政策提案を行いうる。官僚制そのものは法案提出権，財政権，人事権いずれも欠いてはいるが，評判ゆえに政治家はそれを無視し得ず，政治家自身の政策選好と合致せずとも官僚制の提案に同意するほかなくなるのである。

第3に，フーバー (Huber 2007) のいう，「戦略的な中立性」の獲得である。OSHA（労働安全規制庁）の研究より，フーバーは，意思決定の中央集権化とリーダーによる執行管理の統制が成功し高いパフォーマンスを達成できると，官僚制は連邦レベルでは政策形成段階で政治家・利益集団の政策内容への容喙を防止し，州・地方レベルでは政策執行段階で圧力団体による政策変容の働きかけを意味する「地方政治」の発生を抑制することを見出し，これを戦略的な中立性と呼んでいる。

本章では，少なくとも「神話」が成立した時代である20世紀の間に，以上

に挙げた自律性獲得の経路が選挙管理の領域に存在したがゆえに，トラスティーシップタイプの政策執行がなされ得たのだと考える。第1の経路に関していえば，日本の選挙の場合，公職選挙法がきわめて複雑で難解であるため，地方の選挙管理委員会は難しい事例に接するたびに総務省選挙部に問い合わせ，その法解釈に従って行動してきた。地方においても，総務省においても，選挙部が公職選挙法の「ご本尊」と呼ばれるのはそれゆえである。政治家たちも，選挙部の解釈に異を唱えることはなかった。第2の経路は，選挙管理業務を担う公務員が一般市民と隔絶していたためあまり考えにくい。第3の経路については，地方に独自の運用を許さないような中央集権制が重要であった。フーバーによると，地方部局が中央から離れて裁量権を有すると，その地方における政治アクターとの交渉が必然的に発生し，本来全国で統一されるべき規制基準が地方ごとに異なるという事態を生じさせる。そのことは中央当局の権威を揺るがし，結果的に規制行政全体が政治化してしまうことになる。しかし，2000年の地方分権一括法実施以前，選挙管理業務では地方での裁量を認めない強い権限が選挙部に存在し，規制に関する「地方政治」を引き起こさせなかった。

　政治家が自らの運命を委ねることになるがゆえに，敏感にならざるを得ない選挙管理が政治化を避けえ，非政治的で行政としては「地味の極致」と言われてきたのは，総務省選挙部の持つ公職選挙法上の権威と権力のゆえであったといえるであろう。それが制度的には脆弱なはずの「神話」を維持してきたのである。

3　総務省からの逸脱

積極的投票権保障

　実際，選挙管理委員会の業務が非政治的で，全国均一になされており，総務省選挙部の統制下にあることは，全国の大半の選挙管理委員および事務局職員の認識である。しかし，序章で示したように，近年総務省の意向とは相容れない事例が多発している。旧安土町，名古屋市，高松市，仙台市での事例は例外なのであろうか。あるいはもはや「神話」は失われており，選挙管理において「地方政治」が発生しているのであろうか。全国市区町村選挙管理委員会・事務局アンケート調査を利用して，主として積極的投票権保障の観点から明らか

第**8**章　総務省と選挙管理委員会

にしていこう。

　おそらく，下落を続ける投票率の改善を企図してと考えられるが，総務省選挙部は近年，積極的投票権保障に前向きな姿勢を示し，改革を行ってきている。積極的投票権保障のすべてではないが，投票時間の延長や，期日前投票期間の設置，インターネットを使った選挙運動の解禁，18歳への選挙権年齢引き下げなど一連の改革を実施してきた。選管アンケート調査では，これらのうち，行動面では，投票時間の延長とりやめ（投票所の繰り上げ閉鎖）の有無を尋ね，意識面では投票時間や期日前投票期間を含め積極的投票権保障に関する見解をいくつか質問した。

　その集計結果が表8-1である。投票所の繰り上げ閉鎖については，総務省の意向とは異なり全選管の半数近くが実施している。なお，実施自治体の内半数以上は18時までに閉鎖しており，16時に閉鎖した自治体も5％近くにのぼる。なお，この状況を総務省は好ましからぬ事態と捉えられている。

　意識面ではどうか。選管職員は，投票時間と期日前投票期間については，実際の行動と同じく，現状を長すぎると捉えている。投票時間は8割弱が短縮を支持し，期日前投票期間も6割が短縮支持である。他方で，電子投票や在外投票の改善には賛成の傾向がある。選挙運動については，全体としては総務省の基本的な方向に近い。いわゆるネット選挙は賛成だが，戸別訪問や電子メールを用いた運動には全体として否定的である。ただし，戸別訪問について2割，電子メールを用いた運動について4割弱が賛成としているのは，予想外に多い。

選挙管理機関の構成

　日本の選管は，選管職員自身の認識とは異なり，フーバーのいうような戦略的自立性を達成できるほど，中央集権的構造にはなっていないようである。このことは，以上に述べたパフォーマンスや意識面だけでなく，制度運用面での逸脱にも見られる。表8-2は，選挙管理委員の選出に誰が携わっているかを尋ねたものである。選挙管理委員は，地方議会が選出しており，選挙管理委員会の持つ中立性の制度的主旨からいっても，首長部局が関わるべきではない。しかし，そうした制度趣旨に沿った人選を行っている自治体は半数にとどまる。約26％は選管事務局が人選を行っており，首長部局が行っているとする自治体も約15％に及ぶ。前節で，選挙管理機関のうち日本の選挙管理委員会は制

193

第Ⅱ部　選挙ガバナンスの課題

表8-1　積極的投票権保障に関する選管調査（単位：%）

問10	投票所の繰り上げ閉鎖	あ　り	46.9
		な　し	52.5
		回答なし	0.7
問E(a)	投票時間	短縮すべき	76.7
		現　状	20.1
		延長すべき	0
		分からない	0.8
		回答なし	2.4
問E(b)	期日前投票期間	短縮すべき	61.8
		現　状	32.5
		延長すべき	0.7
		分からない	1.9
		回答なし	3
問G(2)	電子投票の普及	賛　成	22.6
		どちらかというと賛成	43.7
		どちらかというと反対	22.9
		反　対	7.1
		回答なし	3.8
問G(3)	戸別訪問の是非	賛　成	7.4
		どちらかというと賛成	13.4
		どちらかというと反対	38
		反　対	37.9
		回答なし	3.3
問G(4)	ネット選挙	賛　成	32.3
		どちらかというと賛成	42.9
		どちらかというと反対	15.1
		反　対	6.6
		回答なし	3
問G(5)	電子メールを使った選挙運動	賛　成	13.7
		どちらかというと賛成	23.8
		どちらかというと反対	35.2
		反　対	24
		回答なし	3.2
問G(6)	在外投票の環境整備	賛　成	16
		どちらかというと賛成	50.3
		どちらかというと反対	20.7
		反　対	9.4
		回答なし	3.6

N＝1521

第**8**章　総務省と選挙管理委員会

表8-2　選挙管理委員の人選主体
(%)

市町村長等役所幹部	15.2
市町村議会	52.5
選挙管理委員会事務局	25.9
その他	2.9
回答なし	3.5
合　計	100

表8-3　事務局員の兼職状況
(%)

専　任	16.3
総務系	62.9
行政委員会	8.6
その他	7.2
総務系＋行政委員会	3.1
総務系＋その他	2
行政委員会＋その他	0.9
総務系＋行政委員会＋その他	0.1
支所・区役所	3.7
所属不明	4.2

度上議会を代表する傾向を持ちやすいと述べたが，この数値は，実際に議会を代表する傾向を有するのは半数にとどまるということを示している。残り半分は，制度趣旨に反し，むしろ首長の影響下にあり得る。

　事務局の構成を見ておこう。公職選挙法上，選挙管理委員会事務局は首長部局から独立して業務を行うことになっているが，実際には首長部局の人事ルーティンに組み込まれており，独立性には懸念があると前節で指摘した。しかし，より正確には，大半の選管事務局は首長部局の一部であると捉える方が妥当である。表8-3は，事務局職員の兼職状況をまとめたものである。すなわち，事務局職員のうち，選管専任職員がいるかどうか，総務系部局との兼任者がいるかどうかなどを集計した。専任職員がいる選管は，16.3％に過ぎない。多くの選管は他の部局と兼任で業務を行っているのである。さらに，62.9％が総務系部局の兼任者がいる。行政委員会との兼任（8.6％）は，行政委員会自体が首長部局ととりあえずは切り離されているので，組織的には独立的といえなくはないが，総務系部局は首長直属と理解すべきである。選挙管理委員会および事務局の構成は，本来の制度趣旨から逸脱し，制度が想定する以上に首長部局の意向が反映されやすくなっているということがいえるであろう。

第Ⅱ部　選挙ガバナンスの課題

4　パフォーマンスの逸脱の説明

逸脱の理由

　第3節で説明したような「神話」からの逸脱は，なぜ生じたのであろうか。
これは2つの疑問に分けられる。第1に，なぜ制度運用が事実上の政府モデル
になるのか。第2に，なぜ総務省に従わず，意識面でも異なる方向を向いてし
まっているのだろうか。

　第1の質問は，さらに2つに分かれる。1つは事務局の独立性喪失で，もう
1つは選挙管理委員選出への首長部局の容喙である。日本の選挙管理委員会事
務局は，第2節で述べたように元来首長からの独立性を保ちにくい制度的構造
になっている。ただし，事務局職員の選任権限と，事務局への指揮命令権限そ
のものは政策・監視部門である選挙管理委員会にあるので，委員会が適切に機
能すれば独立性をある程度保つことが出来るはずである。しかし，日本の選挙
管理委員は全員が非常勤職で，多くの場合月に一度しか集まらず，手当もわず
かであり，ほぼ名誉職化している。この状況下で委員会が事務局職員の選任に
あたることは不可能に近い。

　事務局職員も，選管での仕事は首長部局の業務の一環と理解しないとモチベ
ーションを維持することが難しい。選管の業務は，選挙運動期間以外にも多く，
平時に時間をもてあますということはないが，業務内容が専門的でかつ他部局
との交渉が必要ではないため，庁内で孤立しがちであり，相手とする市民も，
政党関係者や政治家など，他部局とは異なり一般市民とは性格が異なる人々で
ある。人口の多い大都市であれば選管業務をある種の専門職として割り切るこ
とも可能な組織規模になるが，多くの場合それほどの規模を有さず数名で業務
を行うため，他の部局とのローテーションが重要になる。そうであれば，自然，
首長部局の一部として機能することが多くなるであろう。

　選挙管理委員選出は，本来的には地方議会の役割である。地方議会の政党化
が進んでいれば，政党内で候補を選出し，それを相互に承認し合うことで本来
の趣旨に沿った選出が可能になる。しかし，多くの地方議会は政党化が進んで
おらず，無所属議員が多数存在する。この状況のもとでは，誰か第三者が原案
を提示しないと決定自体が困難になる。それゆえ，事情をよく知る選管事務局

196

や首長部局が人選に関わるということになるであろう。これは選管事務局への
インタビューでも聞くことができ，「名士型」「元政治家型」と類型化した品田
(2013) の委員会類型にも適合的な説明である。

　次に，第2の問いである，なぜ総務省に従わないのかを考えてみよう。第2
節で述べたように，日本の選挙管理は，本来政治性を帯びやすい制度のもとで
実施されていた。委員会は議会の代弁者となり，事務局は首長の意向を尊重す
る形になりやすかったのである。しかし，公職選挙法の持つ，複雑でかつ専門
性の高い内容と，その解釈権を独占するのみならず具体的な指示を与えること
もできた総務省選挙部による中央集権的構造が，潜在的に存在する選管の政治
性を打ち消していた。非常勤で公職選挙法上の知識を持たない選挙管理委員が
どのような形で選出されようと，彼らに実質的な裁量はなく，事務局人事が首
長に支配されていても，選挙法上の権限によって業務上であれば事務局は首長
から政治的に隔離されていたのである。

　しかし，2000年に施行された地方分権一括法は，この状況を一変させた。
一括法以前，総務省選挙部は選管に指示も出せたし，選管が誤った判断を行っ
た場合に是正措置を指示できた。しかし，一括法によって選挙部はこうした権
限を喪失する。選挙部は依然として選管の個々の行動に対して是正勧告を行う
権限を持っているが，それは勧告にとどまる。もちろん，公職選挙法の複雑さ
は同じであり，選挙部の解釈が選管にとって至高の価値を有することに変わり
はない。しかし，彼らが持つのはこうした権威であって，一括法以前のような
権力ではないのである。そうであれば，フーバーのいう，規制行政をめぐる
「地方政治」は発生しうる。地方の状況によって，全国一律に実施されねばな
らない投票期間が地方の状況によって変更され，首長の意向が選挙運営に反映
されやすくなると考えられるのである。

　以上より，繰り上げ閉鎖については，次のような仮説を考えることができる
であろう。選挙管理委員会の構成や事務局職員の兼職のあり方に首長部局の意
向が反映されやすければそうであるほど，首長部局に近い政策選好を満たすべ
く選挙管理委員会は行動するであろう。現在の多くの地方政府において，首長
部局にとって重要なのは行政的効率性の追求である。1997年の経済危機を経
て，2004年に三位一体改革が実施されて以降，地方政府は財政危機にあえい
でいる。したがって，首長部局としては選挙管理に財源を振り向けたくはない

第Ⅱ部　選挙ガバナンスの課題

であろう。もちろん，国政選挙に関する費用は国が支弁することとなっているが，実際にかかる費用をすべてカバーできるわけではない。そうであれば，人件費節減の観点から，首長部局は投票所の繰り上げ閉鎖を選好するであろう。他方で，分権一括法以前に重要であった要素が効いている選管では，首長部局の意向通りに行動しないということが考えられる。つまり，高い専門性を有する，あるいはなんらかの事情で国や都道府県の意向を重視する選管は，繰り上げ閉鎖をしないであろう。

　この議論は，次のような作業仮説に翻訳することができる。

　仮説1：選挙管理委員を議会主導で選出できるのであれば，繰り上げ閉鎖はしない。
　仮説2：事務局職員の兼職先が行政委員会であれば，繰り上げ閉鎖はしない。
　仮説3：逆に総務系部局であれば，繰り上げ閉鎖を行う。
　仮説4：財政力に余裕がない自治体ほど，繰り上げ閉鎖をする。
　仮説5：事務局の専門性が高ければ高いほど，繰り上げ閉鎖はしない。
　仮説6：事務局が国や都道府県からの圧力を感じれば感じるほど，繰り上げ閉鎖はしない。

逸脱の検証

　これらの仮説を検証するために，本章では，選管事務局アンケート調査を利用して，簡単な二項ロジスティック回帰分析を行った。仮説との対応関係は，仮説1が問20，仮説2，3が問25，仮説4が財政力指数，仮説5が問1（a，b，c），仮説6が問13である。問20のベースラインは選管事務局である。統制変数として，職員数削減，人口を入れた。職員数が削減されるほどマンパワーの不足から繰り上げ閉鎖を実施する可能性は高くなるし，人口が少ない農村部であれば長時間投票所を開いておく必要を感じない可能性は高まるからである。結果は表8-4の通りである。

　統計的に有意であったのは，マニュアル作成，委員選出の議会主導，行政委員会との兼職，職員兼職が総務系＋その他および支所・区役所と，財政力であった。方向性は上記に挙げた仮説通りである。ただし，その効果は財政力を除いて微弱であるので，効きがいいとはいえないが，仮説6を除いて，おおむね

第**8**章　総務省と選挙管理委員会

表8-4　投票所繰り上げ閉鎖の要因

	B	標準誤差	有意確率
問1a　担当者のメモやノート等の作成有無	0.118	0.109	0.279
問1b　選管事務局内部のマニュアル類作成有無	− 0.184	0.109	0.089
問1c　前任者への問い合わせ頻度	− 0.03	0.086	0.725
問13　選挙に関して重圧を感じる方面1) 都道府県や国	− 0.022	0.134	0.872
問15　選挙管理ミスの有無	0.039	0.162	0.808
問20　選挙管理委員の人選			0.007
市町村長	− 0.021	0.201	0.915
地方議会	0.416	0.153	0.007
専　任	− 0.066	0.042	0.117
総務系（総務・庶務・行政）	0.008	0.026	0.761
行政委員会（監査・公平等）	0.177	0.077	0.022
その他（議会事務局，総務以外の部署）	0.12	0.075	0.111
総務系＋行政委員会	0.211	0.15	0.16
総務系＋その他	− 0.977	0.516	0.059
行政委員会＋その他	− 0.022	0.387	0.954
総務系＋行政委員会＋その他	22.78	40192.97	1
支所・区役所	− 0.46	0.2	0.021
問25_1　5年前と比較して，職員人数の増減			0.327
増えた	0.476	0.397	0.231
変わらない	− 0.076	0.159	0.633
財政力指数2012	4.281	0.388	0
人口住基対数値	− 0.271	0.177	0.126
定　数	− 0.923	0.855	0.281

注：観測数：1233，対数尤度：1388.031，有意確率：0.000，Nagelkerke R2：0.306

本章の主張を裏付ける結果を得ることができたといえるであろう。

　簡単に整理すると，選挙管理委員会も事務局も，首長の影響力が弱いほど投票所の繰り上げ閉鎖はしない傾向がある。選挙管理委員会に関しては，委員の人選を議会が独自で行えることが重要である。事務局に関していえば，他の行政委員会との兼職だったり，選管業務のマニュアルを作成するなどして専門性を高めていることが重要である。興味深いのは，財政力指数が重要であることである。財政に余裕がない自治体ほど繰り上げ閉鎖を行う傾向が顕著である。

第Ⅱ部　選挙ガバナンスの課題

表8-5　積極的投票権保障に対する選管職員見解の因子分析

	因　子		
	1	2	3
問B1　投票所の数について	−0.01	0.22	0.053
問C1　期日前投票所の数について	0.008	0.222	−0.03
問Ea　投票時間について	0.047	0.474	0.072
問Eb　期日前投票の期間について	0.049	0.428	−0.087
問G2　電子投票は普及させるべき	0.044	0.056	0.425
問G3　戸別訪問を認めるべき	0.591	0.053	0.022
問G4　インターネットを用いた選挙運動を認めるべき	0.477	0.024	0.462
問G5　電子メールを用いた選挙運動を認めるべき	0.818	−0.004	0.16
問G6　在外投票しやすい環境を整えるべき	0.104	−0.254	0.276

因子抽出法：主因子法
回転法：Kaiser の正規化を伴うバリマックス法

5　積極的投票権保障の複数性

　事務局職員の積極的投票権保障に関する意識について見てみよう。

　投票所の繰り上げ閉鎖とは異なり，積極的投票権保障に関する事務職員の意識と総務省選挙部の方向性の関係は複雑である。投票時間などについては逆の方向を向いているようにも思え，選挙運動のあり方については方向性が近いようにも思われる。そこで，積極的投票権保障に関する質問に対する要因を探るべく，因子分析を行ってみた。表8-5がその結果である。3つの因子が抽出された。第1の因子は，選挙運動に関する因子である。選挙運動を自由化した方がよいと考えるかどうかに関係している項目の係数が大きい。第2の因子は，投票便宜に関する因子である。投票時間を長くするなど投票便宜を図るかどうかである。係数は全体として大きくないが，在外投票については符号が逆である点が興味深い。第3の因子は，選挙活動におけるネット利用の是非についてである。

　本章のみならず，選挙管理研究者が積極的投票権保障として一括して論じていた内容を，選管職員たちは同一の方向性を有するものであるとは認識していなかったようである。なお，選挙ガバナンス研究会は，2014年1月に，一般

表8-6　有権者の積極的投票権保障に対する見解の因子分析

	因　子		
	1	2	3
問10　賛否(1)電子投票をもっと普及させるべき	0.323	0.432	0.145
問10　賛否(2)戸別訪問を認めるべき	0.361	0.065	0.317
問10　賛否(3)インターネットを用いた選挙運動更に推進	0.651	0.408	0.022
問10　賛否(4)電子メールを用いた選挙運動更に推進すべき	0.834	0.163	0.146
問10　賛否(5)ネット活用し在外投票しやすい環境整える	0.257	0.615	0.126
問10　賛否(6)代理投票・郵便投票をより拡充すべき	0.066	0.477	0.182
問10　賛否(7)日本在住外国人に地方選挙への投票認める	0.074	0.316	0.626
問10　賛否(8)禁錮以上の刑に処された者に投票権認める	0.11	0.155	0.567
問11　投票方法　A印刷候補者名に○印／B氏名を記入	0.064	0.276	0.116

因子抽出法：主因子法
回転法：Kaiser の正規化を伴うバリマックス法

　有権者に対してもアンケート調査を行い，積極的投票権保障について質問している。同様に因子分析を行った結果，選管職員に対する調査と類似した因子を抽出することができた。表8-6がそれである。第1因子は選挙運動で，第2因子は投票便宜である。第3因子は選挙権の付与拡大に関するものであるが，事務局アンケートでは選挙権の付与に関する項目を設定していなかったことによることで現れた違いと考えられる。いずれにせよ，我々がひとくくりにしていた積極的投票権保障は，複数の要素からなるものであり，それぞれの要素は同じ方向を向いているわけではないことが分かる。これは，本章の意図からすれば副次的ではあるが重要な発見であろう。

　次に，何が選管職員の見解に違いをもたらすのか，分析してみた。先の因子分析から導出された3つの因子の因子得点の値を従属変数とし，繰り上げ閉鎖に関して利用した変数を独立変数として重回帰分析を行った。結果は表8-7の通りである。いずれも係数の値が小さく結果に大きな影響を与えるとはいえないが，選挙運動に関しては，首長部局ほど積極的で，事務局職員については専任職員が多いほど積極的になる。人口が多いほど積極的になるのは都市部ほど戸別訪問の意味が低く，ネットの利用が重要であることを反映しているのかもしれない。ただし，選挙運動の取り締まりは日本では選管の業務ではないので，より一般有権者に近い感覚が出ているのかもしれない。興味深いのは，都

第Ⅱ部　選挙ガバナンスの課題

表8-7　選挙運動に対する見解への影響

モデル	標準化されていない係数		有意確率
	B	標準誤差	
（定数）	0.859	0.315	0.006
問1a　担当者のメモやノート等の作成有無	0.032	0.042	0.438
問1b　選管事務局内部のマニュアル類作成有無	−0.076	0.042	0.07
問1c　前任者への問い合わせ頻度	−0.007	0.033	0.827
問15　選挙管理のミスの有無	−0.133	0.062	0.031
問20　選挙管理委員の人選：市町村長	−0.174	0.076	0.022
問20　選挙管理委員の人選：地方議会	−0.069	0.058	0.234
専　任	−0.036	0.018	0.043
総務系（総務・庶務・行政）	−0.013	0.01	0.182
行政委員会（監査・公平等）	0.003	0.026	0.906
その他（議会事務局，総務以外の部署）	−0.015	0.028	0.589
総務系＋行政委員会	0.042	0.044	0.338
総務系＋その他	−0.037	0.051	0.466
行政委員会＋その他	−0.108	0.124	0.385
総務系＋行政委員会＋その他	0.221	0.863	0.798
支所・区役所	0.052	0.052	0.32
問25_1　5年前と比較して，職員人数の増減	−0.033	0.055	0.549
財政力指数2012	−0.038	0.114	0.742
人口住基対数値	−0.128	0.062	0.039
問13　選挙に関して重圧を感じる方面1)都道府県や国	0.113	0.051	0.028

注：観測数：1146，有意確率：0.001，R2：0.037，調整済み R2：0.021

　道府県や国の圧力を感じるほど消極的になる点である。総務省選挙部はネット選挙を認めたが，それ以外については選挙運動の自由な展開に対し慎重であることを考えると，フーバーの仮説と部分的に符合しているように思われる。
　投票便宜については表8-8の通りであるが，回帰式の当てはまり度がよくなく，参考に見る程度になる。マニュアルや管理ミスの経験があれば消極的になり，職員の数が減らされていれば消極的になるなど，行政の効率性との関係が逆になっている点が興味深く，基本的に事務局の経験やリソースが効いていると言ってよい。ネット活用については割愛する。

第**8**章　総務省と選挙管理委員会

表8-8　投票行動への便宜に対する職員見解への影響

モデル	標準化されていない係数		有意確率
	B	標準誤差	
（定数）	0.66	0.236	0.005
問1a　担当者のメモやノート等の作成有無	−0.016	0.031	0.615
問1b　選管事務局内部のマニュアル類作成有無	−0.059	0.031	0.059
問1c　前任者への問い合わせ頻度	0.011	0.024	0.651
問15　選挙管理のミスの有無	−0.141	0.046	0.002
問20　選挙管理委員の人選：市町村長	−0.027	0.057	0.634
問20　選挙管理委員の人選：地方議会	−0.006	0.044	0.892
専　任	−0.002	0.013	0.879
総務系（総務・庶務・行政）	0.002	0.008	0.8
行政委員会（監査・公平等）	−0.008	0.02	0.679
その他（議会事務局，総務以外の部署）	−0.008	0.021	0.696
総務系＋行政委員会	0.018	0.033	0.591
総務系＋その他	−0.038	0.039	0.329
行政委員会＋その他	−0.12	0.093	0.196
総務系＋行政委員会＋その他	0.48	0.647	0.458
支所・区役所	−0.034	0.039	0.388
問25_1　5年前と比較して，職員人数の増減	−0.075	0.041	0.067
財政力指数2012	0.033	0.085	0.696
人口住基対数値	−0.075	0.046	0.108
問13　選挙に関して重圧を感じる方面1）都道府県や国	0.019	0.038	0.615

注：観測数：1146，有意確率：0.05，R2：0.026，調整済み R2：0.01

6　「神話」崩壊の意味

　本章での知見をまとめよう。日本の選挙管理機関である選挙管理委員会は，その自己認識とは異なり，総務省選挙部の強い拘束を受けているのではなく，行動面および意識面で逸脱してきている。それは，元来日本の選挙管理制度が持っていた政治性が表に現れてきた結果であると考えられる。こうした結果が招来されたのは，地方分権改革によって総務省選挙部による中央集権的統制が

困難になったためである。そしてそのことが規制行政に関するフーバーの主張通り「地方政治」を発生させ，選挙管理機関の非政治性神話を崩してきている。

「神話」を維持するためには，次の要素が重要である。それは，第1に，専門性である。第2に，選挙管理委員会を議会が実質的に選ぶことである。第3に，事務局を首長部局から遠ざけることである。しかしそうしたことは困難であろう。地方分権化による首長影響力強化は生活保護のような中央集権的性格が強かった行政分野にも及んでおり，必要かもしれない官僚制の自律性は溶解してきている。トラスティーシップタイプの官僚制組織はなかなか想定しにくくなっているのである。

注
(1)　詳しくは，本書序章参照のこと。
(2)　本人代理人理論による日本官僚制分析は枚挙に暇がないが，その成果を反映させ，体系的に説明したものとして，曽我（2005, 2013, 2017）を参照のこと。

参考文献
品田裕（2013）「日本の選挙管理委員会について」大西裕編『選挙管理の政治学——日本の選挙管理と「韓国モデル」の比較研究』有斐閣。

曽我謙悟（2005）『ゲームとしての官僚制』東京大学出版会。

曽我謙悟（2013）『行政学』有斐閣。

曽我謙悟（2016）『現代日本の官僚制』東京大学出版会。

Carpenter, Daniel（2001）*The Forging of Bureaucratic Autonomy : Reputation, Networks, and Policy Inovation in Executive Agencies, 1862-1928.*

Carpenter, Daniel（2010）*Reputation and Power : Organizational Image and Pharmaceutical Regulation as the FDA.*

Hood, Christpher（2002）"Control, Bargains, and Cheating : The Politics of Public-Service Reform," *Journal of Public Administration and Theory*, 12(3)

Huber, Gregory A.（2007）*The Craft of Bureaucratic Neutrality : Interests and Influence in Governmental Regulation of Occupational Safety*, Cambridge University Press.

Lopez-Pintor, Rafael（2000）*Electoral Management Bodies as Institutions of Governance*, UNDP.

McCubbins, Mathew D., Roger G. Noll and Barry R. Weingast（1987）"Administrative Procedures as Institutions of Political Control," *Journal of Law, Economics, and*

Organizations, 3-2.

Onishi, Yutaka（2012）"Electoral Management Bodies and Eledtoral Governance,"『選挙研究』27 号。

第9章　選挙管理への信頼の低下は何をもたらすのか
── 有権者を対象とする意識調査を通じた検討 ──

善 教 将 大

1　なぜ選挙管理への信頼か

　本章の目的は選挙管理への信頼が低下することの帰結を，代議制の安定性との関連から明らかにすることである。選挙管理への信頼の低下は，投票参加率を低下させ，最終的には権威主義体制など代議制以外の政治体制を志向する人々を増加させるのだろうか。本章では日本の有権者を対象とする意識調査の分析より，この疑問に対して解答を提示する。

　近年，選挙管理の重要性への認識が，途上国だけではなく先進諸国においても高まりつつある。その背景には，先進国においても不正投票や開票ミスなどの問題が発覚し続けていることや，電子投票やインターネット投票など情報環境の変化に伴う新しい投票形態の登場などがある。日本では，東日本大震災によって選挙管理ができて当たり前ではないことが強く認識されたこともあり，危機管理の観点からもこの問題の検討は進められている（河村他 2013）。

　公正で公平な選挙管理が重視される理由は，それが有権者の選挙管理に対する信頼へと結実するからであろう。代議制の正統性（legitimacy）を支える選挙への信頼は，当該選挙が不正などなく実施されたのかという選挙管理への信頼に規定される。選挙が公平かつ公正に管理されていない場合，有権者は選挙結果を，ひいては代議制そのものを信頼できなくなる。このように選挙管理への信頼は，代議制の安定性を議論する上で重要な変数だと考えられる。

　しかしながら，選挙管理への信頼の重要性が指摘される一方で，実証的に信頼低下の帰結を分析する研究は少ない。とりわけ先進国を対象に選挙管理への信頼の低下がいかなる帰結をもたらすのかを明らかにする研究は，ほとんど存在しない。さらにいえば，先行研究にはいくつかの課題があり，そのため説得的な議論を展開できていないという問題もある。

本章では，そのような先行研究の問題点を解決し，さらに選挙管理への信頼がなぜ代議制の安定性に寄与するのかをより精緻化な形でモデル化しつつ，信頼の効果を分析する。選挙管理への信頼には，選挙への信頼という媒介変数を経由する間接効果（indirect effect）と，直接的に影響を与える効果（direct effect）があると考える。この仮説の妥当性を，独立および従属変数の操作的定義を洗練させた上で，因果メカニズムに考慮した分析手法によって検証する。

構成は以下の通りである。まず第2節で，選挙管理への注目が高まりつつあることを指摘すると同時に，取り組むべき課題を述べる。次に第3節で選挙管理への信頼の効果に関する因果モデルを構築し仮説を提示する。第4節では使用データと変数の操作的定義，分析手法について説明し，第5節では選挙管理への信頼の低下がどのような帰結をもたらすのかを実証的に明らかにする。最後に第6節で結論と課題を述べる。

2　背景と問題意識

選挙管理上の不正の発覚

選挙管理の研究はきわめて新しい分野である。地味で退屈な作業である選挙管理は，民主国家であれば「できて当たり前」であり，その意味で選挙管理に関心を寄せられることはこれまでほとんどなかった。選挙管理への関心の欠如は日本だけではなく国際的にも見られていた現象であり（Mozaffar and Schedler 2002），選挙管理への信頼の研究も，2000年以降にようやく活発に行われ始めた。

民主化されて間もない途上国のみならず，先進国においても近年，選挙管理へ注目が集まっている背景としては，選挙管理をめぐる環境の変化を指摘することができる。情報環境の変化に伴い，電子投票やインターネット投票など新しい投票形態が登場してきている。そのような環境変動を背景に，アメリカなどでは選挙管理のあり方を見直す動きが活発化している。新しい技術の導入は，管理手法の再考を促すきっかけとなる。

くわえて選挙管理が，実はできて当たり前ではないことが認識され始めた点も大きいように思われる。たとえば2014年衆院選の投開票時に，仙台市では1000票近い白票が水増し計上されていたことがマスコミ報道などをきっかけ

第Ⅱ部　選挙ガバナンスの課題

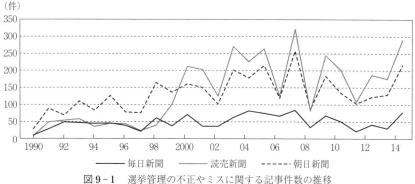

図 9-1　選挙管理の不正やミスに関する記事件数の推移

に発覚した。また 2013 年参院選の投開票における高松市選管の不正事件も記憶に新しい。開票作業の際のミスを隠蔽するために白票を水増しし，さらに帳尻を合わせるために連鎖的に不正処理を行った高松市の事件は，選挙管理の重要性を改めて我々に知らしめるものだった。

　選挙管理の不正やミスの報道件数は，減少するどころかここ数年の間に増加している。図 9-1 は『朝日新聞』『読売新聞』『毎日新聞』における選挙管理の不正やミスに関する記事件数の推移を整理したものである[1]。『毎日新聞』に関してはほぼ横ばいであり記事件数が増加しているとはいえないが，『朝日新聞』と『読売新聞』はいずれも 1997 年あるいは 1998 年頃から記事件数が増加している。この記事件数の増加は選挙管理上のミスの増加に起因するのか，それとも報道機関の注目度が向上したことによるのかは定かではない。しかし選挙における不正行為が，これまで以上に認識されやすくなっているということはできる。

　このような事件の発覚は，いうまでもなく選挙管理への信頼の低下をもたらす。日本には戦後以降，あるいはそれ以前から選挙が行われてきたという経験がある。しかし，選挙管理のミスや不正は相変わらず発覚し続けている。「公正，公平，効率，正確な選挙管理ができて当たり前だ」という選挙管理への信頼の揺らぎはいかなる帰結をもたらすのか。選挙管理の不正の発覚が増加している日本で，この問題を改めて検討する必要がある。

不十分な選挙管理への信頼研究

選挙管理の研究は，これまでほとんど注目されることがないマイナーな研究領域であった。選挙管理への関心の欠如は，いうまでもなく選挙管理への信頼研究が不十分であることも含意する。政治への信頼に関する実証研究は，政治的疎外（political alienation）の研究として 1950 年代頃より行われてきた。これに対して選挙管理への信頼の研究は，1990 年代以降に行われ始めたということもありほとんど蓄積されていない。

選挙管理ではなく，選挙への信頼については実証研究が蓄積されている。選挙管理への信頼は選挙への信頼の構成要素だという見方に立てば，選挙への信頼の効果を明らかにすることが，選挙管理への信頼の重要性を示すことに繋がるということになるだろう。しかし選挙への信頼は選挙管理への信頼以外の要因にも規定されている。選挙への信頼を分析することが，ただちに選挙管理への信頼を分析することになるわけではない。

また，選挙管理への信頼は選挙への信頼と異なる特徴をもつ概念でもある。選挙への信頼は主として「政治」的営為に対する認知や感情であるのに対して，選挙管理への信頼は政治だけではなく，選挙を公正に実施・管理するという「行政」への認知も包含する。この相違も，選挙への信頼の研究だけでは不十分であることを示唆するものである。

さらに選挙管理への信頼の研究は，既存の政治への信頼の議論を発展させる契機ともなり得る。たとえば村山（2012）は，政治への信頼は正統性の獲得に肯定的に働くのに対して，行政への信頼は合法性と合理性に否定的に働くと述べる。しかし行政に対する期待と政治に対する期待が同一である保障はない。また，選挙管理を政治から独立させることが，逆に代議制の応答性を担保するという発想もあり得るだろう。選挙管理への信頼の研究は，このような論争点に対して一定の解を提示するという意味でも重要である。

選挙管理への信頼研究の問題点

選挙管理への信頼の低下がどのような帰結をもたらすのかは，代議制の定着や安定性の観点から研究が進められてきた。具体的には，選挙への評価や選挙管理への信頼が民主制への支持と関係することや（Norris 2014：Chap. 6；Robbins and Tessler 2012），選挙管理への信頼低下が投票参加率の低下をもたらす

ことなどが明らかにされている（Birch 2008, 2010；Carreras and İrepoğlu 2013；Kerevel 2009；McCann and Dominguez 1998；Norris 2014：Chap. 7）。

しかしこれらの研究に問題がないわけではない。曽我（2013）によれば，選挙管理を独立変数として扱う研究には3つの問題があるという。第1は分析手法の粗さである。先行研究の推定方法は，因果メカニズムを十分に踏まえたものではなく，この点に不十分さが残るという。第2は分析対象の狭さである。ラテンアメリカやアフリカだけではなく日本のような先進国も対象とする必要がある。第3は従属変数の偏りである。代議制の安定性だけではなく，議員行動や政党制のあり方に選挙管理がどのような影響を与えるのかという新たな観点からの研究も重要である。

上述した第1および第2の点について詳しく検討しておこう[3]。まず第1の指摘は，選挙管理への信頼という独立変数と投票参加など従属変数の間にはいくつかの媒介変数が存在するにもかかわらず，その点を考慮した分析がほとんどなされていないということである。ケレヴェル（Kerevel 2009）は，例外的に選挙への信頼を媒介に影響を与えるという理論モデルに基づき，選挙管理への信頼が投票参加へ与える効果を分析している。しかしこの研究において実証されているのは選挙への信頼の効果とは独立に存在する選挙管理への信頼の直接効果であり，媒介変数を経由する間接効果ではない。

続いて第2の指摘に移ろう。先行研究では，アフリカやラテンアメリカといった民主化されて間もない途上国における信頼が議論の対象になることが多い。しかし，代議制の正統性を「構築」するのか，それとも構築された正統性の「崩壊」を抑止するのかという点での問題関心の相違が，途上国と先進国の間には存在する。知見を単に一般化するのではなく，それぞれの国が置かれた文脈に依拠しつつ信頼の効果は分析されなければならない。

以上にくわえて，先行研究では独立変数，媒介変数，従属変数のそれぞれについて，適切な操作化が行われていないことも指摘しておきたい。選挙管理への信頼に関する研究には，比較選挙調査（CSES）や世界価値観調査（WVS）など国際比較意識調査が用いられることが多い[4]。つまりそのほとんどが二次分析であるため，操作的定義の妥当性に十分な注意が払われていない。たとえばバーチ（Birch 2008, 2010）は選挙への信頼の効果を推定しているが，その分析では「選挙への公平感」という別の指標を用いているという問題をはらんでいる。

第9章　選挙管理への信頼の低下は何をもたらすのか

以上より，選挙管理への信頼研究の課題としては次の3点を指摘することができる。第1に，因果メカニズムを考慮した形で選挙管理への信頼の効果を分析する必要がある。第2に，途上国のみならず日本など先進国に対象を拡張して分析する必要がある。第3に，選挙管理への信頼の効果を明らかにする上で適切な操作化を行う必要がある。

3　理論と仮説

選挙管理への信頼と代議制の安定性

選挙管理への信頼がどのようなメカニズムで代議制の安定性に寄与するのかを説明するモデルとして，ここでは次の2つを取り上げる。1つはケレヴェル（Kerevel）のモデルであり，もう1つはノリス（Norris）のフィードバックモデルである。

ケレヴェル（Kerevel 2009）は，選挙管理への信頼が投票参加を規定するメカニズムを，媒介変数を考慮する形でモデル化している。まず，ある国の有権者が抱く選挙管理への信頼は，有権者個人のデモグラフィーなどだけではなく，選挙管理の制度的特徴にも規定される。次に選挙管理への信頼は，選挙への信頼を媒介に投票参加を規定する。このように選挙管理への信頼は，選挙への信頼を経由して従属変数に影響を与えることが論じられている。

ノリス（Norris 2014 Chap. 1）も同様に，いくつかの媒介変数を経由する形で選挙管理への信頼は投票参加などを規定すると述べる。上述したモデルと共通する点は多いが，いくつかの相違も見受けられる。第1にこのモデルでは，選挙管理への信頼は選挙への信頼ではなく正統性認識を媒介に投票参加に影響を与えるとされる。第2はモデルが動態的だという点である。選挙管理への信頼が影響を与える従属変数が，次の制度改革などの独立変数になり，制度改革によって選挙管理への信頼が変動するフィードバックループが想定されている。

これら2つのモデルは，いずれも選挙管理への信頼の低下が正統性認識の低下や棄権者の増加に繋がることを含意しているが，なぜ選挙管理への信頼が低下するとこのような問題が生じると考えられるのかについて解答を提示しているわけではない。この問題について検討するには，政治的正統性とは何かという基本的な問題に立ち返る必要があるだろう。政治的正統性の定義としてよく

211

知られるのは，「政治システムを構成する政治制度がその社会にとって最適なものだという信念」である（Lipset 1959: 86）。つまり，代議制が社会にとって重要で欠くことのできないものとみなされているとき，そこに正統性が認識されているということになる。

この政治的正統性には，さらに複数の下位次元が存在する。ウェザーフォード（Weatherford 1992）によれば，政治的正統性には3つの下位次元があるとされる。第1は，政策決定が人々の声を反映させているのかに関わる応答性（accountability）である。第2は，政策決定が社会を最適な状態にしていくために適切かどうかに関わる有効性（efficiency）である。第3は，手続きや分配に偏りがないという公平性（fairness）である。[5] 選挙管理への信頼は，選挙が公正かつ公平に行われることへの確信であるから，この公平性の次元と関連する。

また選挙が公平に実施されることは，自らの声が政治的決定に反映されるという応答性とも関連すると考えられる。応答性は代議制を支える選挙制度を中核とする概念であり，それゆえに選挙への信頼は政治的正統性の心理的資源になり得るが（善教 2013），選挙が応答的であるということは，公正かつ公平な選挙管理の実施を前提とする。そのため，選挙管理への信頼は，応答性の担保という意味で選挙への信頼を規定し，あるいはこれを媒介に正統性に影響を与えると考えられる。

代議制の安定性は，それを支える「文化」，つまり有権者の心理や行動のあり方の問題でもある。代議制が社会にとって必要だという認識は，政治システムの維持・存続という意味での投票への参加をもたらすことになるだろうし，権威主義など代議制以外の政治体制への志向性を抑止するだろう。実証的にも政府に対する不信が高まると，選挙制度変革や体制変動に肯定的な有権者が増加することが明らかにされている（Avery 2009）。[6]

選挙管理への信頼の直接効果と間接効果モデル

選挙管理への信頼が代議制の安定性を議論する上で重要になることは，ここまでの検討から明らかとなった。しかし，選挙管理への信頼，選挙への信頼，正統性認識，投票行動といったさまざまな変数がどのような関連を有するのかは曖昧である。選挙管理への信頼低下の帰結について検討するには，これらの変数の関係をモデル化する必要がある。本章では，図9-2に示すメカニズム

第9章 選挙管理への信頼の低下は何をもたらすのか

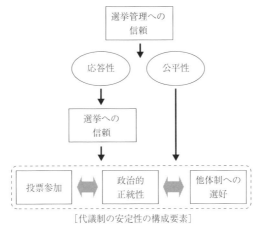

図9-2 選挙管理への信頼と代議制の安定性の因果モデル

のもとで，選挙管理への信頼は代議制の安定性に寄与するものと考える。

モデルの概略について簡単に説明する。第1に，選挙管理への信頼には，選挙への信頼という抽象化された意識を媒介とする間接効果と，それを経由しない直接効果がある。選挙管理への信頼は応答性と公平性の両者と関連することは既に述べた。適切な選挙管理を行うことで担保される応答性は，選挙の応答性の構成要素の1つとみなせる。したがって選挙管理への信頼のうち，応答性に関する部分については，選挙への信頼を媒介に代議制の安定性を規定する。他方で選挙管理への信頼には公平性に関わる部分もある。これについては応答性と異なるため，直接あるいは選挙への信頼以外の変数を媒介に，代議制の安定性を規定する。

第2に，投票参加，政治的正統性，代議制以外の政治体制の三者間関係については，厳密な形で因果関係をモデル化しない。これらは代議制の維持等に関わる構成要素として相互に相関するものだと単純に捉える。そのためノリス (Norris 2014) のように，正統性から投票参加へといった因果関係をここではモデルに取り入れない。本章の目的は，複雑かつ双方向的な因果関係をモデル化した上で実証するところにあるわけではない。

第3に，フィードバックをこのモデルでは想定しない。代議制以外の政治体制への転換が帰結として生じた場合，フィードバックが論理的に成立しないという問題を孕むためである。先進国で選挙管理への信頼を問う意味は，代議制

第Ⅱ部　選挙ガバナンスの課題

の危機が選挙管理への信頼の低下を契機に生じるのかを明らかにする点である（Crozier, Huntington and Watanuki 1975=1976；Pharr and Putnam 2000）。フィードバックを前提とするモデルは代議制の定着過程をモデル化したものであり，危機の可能性について検討する本章とは異なる問題関心を有する。

4　データと分析手法

使用データ

　分析に使用するデータは，全国の 20 歳から 79 歳までの男女を対象に，2015年 2 月 14 日に実施されたオンライン上での意識調査である。サンプルサイズは 2500 であり，㈱楽天リサーチに委託する形で調査を実施した。具体的には，㈱楽天リサーチのモニターに登録している 20 歳以上の男女にアンケート協力依頼メールを 4 万 2877 件配信し，回答のあった 3048 人から地域（北海道・東北，関東，中部，近畿，中国，四国，九州・沖縄），年齢（20 代，30 代，40 代，50 代，60～70 代），性別（男性，女性）が国勢調査の結果と乖離しないように調整しながら 2500 サンプルを抽出した。

　ここで明らかなように，本章で用いるデータは選挙人名簿などから無作為抽出されたものではない。そのためデータには偏りが存在する可能性がある。そこでこの点を確かめるために，NHK 放送文化研究所，朝日新聞，読売新聞の月例世論調査（2015 年 2 月）の政党支持率と使用データのそれを比較した。結果の詳述は避けるが，本章で用いるデータには自民党への支持を過小評価し，維新の党の支持を過大に評価する傾向があることがわかった。[7]選挙の勝敗が選挙管理への信頼に影響を与えるという知見に鑑みれば（Anderson and Tverdova 2001；Anderson et al. 2005），使用データの選挙管理への信頼は過小に推定されている可能性が高い。しかし選挙への信頼などにも同様のバイアスはかかっていると考えられるので，信頼の効果の推定に重大な影響を及ぼす可能性は小さい。

　くわえてオンライン上の意識調査には自らの回答努力を最小化する回答者，いわゆる satisficer の問題について指摘されることが多い（Krosnick 1991；Oppenheimer et al. 2009；三浦・小林 2015）。satisficer をどのように位置づけるかは論争的なテーマだが，筆者は変数間の相関関係を過大に評価するバイアスを

発生させるものだと考えている。[8]そのため分析対象者から satisficer と考えられる人を除外する。具体的には「左から2番目の回答を選択してください」という質問を，質問票全体のバランスを見ながら3問設け，この質問に対して1つでも誤った回答をした回答者を分析から除外した（5.8％）。[9]

独立変数

選挙管理への信頼はこれまでさまざまな方法で操作化されてきた。しかし，一般の有権者に認知されにくいという特性を考慮した操作的定義は管見の限り存在しない。そこで，次に述べる方法で選挙管理への信頼を操作化した。

まず「日本には選挙の実施や管理などを行う「選挙管理委員会」という機関があります。あなたは，このことを知っていましたか」という質問で選挙管理委員会への認知度を尋ねる。回答は分からない（DK）とこたえない（NA）を除き，「1．仕事内容なども含めて，そのような機関があることは知っている」から「4．知らないし名前も聞いたことがない」までの4点尺度である。選挙管理への信頼は，この認知に関する質問で4以外の回答をした人にのみ尋ねている。質問文は「あなたは選挙管理委員会をどの程度信頼できるとお考えですか」であり，回答は「1．非常に信頼できる」から「4．まったく信頼できない」までの4件尺度である。回答者は認知の質問によってフィルタリングされているため，その他の設問よりも必然的に少なくなる。ただし4の回答割合は全体の2％程度である。

媒介変数についても検討しておこう。選挙管理への信頼の間接効果を明らかにするには，選挙への信頼についても操作化しなければならない。その際，ワーディングに注意を払う必要がある。選挙管理への信頼と同じく選挙への信頼についても「信頼」という言葉を用いると，両者の共変関係は，必然的に高くなるからである。

そこで選挙への信頼は，善教（2013）を参考に選挙制度の応答性に関する質問から操作化した。具体的には「「選挙という制度があるからこそ，有権者の声が政治に反映される」という意見があります。あなたは，この意見に対してどのような考えをおもちですか」という質問から操作化した。回答は「1．賛成する」から「5．反対する」までの5件尺度である。

表9-1は選挙管理への信頼と選挙への信頼の分布を整理したものである。

第Ⅱ部　選挙ガバナンスの課題

表9-1　独立変数の分布

	信頼 ←			→ 不信		N
	1	2	3	4	5	
選挙管理への信頼	12.7	59.2	23.5	4.6		1918
選挙への信頼	27.9	40.4	25.4	4.5	2.2	2362

注1：数値はNを除き横100％　ただし小数点第2位を四捨五入しているため
　　　合計が100％にならない場合がある。
注2：DK・NAは有効サンプルから除外した。

選挙に対しては多くの有権者が信頼（賛成）回答をしている一方で，選挙管理委員会に対しては，不正やミスが相次いで発覚しているためか，2割以上の人が不信感を抱いている。ただし回答者の半数以上は選挙管理委員会を信頼できると回答しており，全体としては信頼されている。

従属変数

　選挙管理への信頼が影響を与える従属変数は，投票参加，代議制の正統性認識，他体制への選好である。第1に投票参加は，2014年12月に行われた衆院選での投票参加とする。質問文は「体調がすぐれなかった，時間がなかったなど，選挙に行かないことは決して珍しいことではありません。あなたは，昨年の12月14日（日）に行われた衆院選で投票に行きましたか」である。回答は「1．行かなかった」「2．行くつもりだったが行けなかった」「3．期日前投票した」「4．投票日に投票した」だが，棄権（1＋2）と参加（3＋4）に回答を統合している。

　もっとも，一度の選挙における投票参加の分析から選挙管理への信頼の効果を判断するのは早計である。代議制の安定性への貢献という点からいえば，「継続的な」参加こそが重要となろう。そこで，過去5年間の参加経験を従属変数とする分析も行う。参加経験は「あなたはここ5年の間に行われた国および地方の選挙について，どのくらい投票に行っていますか。ただし2014年衆院選は含めないこととします」という質問から操作化した。回答は「1．すべての選挙で投票した」「2．すべてではないが，大体投票に行った」「3．すべてではないが，1回くらいは投票に行った」「4．すべて棄権した」という4点尺度である。

　第2に正統性認識は，「あなたが日本で生活を営む上で，日本が民主国家で

第**9**章 選挙管理への信頼の低下は何をもたらすのか

表 9 - 2 従属変数の分布

	1	2	3	4	N
投票参加（衆院選）	23.5	76.5			2338
参加経験（5年間）	6.5	7.0	28.9	57.5	2315
正統性認識	0.5	1.6	19.7	78.2	2217
他体制への選好	92.5	7.5			2061

注1：数値はNを除き横100％ ただし小数点第2位を四捨五入して
　　　いるため合計が100％にならない場合がある。
注2：DK・NA は有効サンプルから除外した。

あることはどの程度重要だと思いますか」という質問文から操作化している。
回答は，「1．まったく重要ではない」から「4．とても重要だ」までの4点
尺度である。正統性認識を操作化する際，民主主義への満足度（satisfaction
with democracy）が用いられることがあるが，これは規定要因であり正統性そ
のものではない。また，国への愛着が用いられることもあるが，ここで議論し
ているのはあくまで代議制についてであり，国家ではない。

　第3に代議制以外の政治体制への選好は，次の手順で操作化した。まず「以
下の政治のあり方について，あなたはどのようなお考えをおもちですか」とい
う質問の後に，⑴民主的に統治されている国，⑵選挙や国会に縛られていない，
強力なリーダーが統治する国，⑶専門的な技術者や官僚などが国にとって，最
も良い政策を決定しながら運営する国，⑷軍事国家という4つの項目を設け，
それぞれに対して「1．とても良い」から「5．とても悪い」までの間で回答
を選択してもらった。そして4つの体制の中で，⑴民主制の回答の値が最も小
さい回答者を1，民主制以外の回答が最も小さい回答者を2とした。分析の目
的は代議制からの転換の可能性を探ることにあるため，⑵から⑷までのどれを
好ましいと考えているかは考慮しない。なお，すべての項目が同じ回答だった
場合は1へと分類している。

　表9-2は従属変数の分布を整理したものである。投票参加率の推定値を見
ると，明らかに実際の値（約52.7％）よりも高い。オンライン上での意識調査
は社会的期待迎合バイアスがかかりにくいので，政治や選挙に関心が高い人が
調査に協力した結果だと考えられる。正統性認識や他体制への選好もそれゆえ
にバイアスがかかっている可能性がある。ただし過去5年間の参加経験につい
て見るとある程度回答は分散しており，必ずしも政治に積極的な人のみが協力

第Ⅱ部　選挙ガバナンスの課題

しているわけではない。また，WVS第6波の結果を見ると，民主制の重要性に対して明確に否定的な回答をしているのは約2％であり，その意味でも本章で使用するデータが偏っているわけではない。

分析手法

選挙管理への信頼の直接効果と間接効果の両者を検証するために，一般化線型モデルを用いた推定を行う。具体的には，統制変数を考慮しない媒介分析と，統制変数を考慮する回帰分析の2つから選挙管理への信頼の効果を分析する。媒介分析から，選挙への信頼を媒介とする間接効果と直接効果の有意性を確認する。またその際，補足として選挙への信頼から選挙管理への信頼という因果関係の可能性についても検討する。

媒介分析で明らかになる直接効果と間接効果は，その他の変数の効果を統制したものではない。そこで独立変数と従属変数の両者に影響を与えているいくつかの変数の効果を統制した分析も行う。くわえて媒介変数を投入するモデルと投入しないモデルに区別した上で，両モデルの結果を比較し，仮説の妥当性について検討する。従属変数はいずれも2値あるいは順序型のカテゴリ変数である。そのため推定方法としてはリンク関数をロジットとする一般化線型モデルを用いる。

5　実証分析

媒介分析による直接・間接効果の推定

選挙管理への信頼の直接効果と間接効果について推定した結果を整理したものが表9-3である。結果を先取りしていえば，選挙管理への信頼の直接効果と間接効果は，すべての従属変数に対して統計的に有意であることが明らかとなった。直接効果と間接効果の大きさを比較すると，全体としては直接効果の方が大きい。ただし，正統性認識を従属変数とする場合に限り，両者の相対的な大きさは逆転し間接効果の方が大きくなる。

表9-3の推定結果を詳しく見ていくことにしよう。まず，媒介変数を考慮しない，選挙管理への信頼の効果のみを考慮した推定結果は，すべての従属変数に対して1％水準で有意である。また近似標準化係数の符号の向きは，投票

第**9**章　選挙管理への信頼の低下は何をもたらすのか

表9 - 3　選挙管理への信頼の直接効果と間接効果の推定結果

	投票参加 （衆院選）		参加経験 （5年間）		正統性認識		他体制への選好	
媒介変数なし 選管信頼	0.153	**	0.152	**	0.149	**	− 0.208	**
媒介変数あり 選管信頼→選挙信頼 選挙信頼→従属変数 選挙信頼→従属変数	0.287 0.182 0.098	** ** **	0.290 0.186 0.099	** ** **	0.286 0.289 0.067	** ** **	0.294 − 0.191 − 0.142	** ** **
［間接効果の推定］ 選管信頼の間接効果	0.052	**	0.054	**	0.083	**	− 0.056	**
N	1861		1859		1836		1718	

注1：表中の数値はNを除き近似標準化係数。＊：$p<0.05$，＊＊：$p<0.01$で統計的に有意。
注2：間接効果の推定にはブートストラップ法を用いた。標本サイズは2000，抽出法はノンパラメ
　　　トリック，区間推定法はバイアス修正法である。

参加と正統性認識に対しては正，他体制への選好に対しては負である。ここか
ら，選挙管理への信頼は，投票参加率を向上させたり，代議制以外の政治体制
への志向性を弱めるといった効果があることが分かる。

　次に媒介変数を考慮した場合の推定結果について見てみよう。選挙管理への
信頼から選挙への信頼，選挙への信頼から従属変数，選挙管理への信頼から従
属変数といういずれのパスも1％水準で統計的に有意である。選挙管理への信
頼は，選挙への信頼の影響を考慮してもなお，従属変数に対して有意な影響を
与えている。言い換えれば，選挙管理への信頼には，媒介変数を経由しない直
接効果が存在することを示すものである。

　間接効果についてはどうだろうか。媒介変数を考慮しない場合と考慮した場
合の，選挙管理への信頼の近似標準化係数の値を比較すると，いずれも係数値
が小さくなっている。選挙管理への信頼から選挙への信頼へのパスは有意なの
で，この変動は選挙管理への信頼の効果が「吸収」されたことによるものだと
解釈できる。間接効果の検定結果もすべて有意である。間接効果と直接効果を
比較すると，全体としては直接効果の方が大きい。その意味で選挙管理への信
頼は，必ずしも選挙への信頼を経由して投票参加や正統性認識に影響を与える
わけではない。間接効果と直接効果の両者が存在すると考えるべきであろう。

　最後に，媒介変数を選挙管理への信頼とする媒介分析の推定結果を確認する。
分析結果を整理したものが表9 - 4である。選挙への信頼の間接効果を見ると

219

第Ⅱ部　選挙ガバナンスの課題

表 9 - 4　選挙への信頼の直接効果と間接効果の推定結果

	投票参加 （衆院選）		参加経験 （5年間）		正統性認識		他体制への選好	
媒介変数なし 選挙信頼	0.210	**	0.215	**	0.308	**	− 0.237	**
媒介変数あり 選挙信頼→選管信頼 選菅信頼→従属変数 選挙信頼→従属変数	0.287 0.098 0.182	** ** **	0.290 0.099 0.186	** ** **	0.286 0.067 0.289	** ** **	0.294 − 0.142 − 0.191	** ** **
［間接効果の検定］ 選挙信頼の間接効果	0.028	**	0.029	**	0.019	*	0.042	**
N	1861		1859		1836		1718	

注 1 ：表中の数値は N を除き近似標準化係数。* ：$p < 0.05$, ** ：$p < 0.01$ で統計的に有意。
注 2 ：間接効果の推定にはブートストラップ法を用いた。標本サイズは2000, 抽出法はノンパラメ
　　　トリック, 区間推定法はバイアス修正法である。

いずれも統計的に有意ではあるが, 近似標準化係数の値は小さい。選挙への信
頼の間接効果は実質的にはないと解釈した方がよいだろう。選挙管理への信頼
は選挙への信頼を媒介とするものなのである。

その他要因の効果を統制したモデルによる推定

⑴統制変数

前節の分析は, あくまで信頼以外の変数の効果を統制せず, 直接効果と間接
効果を推定したものである。しかし選挙管理への信頼の効果を明らかにするに
は, 独立変数と従属変数の両者に影響を与えるであろう「第3変数」の影響を
統制する必要がある。

統制変数としてモデルに投入する変数は, 性別（1. 男性, 2. 女性）, 年齢
(実年齢), 学歴（1. 中卒, 2. 高卒程度, 3. 短大・専門, 4. 大卒以上）という
人口統計学的要因を除き, 政治家信頼, 政治的義務感, 政治関心という3つの
心理変数である。

これら3つの心理変数の効果を統制する理由は, 選挙管理への信頼の効果が
擬似相関ではないことを明らかにするためである[14]。代議制は, 政治的社会化を
通じて有権者の内面に政治システム維持のための規範意識を醸成する（Easton
1965）。その例としては, 政治家信頼, 政治関心, 政治的義務感といった政治
に対する一般的な志向性が挙げられよう。そのためこれらの態度は, しばしば

第**9**章　選挙管理への信頼の低下は何をもたらすのか

表9-5　因子分析の結果

	因子1 (政治家信頼)	因子2 (政治的義務感)	共通性
有権者の生活をなおざり	0.887	−0.003	0.785
当選後の政治家	0.843	−0.002	0.711
一部の組織のため	0.815	0.006	0.666
投票しても無駄	0.000	0.967	0.935
自分一人くらいなら構わない	0.000	0.766	0.586
因子寄与	2.203	1.580	
N	1947		

注：因子抽出法は重み付き最小二乗法。プロマックス斜交回転後の解を記載。

安定的な社会的パーソナリティとしてみなされる（Blais et al. 2004）。

　政治一般に対する志向性は，選挙管理への信頼や正統性認識などに対して影響を与える。実証的にも政治的義務感が強く政治関心が高い人は，選挙管理を信頼する傾向にある。[15]選挙管理への信頼の効果が擬似相関ではないことを示すには，これら政治に対する一般的な志向性の効果を統制する必要がある。

　統制変数の操作的定義は以下の通りである。政治家信頼と政治的義務感は，政治家への不信に関する3つの意見（「私欲にもとづく争いごとばかりで，有権者の生活をなおざりにしている」「当選すると有権者のことを考えなくなる」「大企業など一部の組織のために活動している」）と，参加への義務に関する2つの意見（「支持する政党が勝つ見込みがない時は，投票しても無駄である」「選挙では大勢が投票するのだから，自分一人くらい投票しなくても構わない」）への回答を用いて因子分析を行い，[16]その結果から算出した因子得点である（表9-5）。政治関心は「あなたは，普段，政治に対してどのくらい注意を払っていますか」という質問文より操作化した。回答は「1．とても注意を払っている」から「4．まったく注意を払っていない」までの4点尺度である。[17]度数分布はあくまで統制変数であるため省略する。

(2)分析結果

　一般化線型モデルを用いて選挙管理への信頼の効果を推定した結果を整理したものが表9-6と表9-7である。表9-6は投票参加と参加経験を従属変数とした結果であり，また表9-7は正統性認識と他体制への選好を従属変数とした結果である。

　投票参加を従属変数に選挙管理への信頼の効果を推定した結果，媒介変数の

第Ⅱ部　選挙ガバナンスの課題

表9-6　投票参加に対する信頼の効果の推定結果

	投票参加（衆院選）		参加経験（5年間）	
	Model 1	Model 2	Model 1	Model 2
選挙信頼		0.105		0.196 **
選挙管理信頼	0.090	0.060	0.198 *	0.142
政治家信頼	0.130	0.116	0.139	0.109
政治的義務感	1.091 **	1.093 **	0.914 **	0.915 **
政治関心	0.728 **	0.699 **	0.810 **	0.759 **
性　別	−0.140	−0.144	−0.221	−0.236 *
年　齢	0.015 **	0.014 **	0.006	0.006
最終学歴	0.026	0.037	−0.021	−0.013
N	1638	1615	1638	1538
擬似 R^2	0.284	0.285	0.264	0.272
AIC	1330.229	1296.448	2714.362	2647.635

注：表中の数値はN，R^2 値，AIC を除き偏回帰係数。＊：$p<0.05$，＊＊：$p<0.01$で統計的に有意。

表9-7　正統性認識および他体制への選好に対する効果の推定結果

	正統性認識		他体制への選好	
	Model 1	Model 2	Model 1	Model 2
選挙信頼		0.733 **		−0.342 **
選挙管理信頼	0.508 **	0.274 *	−0.504 **	−0.365 *
政治家信頼	0.323 **	0.543 **	−0.008	0.068
政治的義務感	0.298 **	0.229 *	−0.400 **	−0.358 *
政治関心	0.618 **	0.484 **	−0.102	−0.050
性　別	0.042	0.008	0.039	0.054
年　齢	0.000	0.000	−0.009	−0.010
最終学歴	0.181 *	0.197 **	−0.254 *	−0.262 *
N	1615	1598	1533	1519
擬似 R^2	0.134	0.215	0.094	0.112
AIC	1640.837	1523.962	794.410	771.194

注：表中の数値はN，R^2 値，AIC を除き偏回帰係数。＊：$p<0.05$，＊＊：$p<0.01$で統計的に有意。

有無にかかわらず，係数は有意ではなかった。義務感や政治関心といった，他の要因の効果を統制したためだと考えられる。媒介分析において示された直接および間接効果は，擬似相関であった可能性がある。

　これに対して，参加経験を従属変数とする場合は，媒介分析の結果とおおむね符合する結果が得られた。媒介変数を投入しない Model 1 において，選挙管理への信頼の係数は有意である。媒介変数を投入した Model 2 を見ると係数値が小さくなっており，またそのためか統計的に有意ではなくなっている。これ

は選挙管理への信頼は，選挙への信頼を媒介に参加経験を規定していることを意味する。直接効果については議論の余地があるが，Model 2における選挙管理への信頼の有意確率は0.09であり，10％水準では有意である。やや留保付きではあるが，仮説と符合する結果が得られたといってよい。

投票参加か参加経験かで結果が異なる理由は，前者の分散がその時々の文脈の影響を強く受けるのに対して，後者は中・長期的な参加の傾向性を操作化した変数だからであろう。選挙管理への信頼が投票参加に与える影響を明らかにする際は，直近の選挙での投票参加を従属変数とするのは適切ではないことをこの結果は示唆している。

次に正統性認識と他体制への選好を従属変数とする推定結果を確認しよう。表9-7を見ると，政治行動を従属変数とする場合とは異なり，いずれの従属変数に対しても，選挙管理への信頼は直接・間接的に有意な影響を与えている。媒介変数を投入しないModel 1における選挙管理への信頼の効果は，いずれも1％水準で統計的に有意である。媒介変数を投入したModel 2の結果においても有意な影響を与えていることから，選挙管理への信頼は選挙への信頼とは独立に，正統性認識や他体制への選好に影響を与えるものと考えられる。

表9-7のModel 1とModel 2の係数値を比較すると，いずれも小さくなっており，かつ有意水準も1％から5％となっている。ここから，選挙管理への信頼の効果の一部が選挙への信頼の効果に「吸収」されていること，換言すれば選挙管理への信頼は選挙への信頼を媒介にして影響を与えていることが分かる。これらの結果は，前項の媒介分析の結果と整合的である。

民主主義への満足などに対して選挙管理への信頼が影響を与えることは先行研究でも示されてきた。しかし代議制に対して不満があることが，ただちに体制転換への志向性へと繋がるわけではない。むしろ先進国を対象とする場合は，代議制からの転換までをも視野に入れて，信頼低下の帰結を考察すべきであろう。表9-7は代議制が長らく採用されている日本においても，選挙管理への信頼の低下が，代議制以外の政治体制への選好を有権者がもつことに繋がる可能性を示すものである。

第Ⅱ部　選挙ガバナンスの課題

6　選挙管理への信頼を構築するために

　本章では，投票参加や代議制以外の政治体制への選好といった，代議制の安定性を構成する要素を従属変数に，選挙管理への信頼の効果を分析した。選挙管理への信頼の低下はいかなる帰結をもたらすのか。分析の結果は，日本でも選挙管理への信頼の低下は，代議制の危機をもたらす要因になり得ることを示すものであった。

　本章では，先行研究において提示されたモデルを参照としつつ，さらに政治的正統性の次元論などを手掛かりに，選挙管理への信頼には直接効果と間接効果の2つがあることを指摘した。一般化線型モデルによる推定結果は，おおむね仮説を支持するものであり，とくに正統性認識や他体制への選好を従属変数とする場合に符合する結果が得られた。投票参加を従属変数とする分析結果は必ずしも仮説を支持するものではないが，参加経験を従属変数とする推定結果が仮説とおおむね符合するものであった点を勘案すれば，従属変数の設定方法に問題があると考えた方がよい。このように媒介変数を考慮した上で，選挙管理への信頼の効果を実証的に明らかにしている研究はほとんど存在せず，ここに本研究の意義がある。

　選挙管理という「行政」への信頼は，村山（2012）がいうように行政の合理性を毀損するものなのだろうか。ここまでの議論および実証分析の結果を踏まえて考えれば，その可能性は低いように思われる。選挙管理への信頼は，応答性だけではなく，あるいはそれ以上に公平性を担保することを通じて政治的正統性の源泉となる。そこで求められるのは行政の政治化ではなく，むしろ政治からの独立であるように思われる。

　選挙管理への信頼の低下が危惧される今日において求められるのは，いかに公平で公正な選挙を実施するかである。この点を考える上で問題となるのは，近年の選挙管理の不正が，開票作業の集計ミスなどをきっかけに行われることが多い点である。選挙管理は効率的に行われるべきだが，それは正確さを毀損するものであってはならない。「即日開票」に拘るあまり，不正な処理を行わざるを得ず，それが結果として選挙管理への信頼の低下に繋がるのであれば，本末転倒だといわざるを得ない。

224

選挙管理への信頼が先進国を対象としても重要であることが明らかとなった今，改めて選挙管理への信頼の規定要因を実証的に明らかにしていく必要がある。選挙管理への信頼の規定要因に関する研究は主として国を単位とするものだが，地域，あるいは自治体間においても管理方法のバリエーションは存在する。近年，地域レベルでの選挙行政の相違が選挙の公平感にどのような影響を与えているのかを明らかにする研究が行われ始めている（Bowler et al. 2015）。日本において，そのような実証研究を積み重ねることも課題であろう。

注

(1) 新聞記事検索データベース（「聞蔵 II ビジュアル」「毎索」「ヨミダス歴史館」）を用いて記事件数を調査した。その際，検索キーワードは「選挙管理」と「不正」もしくは「ミス」が出現する記事とした。検索対象はいずれもすべての地域における，1990 年 1 月 1 日から 2014 年 12 月 31 日までの朝刊と夕刊である。検索方法が粗いため，選挙管理へのミスや不正とは異なる記事も一部含まれているが，おおよその傾向は把握することができている。

(2) 政治への信頼に関する研究については，善教（2013）を参照のこと。

(3) 第 3 の指摘は選挙管理という「制度」を独立変数とする実証研究に向けられたものであるため，本章の議論の範囲を超える。

(4) 国レベルの制度要因の効果を，マルチレベル分析などを用いて推定することが多く，必然的に国際比較調査を用いた二次分析が基本となる。

(5) 公平性には，さらに手続きの公平性と分配の公平性という 2 つの下位次元が存在するとされてもいる。選挙管理への信頼が関わるのは，主として前者の手続き的公平性であり，分配上の公平性ではない。

(6) これと異なる説明として，バーチ（Birch 2010）は主観的確率の低下という観点から選挙管理への信頼と投票参加の関係を議論する。投票参加を説明するモデルとして，$R = B^{*}P - C (+ D)$ がある（飯田 2013）。これは投票に参加することの利得と利得を得ることのできる確率の積がコストを上回る時，有権者は投票に参加するというモデルである。選挙管理への信頼と投票参加の関係を議論する際に重要となるのはこのモデルでいうところの確率 P である。有権者が効用を得られるという主観的確率は，「自身の票が公平かつ公正に計上される」ことにも規定される。そのため自身の票が公平に集計される確率（reliability P）が低い場合，利得を得られる確率も低くなり棄権しやすくなるとされる。

(7) 列を調査主体（2 列［使用データと NHK，朝日など］），行を政党（7 行［自民，民主，維新，公明，共産，その他，無党派］）とする χ^2 検定を行ったところ，統

第Ⅱ部　選挙ガバナンスの課題

計的な有意差があることが判明した。そこからさらに残差分析を行ったところ，自民党への支持と維新への支持が有意に異なるという結果が得られた。ただし，この2つの政党以外の政党に対する支持率に有意差はなかった。

(8)　不適切な回答をする satisficer を分析に含めることの問題として，係数値の過大評価を挙げることができる。satisficer は，一番左側の回答や中点といった特定の回答を選択する傾向にある。そのため変数間の相関が，これらを含めない場合と比較して含めた場合は総じて高くなる。

(9)　この5.8％という値は筆者の知る限り小さな値であり，通常は2割から3割程度，satisficer として識別される。実際に筆者がこの調査を実施する前に行った別のオンライン調査では，約20％の satisficer の存在が確認されている。本章で使用するデータは，通常の意識調査以上に，政治や行政に積極的な回答者が含まれているのかもしれない。調査実施期間がわずか1日である点もこれを示唆するように思われる。

(10)　世界価値観調査の選択肢は10段階評定なので厳密な比較はできない。なお，この2％という値は，1から4までの回答を選択した人の割合の合計である。

(11)　推定に際しては，清水裕士氏が開発したフリーのプログラムである HAD を用いた。バージョンは13.10である。HAD の詳細は清水（2014）を参照されたい。

(12)　結果の解釈を容易にするために，信頼が高いほど値が大きくなるように信頼変数の値をリコードした。

(13)　間接効果の標準誤差の推定方法には，ブートストラップ法以外にも Sobel test や Aroian test などがある。これら2つの方法によっても間接効果の95％信頼区間を計算したが，ブートストラップ法と近似する結果が得られたため結果の記載を省略した。

(14)　統制変数はあくまで擬似相関の可能性を排除するための変数であるから，独立変数と従属変数の両者に，理論的，あるいは実証的に影響を与えることが明らかな変数に限定すべきという指摘がある（飯田・松林 2011）。従属変数の分散を説明することが目的である場合は多くの従属変数を説明する変数をモデルに加える必要があるが，ここでの目的は，あくまで選挙管理への信頼の効果を推定することにある。そのため，多くの変数をモデルに投入することは避けている。

(15)　実際にデータを用いて，選挙管理への信頼を従属変数に，政治家信頼，政治的義務感，政治関心を独立変数とする順序ロジット推定を行ったところ，すべての変数の効果が1％水準で統計的に有意という結果が示された。

(16)　政治家信頼に関する質問の回答は「1．そう思う」「2．場合による」「3．そうは思わない」の3点尺度であり，政治的義務感の回答は「1．そう思う」から「4．そう思わない」までの4点尺度である。

⒄　分析の際は，解釈を容易とするために，政治関心が高い人が大きな値となるよう
　にリコードしている。

参考文献

飯田健（2013）「投票参加」岩崎正洋編『選挙と民主主義』吉田書店。

飯田健・松林哲也（2011）「選挙研究における因果推論の研究動向」『選挙研究』27(1)。

河村和徳・高選圭・湯淺墾道（2013）『被災地から考える日本の選挙——情報技術活用
　の可能性を中心に』東北大学出版会。

清水裕士（2014）『個人と集団のマルチレベル分析』ナカニシヤ出版。

善教将大（2013）『日本における政治への信頼と不信』木鐸社。

曽我謙悟（2013）「選挙ガバナンスに関する研究の動向と展望」大西裕編『選挙管理の
　政治学——日本の選挙管理と「韓国モデル」の比較研究』有斐閣。

三浦麻子・小林哲郎（2015）「オンライン調査モニタの Satisfice 行動に関する実験的研
　究」『社会心理学研究』31(1)。

村山皓（2012）「行政への信頼は政策システムにとって重要か」『政策科学』20(1)。

Anderson, Christopher J. and Yuliya V. Tverdova (2002) "Winners, Losers, and
　Attitudes about Government in Contemporary Democracies," *International Political
　Science Review*, Vol. 22, No. 4.

Anderson, Christopher J, Andr Blais, Shaun Bowler, Todd Donovan and Ola Listhaug
　(2005) *Losers' Consent : Elections and Democratic Legitimacy*, Oxford : Oxford
　University Press.

Avery, James M. (2009) "Political Mistrust among African Americans and Support for
　the Political System," *Political Research Quarterly*, Vol. 62, No. 1.

Birch, Sarah (2008) "Electoral Institutions and Popular Confidence in Electoral
　Processes : A Cross-national Analysis," *Electoral Studies*, Vol. 27.

Birch, Sarah (2010) "Perception of Electoral Fairness and Voter Turnout," *Comparative
　Political Studies*, Vol. 43.

Blais, André, Elisabeth Gidengil and Neil Nevitte (2004) "Where Does Turnout Decline
　Come From ?," *European Journal of Political Research*, Vol. 43, Issue 2.

Bowler, Shaun, Thomas Brunellb, Todd Donovanc and Paul Gronked (2015) "Election
　Administration and Perceptions of Fair Elections", *Electoral Studies*, Vol. 38.

Carreras, Miguel and Yasemin İrepoğlu (2013) "Trust in Elections, Vote Buying, and
　Turnout in Latin America," *Electoral Studies*, Vol. 329.

Crozier, Michel., Samuel P. Huntington and Watanuki Joji (1975) *The Crisis of
　Democracy : Report on the Governability of Democracies to the Trilateral*

Commission, New York : New York University Press（＝日米欧委員会編，綿貫譲治監訳［1976］『民主主義の統治能力──その危機の検討』サイマル出版会）.

Easton, David（1965）*A System Analysis of Political Life*, New York : Wiley.

Kerevel, Yan（2009）"Election Management Bodies and Public Confidence in Elections : Lessons from Latin America," *International Foundation for Electoral Systems* (IFES).

Krosnick, J. A.（1991）"Cognitive Demands of Attitude Measures," *Applied Cognitive Psychology*, Vol. 5.

Lipset, Seymour M.（1959）"Some Social Requisites of Democracy : Economic Development and Political Legitimacy," *American Political Science Review*, Vol. 53, No. 1.

McCanna, James A. and Jorge I. Dominguezb（1998）"Mexicans React to Electoral Fraud and Political Corruption : An Assessment of Public Opinion and Voting Behavior," *Electoral Studies*, Vol. 17.

Mozaffar, Shaheen and Andreas Schedler（2002）"The Comparative Study of Electoral Governance : Introduction," *International Political Science Review*, Vol. 23, No. 1.

Norris, Pippa（2014）*Why Electoral Integrity Matters*, New York : Cambridge University Press.

Oppenheimer, Daniel M., Tom Meyvis and Nicolas Davidenko（2009）"Instructional Manipulation Checks : Detecting Satisficing to Increase Statistical Power," *Journal of Experimental Social Psychology*, Vol. 45.

Pharr, Susan J. and Robert D. Putnam eds.（2000）*Disaffected Democracies : What's Troubling the Trilateral Countries ?*, Princeton, N. J.: Princeton University Press.

Robbins, Michael D. H. and Mark Tessler（2012）"The Effect of Elections on Public Opinion toward Democracy : Evidence from Longitudinal Survey Research in Algeria," *Comparative Political Studies*, Vol. 45, No. 10.

Weatherford, M. Stephen（1992）"Measuring Political Legitimacy," *American Political Science Review*, Vol. 86, No. 1.

あとがき

　筆者が日本の選挙管理機関の本当の意味での多様性に気づいたのは，2012年2月に実施した熊本県でのヒアリングである。このヒアリングの目的は，全国の市区町村選挙管理委員会事務局へのアンケート調査を行うにあたって，私たち選挙ガバナンス研究会が考案してきた質問項目が妥当性を持つのかを確認することであった。それまでに，私たちは主として都市部の選管事務局を訪ねて，選管の実態を知るべく調査項目を検討してきたが，熊本調査はその最終確認に近い意味合いを有していたのである。私たちの中にも，選管なんて日本国内であればそう大きな違いはないであろうという，ある種の思い込みがあったことは否めない。熊本では，政令指定都市への移行直前の熊本市だけではなく，郊外型，山村型など，人口規模や社会構造が異なる自治体の選管を訪ね，ヒアリングを行った。

　その結果，私たちは質問項目の再検討を余儀なくされることになる。私たちは，どの自治体でも投票率低下が選管の話題になっているだろうと考えていたし，選管が業務を行うにあたっては，明るい選挙推進協会（明推協）が組織されているものだと思い込んでいた。当時全国的に開票作業の迅速性が話題になっていたので，迅速性と選挙結果の正確性の間で選管はどこも悩みを抱えているのではないかとも考えていた。自治体間に多様性はあるだろうが，業務内容や課題についての方向性は同じだと考えていたのである。

　しかし，熊本の市町村はまったく異なっていた。私たちの想像通りということも少なくなかったが，たとえば，投票率は9割近くてそもそも気にしたことがない，明推協はあったかなあ，と即答できない，開票の迅速性を意識したこともない，というレスポンスすらあった。想定を超えた回答である。結果的に全国調査の実施は1年後となる。

　他方で，選管事務局職員の方々の業務に対する意識，自己認識は同じであった。自分たちが担う選挙管理業務は全国で画一的なものであり，公平公正に行っている。選管業務は「地味の極致」との言葉も彼らのものである。裁量の余

229

地などほとんどない。彼らの意識と実際のバリエーションの豊かさのギャップは何に由来するのであろうか。

　私は，このギャップの回答は，制度をどう運用するかという点にあるのだと考える。制度は私たちの行動を相当程度規定しているが，完全にではなく，行動の選択には幅がある。どの行動をとるのかはその制度をどのような人々が運用するかに依存している部分も少なくない。運用は，制度を外形的に観察するだけでは分からず，実態調査が不可欠となる。2013 年に実施した全国調査は，それゆえに選挙ガバナンスに関する豊かなデータを提供してくれることになったのであろう。

　私たちが選挙管理に関する全国アンケート調査を行うことにしたきっかけは，2008 年から始めた日本・韓国・フィリピンの 3 国比較を軸にした選挙管理研究で，同僚でかつ研究会メンバーの品田裕さんが，日本の中でも選挙管理委員会に幾つかの種類があることを見つけたことである。詳しくは拙編著『選挙管理の政治学』（有斐閣，2013 年）をご覧いただきたいが，同書では，なぜ異なるのかは，事例が少なく判然としなかった。くわえて，委員会に多様性があるのであれば，事務局はどうなのだろうか。事務局の構成や仕事にも違いがあるのか，あるとすればそれはなぜなのかなど次々と疑問が浮かぶが，類似の研究がないので調べてみるしかないとなり，調査に至ったわけである。なお，研究を行うにあたっては，「選挙ガバナンスの比較研究」（2011-14 年度科学研究費補助金・基盤研究（A），研究課題番号：23243022，研究代表者・大西裕），「積極的投票権保障の展開と効果に関する研究」（2015-18 年度科学研究費補助金・基盤研究（A），研究課題番号：15H01931，研究代表者・大西裕）として支援を受けている。

　本書は，こうした共同研究の成果の一部である。本書をきっかけに多くの方がこの分野に関心を抱き，この分野の開拓が進むことにつながれば望外の幸せである。なお，本書は昨年上梓した『選挙ガバナンスの実態　世界編』の姉妹編である。世界各国で異なる選挙ガバナンスの実態と，それが民主主義の質に影響することを描き出した『世界編』も，併せて読んでいただけると幸いである。

　本書は調査研究の段階で多くの方にお世話になった。調査対象となった地方自治体の選管事務局職員の方々にはヒアリング，資料収集などについて便宜の提供をお願いし，アンケート調査にも大変協力的に応じていただいた。自治体

あとがき

への調査を行うにあたって，総務省選挙部の皆さんからもひとかたならぬご支
援を賜った。心からお礼申し上げる。

　刊行にあたっては，ミネルヴァ書房編集部の田引勝二さんに大変お世話にな
った。出版事情が厳しいなか，しかも『世界編』と『日本編』の2巻本で，と
いう高いハードルにもかかわらず，本書の意義を認めて出版を引き受けてくだ
さったことに，どれだけ心強く，励まされたことか。心から感謝申し上げる次
第である。

　　2018年2月

　　　　　　　　　　　　　　　　　　　　　　　大　西　　　裕

資料1

「全国市区町村選挙管理委員会・事務局調査」質問票

全国市区町村選挙管理委員会・事務局調査

平成２５年２月

調査へのご協力のお願い

ご回答は、なるべく、貴自治体のご担当の方の中で、比較的に長く選挙管理業務を担当し、このお仕事に明るい方にお願いいたします。

まず、貴自治体委員会事務局の選挙にかかる業務について、続いて、組織体制についてお尋ねいたします。その後で、回答いただいた方の個人的なご意見・ご感想をお聞かせ下さい。

各市区町村選挙管理委員会事務局におかれましては、私どもの調査研究の趣旨をご理解頂き、何卒このアンケート調査へのご協力を賜りたく、よろしくお願い申し上げます。

選挙ガバナンス研究会

大西　裕（神戸大学法学部教授・研究代表）
村松岐夫（京都大学名誉教授）
稲継裕昭（早稲田大学政治経済学術院教授）
品田　裕（神戸大学法学部教授）
河村和徳（東北大学情報科学研究科准教授）
待鳥聡史（京都大学法学部教授）
建林正彦（京都大学法学部教授）
曽我謙悟（神戸大学法学部教授）　他

調査委託実施機関　：　株式会社　日本リサーチセンター　http://www.nrc.co.jp
ギャラップ・インターナショナル・アソシエーション・メンバー
調査部

◆調査に関するお問い合わせは、下記へお願いいたします◆
お問合せ先　　　　：　「全国市区町村選挙管理委員会・事務局調査」事務局
平日 10 時〜17 時、土・日・祝日休

＜ご回答にあたってのお願い＞

- お答えは質問文に沿って、あてはまる番号を○で囲むか、数字をご記入いただくか、
  該当する内容を具体的にご記入下さい。
- 「その他」につきましては、具体的な内容をご記入下さい。
- すべての質問にお答えいただけない場合でも、可能な範囲でお答えいただき、ご返送くだされば
  幸いです。

◆ 選挙管理委員会の業務についておたずねします。

問1　業務に関する理解や知識を深めるためにどのようなことをなさっていますか。
　　　以下の中からあてはまるもの1つに〇を付けて下さい。（それぞれ1つずつ〇）

(a) ご担当者は、各自、メモやノート等を作られていますか。

　　　1　作っている　　　2　それに準じるものを作っている　　3　作っていない

(b) 選挙管理委員会事務局内部で用いるマニュアル類を作られていますか。

　　　1　作っている　　　2　それに準じるものを作っている　　3　作っていない

(c) 前任者など、以前に選挙管理業務を担当していた人にたずねることはありますか。

　　　1　よく(月1回以上)　　　　2　ときどき(年3〜4回)　　　3　まれに（年1〜2回程度）
　　　4　たずねたことはない

(d) 他自治体の選管事務局担当者と意見交換・共同研究をされることはありますか。

　　　1　よく　　　2　ときどき　　　3　まれに　　　4　ない

問2−1　投票所の設置数についてお教え下さい。ここ5年のうちで、市役所内部や市議会で、
　　　　投票所の設置数が話題になったことがありますか。（1つだけ〇）

　　1　話題になったことはない　　→（問3へ）
　　2　話題になったことがある　　→（問2−2へ）

問2−2　話題になったことがあるとお答えになった方におたずねします。
　　　　どのような立場の方が、どのような提案をされ、その提案は実現したか否かを、
　　　　提案1の欄にお答え下さい。
　　　　複数の方からの提案があった場合は、それぞれの提案について提案2・3の欄に、
　　　　提案者と提案内容、その成否をお答え下さい。（それぞれ1つだけ〇）

	提案者	提案内容	成否(実現内容)
提案1	1 市町村長ら役所幹部 2 市町村議会 3 選挙管理委員会事務局 4 その他（　　　　　）	1 増やす 2 減らす 3 その他（　　　　）	1 提案通り実現 2 修正して実現 　→修正点（　　　　　） 3 実現しなかった
提案2	1 市町村長ら役所幹部 2 市町村議会 3 選挙管理委員会事務局 4 その他（　　　　　）	1 増やす 2 減らす 3 その他（　　　　）	1 提案通り実現 2 修正して実現 　→修正点（　　　　　） 3 実現しなかった
提案3	1 市町村長ら役所幹部 2 市町村議会	1 増やす 2 減らす	1 提案通り実現 2 修正して実現

資料1　「全国市区町村選挙管理委員会・事務局調査」質問票

| 3　選挙管理委員会事務局 | 3　その他（　　　　　） | →修正点（　　　　　　　） |
| 4　その他（　　　　） | | 3　実現しなかった |

問3　ここ5年間で、投票所・開票所・ポスター掲示場の数に変化はありましたか。
　　　（それぞれ1つずつ○）

(1) 投票所　　　　　　　　1　増えた　　　2　かわらない　　　3　減った

(2) 開票所　　　　　　　　1　増えた　　　2　かわらない　　　3　減った

(3) ポスター掲示場　　　　1　増えた　　　2　かわらない　　　3　減った

問4　選挙期間中の（選挙当日前日までの）業務に関する、他部署からの応援態勢についてお教え下さい。
　　　以下の中から、貴自治体のやり方に最も近いものを1つ選び○を付けて下さい。（1つだけ○）

　1　部署ごとに担当する仕事を割り振って、任せている
　2　事務局内に入ってもらい、その人に割り振った業務を担当してもらっている
　3　その他（　　　　　　　　　　　　　　　　　　　　　　　　　）
　4　応援は当日以外には頼まない

◆**選挙当日の業務内容などについてお教え下さい。**
　以下の中で貴自治体の方式に最も近いものを1つ選び○を付けて下さい。

問5　選挙当日の業務に従事する、他部署等からの従事者には、どのように業務内容を教えておられ
　　　ますか。貴自治体のやり方をお教え下さい。（1つだけ○）

　1　マニュアルを整備している
　2　説明会を庁内で行っている
　3　経験者と初心者を組ませるなどして、人づてに伝わるようにしている
　4　その他（　　　　　　　　　　　　　　　）

問6　投票立会人についておたずねします。貴自治体では、投票立会人をどのようにして選ばれてい
　　　ますか。以下の中から、貴自治体のやり方に最も近いものに○を付けて下さい。（1つだけ○）

　1　地元の町内会に人選を任せている
　2　地元の民生委員・自治会長・明推協委員等にお願いしている
　3　公募している
　4　その他（　　　　　　　　　　　　　　）

問7　案内ハガキ(入場券)を持参した有権者の本人確認の仕方についておたずねします。（1つだけ○）

　1　案内ハガキ(入場券)の提示を求め、年齢・性別等で判断する
　2　案内ハガキ(入場券)の提示と生年月日の告知を求め、年齢・性別等で判断する
　3　その他（　　　　　　　　　　　　　　　）
　4　案内ハガキ(入場券)の提示があれば、特にそれ以上の本人確認はしない

問8　学業や勤務の関係で遠方に居住している有権者について、おたずねします。（1つだけ○）

　1　事前に該当しそうなものについて、居住実態を確認しておく

2 投票所において積極的に声をかけ、居住実態を確認する

3 特にこちらから確認はしないが、聞かれたら投票できない旨、伝える

4 特に何もしない

問9－1 投開票業務に従事する人について、おたずねします。今回の総選挙では、投開票業務を
　　　　職員だけで、されましたか。（1つだけ○）

1 職員のみで行った（→問10へ）　　　　　　2 ほぼ職員のみで行った（→問9・2へ）

3 職員以外の者が少しいた（→問9－2へ）　　4 職員以外の者が多くいた（→問9－2へ）

問9－2 職員意外の者がいたとお答えになった自治体におたずねします。その理由をお教え下さい。
　　　　以下のうちから、あてはまるものに○を付けて下さい。（いくつでも○）

1 経費節減　　2 人手不足　　3 若年層への啓発　　4 その他（　　　　　　　　　　　）

問9－3 投開票業務の人手が不足する場合には、どのようにして解消されますか。あてはまるもの
　　　　に○を付けて下さい。（いくつでも○）

1 業者への外部委託　　2 ハローワーク等での求人　　3 地域団体等への依頼

4 住民からの募集　　　5 その他(　　　　　　　　　　　　　　　　)

問10 貴自治体では、今回の総選挙で投票所の繰上げ閉鎖をされたところがありますか。
　　　 その時刻（複数ある場合には、最も早いもの）と理由（自由にお書き下さい）をお教え下さい。
　　　 （1つだけ○／具体的に記入）

1 繰上げ閉鎖があった

　 → 時刻（　　　　　時　　　　　分）

　　　理由（　　　　　　　　　　　　　　　　　　　　　　　　　　　　　　　　　　）

2 繰上げ閉鎖はなかった

問11 今回の総選挙で開票作業に要した時間は、前回総選挙と比べ変りましたか。1つお選び下さい。
　　　 （1つだけ○）

1 たいへん早くなった　　　2 すこし早くなった　　　　3 かわらない

4 遅くなった　　　　　　　5 わからない

問12 開票作業を見に来られる住民の方の数についてお聞きします。
　　　 一般的にいって、どの種類の選挙で、参観住民の数が多いですか。次の各種類の選挙の中から、
　　　 参観住民の数が平均して多いもの3つについて、参観住民が多い順に数字を1、2、3と
　　　 記入して下さい。

1 衆議院議員総選挙（　　　　）　　　　　　2 参議院議員通常選挙（　　　　）

3 知事選挙　　　　　（　　　　）　　　　　　4 都道府県会議員選挙（　　　　）

5 市町村長選挙　　　（　　　　）　　　　　　6 市町村議会議員選挙（　　　　）

問13 選挙に際して、ミスなく厳正に執行するという重圧(プレッシャー)を強く感じるのは、
　　　 どこからですか。あてはまるもの全てに○を付けて下さい。（いくつでも○）

資料1　「全国市区町村選挙管理委員会・事務局調査」質問票

1　都道府県や国　　　2　市町村長・役所幹部職員　　　3　候補者・政党・支持団体
4　一般住民　　　　　5　マスコミ　　　　　　　　　　6　その他（　　　　　　　　　　）

問14　選挙に際しては、最もミスが起こりやすいのは、どの段階だと思われますか。
　　　あてはまるものを**3つまで**選び、○を付けて下さい。（3つまで○）

1　期日前投票段階　　　　　　　　　　2　前日までの選挙期間
3　投票所段階(10時ぐらいまで)　　　　4　投票所段階(10時から16時ぐらいまで)
5　投票所段階(16時以降)　　　　　　　6　移送段階
7　開票段階　　　　　　　　　　　　　8　集計段階
9　当日発表段階　　　　　　　　　　　10　確定結果発表段階

問15　この5年以内に、貴自治体では、ミスはありましたでしょうか。ミスがあった場合、差し支え
　　　のない範囲で結構ですので、概要をお聞かせ下さい。（1つだけ○／具体的に記入）

1　ミスはなかった
2　ミスがあった　→（　　　　　　　　　　　　　　　　　　　　　　　　　　　　　　　）

問16　東日本大震災などの大規模災害が対応するための危機管理マニュアルを作られているでしょ
　　　うか。（協議会などで共有しているものも含む）（1つだけ○）

1　危機管理マニュアルを作っている
2　危機管理マニュアルを作っていないが、作成を検討しているところである
3　危機管理マニュアルを作る予定は今のところない
4　その他（　　　　　　　　　　　　　　　　　）

問17　投開票でのご苦労について、よろしければ、ご自由にお書き下さい。

問18　選挙管理業務にとっての課題は何でしょうか。現在の課題と中長期的な課題について、
　　　それぞれご意見をお教え下さい。

【現在の課題】

【中長期的な課題】

◆ **貴自治体の選挙管理委員会の組織体制についておたずねします。**

問 19 貴自治体の現在の選挙管理委員のお名前・性別・年齢・所属党派・任期開始年月・在任期数・
就任前の主なお仕事について以下の表にご記入いただけますでしょうか。
(同様の委員会名簿の写しを添付いただきましても結構です)。

【平成　　年　　月　　現在】

お名前	性別	年齢	所属党派	任期開始 年月	在任 期数	就任前の主なお仕事 ※市議・市役所職員・教員・弁護士・ 大学教員・企業経営者・その他
	男・女			年　　月～		
	男・女			年　　月～		
	男・女			年　　月～		
	男・女			年　　月～		

・委員の方のお名前は、差し支えなければお書き下さい。

・年齢について詳しく書くことができない時は、「60歳代」というように10歳刻みでお答え下さい。

・所属党派は、具体的な政党名をお答え下さい。「無所属」の場合は「無所属」とお書き下さい。

・任期開始年月については、現在の任期の開始年月をお知らせ下さい。
その上で、在任期数については、現在、何期目かをお書き下さい。

・就任前の主な仕事は、「市議・市役所職員・教員(大学短大を除く)・弁護士・大学教員・企業経営者・その他(具
体的にお答え下さい　　　)」から、お選び下さい。

問 20 貴自治体で委員の選出にあたり、人選を実際に行っているのは、どなたでしょうか。以下の中
から1つ選んで〇を付けて下さい。(1つだけ〇)

　1　市町村長ら役所幹部　2　市町村議会　3　選挙管理委員会事務局　4　その他(　　　　　　　)

問 21 貴自治体では、5年前と比べ、実際に委員の人選を行っている方が変ったでしょうか。(1つだけ〇)

　1　変わった　　2　変っていない

問 22 貴自治体では、5年前と比べ、選出される委員について、変化がありましたか。以下のうち、
変わったもの全てに〇を付けて下さい。(いくつでも〇)

　1　性別　　2　年齢層　　3　党派構成　　4　在任期間　　5　出身地域　　6　前職　　7　その他

問 23 委員の選出に際し、非公式のものも含め、事務局に事前に連絡や相談がありましたか。
以下の中から1つ選んで〇を付けて下さい。(1つだけ〇)

　1　毎回ある　　2　時々ある　　3　そういうこともあった　　4　一切ない

問 24 貴自治体の委員会で、議事以外のことで、席上、よく話題になるのはどのような問題でしょう
か。あてはまるものに〇を付けて下さい(複数でも結構です)。(いくつでも〇)

　1　投票率について　　　　2　投開票のあり方について　　　3　争訟について
　4　その他(　　　　　　　　　　　　　　　　　) 5　特にない

資料1 「全国市区町村選挙管理委員会・事務局調査」質問票

◆ 次に事務局の組織と明推協についてお教え下さい。

問25　事務局職員の方の職位・担当、選管勤務年数(現在/通算)、兼任の有無(兼任の場合は、その職務
　　　内容について)、配属前の業務、常勤/非常勤の別について、以下の表にご記入下さい。
　　　(座席表・職務分担を示す表等がございましたら添付していただけますと助かります)

　　　また、今回、ご回答していただいた方をお教え下さい(下の記号AからJでお答え下さい)。
　　　(＿＿＿＿＿＿)

　　※お名前については、匿名でお願いいたします。
　　　兼任の場合の職務内容について、例えば、総務課/ 他の行政委員会(公平・監査) などとお答え下さい。

お名前	職位・担当	勤務年数	通算年数	兼任の有無 (兼任の場合の職務内容)	配属前の業務	常勤／非常勤
Aさん						常 勤／ 非常勤
Bさん						常 勤／ 非常勤
Cさん						常 勤／ 非常勤
Dさん						常 勤／ 非常勤
Eさん						常 勤／ 非常勤
Fさん						常 勤／ 非常勤
Gさん						常 勤／ 非常勤
Hさん						常 勤／ 非常勤
Iさん						常 勤／ 非常勤
Jさん						常 勤／ 非常勤

問25−1　職員の方の人数は、5年前と比べ増えていますか、あるいは減っていますか。
以下の中から1つ選んで○を付けて下さい。(1つだけ○)

　　1　明らかに増えた　　　2　ほとんどかわらない　　　3　明らかに減った

問25−2　また、近年、大きく変動したことがあれば、それはいつ頃のことでしょうか。(1つだけ○)
　　(　　　　　　)年ごろに　(　1　増えた　　　2　減った　)　3　ほとんどかわらない

問26　明推協についてお教え下さい。貴自治体では明推協を組織されていますか。されている場合、
　　　委員の方の人数・バックグラウンド、主な活動についてお教え下さい。(1つだけ○／具体的に)

　　1　組織している
　　　　(人数:　　　名)
　　　　(どのような人を選んでいるか:　　　　　　　　　　　　　　　　　　　　)
　　　　(どのような活動をしているか:　　　　　　　　　　　　　　　　　　　　)

　　2　組織していない

◆他の自治体との関係や市町村合併などについてお聞きします。

問27　都道府県との接触は、どのようなものでしょうか。以下の表に記入する形でお教え下さい。
　　　頻度については、以下からお選び下さい。

		頻　度 ※下表より選択	主な内容
平時	先方から		
	こちらから		
選挙時	先方から		
	こちらから		

※頻度
【平　時】①週3回以上　②週1・2回　③月2回程度　④月1回以下　⑤年1回程度　⑥なし
【選挙時】①日3回以上　②日1・2回　③週2・3回　④週1回以下　⑤期間中1回程度　⑥なし

問28　頻繁に連絡を取られている他の自治体がありましたら、その市町村名をお教え下さい。

問29　貴自治体では、この10年以内に合併をしましたか。（1つだけ○）

　1　合併した　　　　　　　　　2　合併しなかった

問30　貴自治体の選挙に際し、選挙公報の発行をなさっていますか。（1つだけ○）

　1　市町村長選挙・市町村議会議員選挙の両方とも行っている
　2　市町村長選挙のみ行っている
　3　市町村議会議員選挙のみ行っている
　4　全くしていない

問31　貴自治体の選挙(当日投票分)では、記号式投票用紙を使用されていますか。使用されておられ
　　　ましたら、その選挙の種類をお教え下さい。直近の選挙でお考え下さい。（いくつでも○）

　1　知事選挙　2　市区町村長選挙　3　都道府県議会選挙　4　市区町村議会選挙　5　その他

問32　常時啓発の手段として、過去5年に貴自治体で実施されたものがあれば、実施されたもの全て
　　　に○を付けて下さい。（いくつでも○）

　1　一般市民向け研修会(講演会)の開催　　　2　若者向け研修会(講演会)の開催
　3　新成人向けのイベント・冊子等の配布　　4　学校への投票箱や記載台の貸し出し
　5　小中高への出前授業(模擬投票を含む)　　6　一般市民向けイベントへの参加
　7　ポスターや標語等のコンクール　　　　　8　若者のボランティア登用
　9　その他(　　　　　　　　　　　　　　　　　　　　　　　)
　10　特にしていない

240

資料1 「全国市区町村選挙管理委員会・事務局調査」質問票

◆個人としてのご意見をお聞かせ下さい。

ここからは、回答していただいた方の個人としてのご意見ご感想をお聞かせ下さい。なお、回答は集計され統計的に処理されますので、個人としてのご意見が公表されることは一切ありません。

問A 啓発活動について、あなたのご意見をお聞かせ下さい。以下の中からあてはまるもの1つに
〇を付けて下さい。（それぞれ1つだけ〇）

【常時啓発活動の必要性】

1 必要　　　　2 どちらかというと必要　　　3 どちらかというと不要　　　4 不要

【臨時啓発活動の必要性】

1 必要　　　　2 どちらかというと必要　　　3 どちらかというと不要　　　4 不要

【現在の常時啓発活動の有効性】

1 効果がある　　　　　　　　　　　　2 どちらかというと効果がある
3 どちらかというと効果がない　　　　4 効果がない

【現在の臨時啓発活動の有効性】

1 効果がある　　　　　　　　　　　　2 どちらかというと効果がある
3 どちらかというと効果がない　　　　4 効果がない

問B(1) 貴自治体の投票所の数について、あなたのご意見をお教え下さい(今回の総選挙について
お答え下さい。以下、同様にお願いします)。以下の中から1つ〇を付けて下さい。（1つだけ〇）

1 多すぎる　（→問B(2)へ）
2 適切　　　（→問C(1)へ）
3 少なすぎる（→問B(2)へ）
4 その他（　　　　　　　　　　　　　　　）（→問C(1)へ）

問B(2) 投票所の数が多すぎる、あるいは少なすぎるという方にお聞きします。
その理由はどのようなものでしょうか。（自由回答）

_____

_____

問C(1) 貴自治体の期日前投票所の数について、あなたのご意見をお教え下さい。以下の中から1つ
選んで〇を付けて下さい。（1つだけ〇）

1 多すぎる　（→問C(2)へ）
2 適切　　　（→問D へ）
3 少なすぎる（→問C(2)へ）
4 その他（　　　　　　　　　　　　　　　）（→問D へ）

問C(2) 期日前投票所の数が多すぎる、あるいは少なすぎるという方にお聞きします。
その理由はどのようなものでしょうか。（自由回答）

_____

_____

241

問D　世間では一部に「投票している姿を見れば、後ろからでも投票先がだいたいわかる」という
　　　見方があるようです。これについて、貴自治体のことではなく一般的に、あなたはどのように
　　　思われますか。以下の中から、1つお選び下さい。（1つだけ○）

　1　ありえないと思う。
　2　ありえないと思うが、そのような見方をする人はいると思う
　3　現在はありえないが、過去にはそのようなことがあったと思う
　4　ありうると思う

問E　投票日・投票時間や期日前投票期間についてお聞きします。（それぞれ1つだけ○）

(a)　投票時間について、あなたのお考えに最も近いものを1つお選び下さい。
　1　短縮する方が良い　　2　現状で良い　　　3　延長する方が良い　　4　わからない

(b)　期日前投票の期間について、あなたのお考えに最も近いものを1つお選び下さい。
　1　短縮する方が良い　　2　現状で良い　　　3　延長する方が良い　　4　わからない

問F　現在、選挙管理の現場にも効率化を目指す動きが出てきていることと思います。これに関して
　　　ご意見をお聞かせ下さい。以下の中で、あなたのお考えに最も近いものを1つお選び下さい。
　　　（それぞれ1つだけ○）

　(1)開票
　　1　速くしたい　　　　　　　　　　　　2　できれば速くしたい
　　3　現状で十分速い　　　　　　　　　　4　速さを問題にする必要はない

　(2)外注などの民営化をとりいれるべきだと思われますか。
　　1　積極的に取り入れるべき　　　　　　2　取り入れ可能なことから取り入れるべき
　　3　取り入れても特段の効果は見込めない　4　取り入れるべきではない

　(3)効率化全般に関して、正確さと効率性は両立しうると思われますか。
　　1　両立する　　　　　　　　　　　　　2　ある程度は両立する
　　3　両立するのはやや難しい　　　　　　4　両立するのは難しい

問G　公職選挙法について、あなたのお考えをお聞かせ下さい。次の意見の中から、あなた個人の
　　　お考えに最も近いものを1つお選び下さい。（それぞれ1つだけ○）

(1)【公職選挙法は、複雑すぎる】
　　1　複雑すぎる　　　　　　　　　　　　2　どちらかというと複雑すぎる
　　3　それほど複雑でない　　　　　　　　4　複雑ではない

(2)【電子投票は、今後普及させるべきだ】
　　1　賛成　　　　2　どちらかというと賛成　　　3　どちらかというと反対　　　4　反対

(3)【戸別訪問を認めるべきだ】
　　1　賛成　　　　2　どちらかというと賛成　　　3　どちらかというと反対　　　4　反対

(4)【インターネット(ホームページ、ブログ、ツイッター)を用いた選挙運動は認めるべきだ】
　　1　賛成　　　　2　どちらかというと賛成　　　3　どちらかというと反対　　　4　反対

資料1 「全国市区町村選挙管理委員会・事務局調査」質問票

(5)【電子メールを用いた選挙運動は認めるべきだ】
　　　1　賛成　　　　2　どちらかというと賛成　　　3　どちらかというと反対　　　4　反対

(6)【より在外投票しやすい環境を整えるべきだ】
　　　1　賛成　　　　2　どちらかというと賛成　　　3　どちらかというと反対　　　4　反対

問H　近年、市民向けの政治教育について言及されることが増えています。これに関し、どのように
　　　お考えでしょうか。あなたのお考えに最も近いもの1つをお選び下さい。（1つだけ○）
　　　1　大いに推進すべきだ　　　　　　　　2　推進してよいが慎重にすべきだ
　　　3　余裕があれば推進しても良いと思う　　4　推進する必要はない

問I　最後に、選挙管理委員会にとって最重要任務は何だとお考えですか。

　　　―――――――――――――――――――――――――――――――――――――
　　　―――――――――――――――――――――――――――――――――――――

　　　長時間にわたり、ご協力いただき、誠にありがとうございました。
　　　みなさまから頂いた回答を分析し、今後の選挙管理行政研究に活かしてまいります。
　　　最後に、よろしければ、以下の事柄についてアドバイスを頂けますと幸いです。
　　　よろしくお願いいたします。

◆選挙管理行政の研究を進める際に、調べておくべきこと、あるいは調べてほしいことについて
　ご提案あるいはご意見がございましたらお教え下さい。

　　―――――――――――――――――――――――――――――――――――――――
　　―――――――――――――――――――――――――――――――――――――――
　　―――――――――――――――――――――――――――――――――――――――
　　―――――――――――――――――――――――――――――――――――――――

◆貴自治体で行われている、選挙管理の特色ある取り組みがあれば、お教え下さい。

　　―――――――――――――――――――――――――――――――――――――――
　　―――――――――――――――――――――――――――――――――――――――
　　―――――――――――――――――――――――――――――――――――――――
　　―――――――――――――――――――――――――――――――――――――――

ご協力、誠にありがとうございました。

資料2

「全国市区町村選挙管理委員会・事務局調査」コードブック

平成25年2月実施

選挙ガバナンス研究会

◆ 選挙管理委員会の業務についておたずねします。

問1　業務に関する理解や知識を深めるためにどのようなことをなさっていますか。
　　　以下の中からあてはまるもの1つに○を付けて下さい。(それぞれ1つずつ○)

(a) ご担当者は、各自、メモやノート等を作られていますか。

	度数					%				
	市区	町村	政令市	行政区	全体	市区	町村	政令市	行政区	全体
1. 作っている	217	144	8	53	424	31.7	21.0	53.3	41.7	27.9
2. それに準じるものを作っている	379	342	6	60	792	55.4	49.9	40.0	47.2	52.1
3. 作っていない	84	193	1	13	294	12.3	28.2	6.7	10.2	19.3
NA	4	6	0	1	11	0.6	0.9	0.0	0.8	0.7
合計	684	685	15	127	1521	100.0	100.0	100.0	100.0	100.0

(b) 選挙管理委員会事務局内部で用いるマニュアル類を作られていますか。

	度数					%				
	市区	町村	政令市	行政区	全体	市区	町村	政令市	行政区	全体
1. 作っている	171	57	10	74	314	25.0	8.3	66.7	58.3	20.6
2. それに準じるものを作っている	332	287	4	43	670	48.5	41.9	26.7	33.9	44.0
3. 作っていない	179	337	1	9	530	26.2	49.2	6.7	7.1	34.8
NA	2	4	0	1	7	0.3	0.6	0.0	0.8	0.5
合計	684	685	15	127	1521	100.0	100.0	100.0	100.0	100.0

(c) 前任者など、以前に選挙管理業務を担当していた人にたずねることはありますか。

	度数					%				
	市区	町村	政令市	行政区	全体	市区	町村	政令市	行政区	全体
1. よく(月1回以上)	279	241	2	42	568	40.8	35.2	13.3	33.1	37.3
2. ときどき(年3～4回)	282	307	7	57	656	41.2	44.8	46.7	44.9	43.1
3. まれに(年1～2回程度)	108	122	5	26	264	15.8	17.8	33.3	20.5	17.4
4. たずねたことはない	14	13	1	1	29	2.0	1.9	6.7	0.8	1.9
NA	1	2	0	1	4	0.1	0.3	0.0	0.8	0.3
合計	684	685	15	127	1521	100.0	100.0	100.0	100.0	100.0

244

資料2 「全国市区町村選挙管理委員会・事務局調査」コードブック

(d) 他自治体の選管事務局担当者と意見交換・共同研究をされることはありますか。

	度数					%				
	市区	町村	政令市	行政区	全体	市区	町村	政令市	行政区	全体
1. よく	129	39	4	8	180	18.9	5.7	26.7	6.3	11.8
2. ときどき	411	279	10	20	725	60.1	40.7	66.7	15.7	47.7
3. まれに	132	249	1	40	424	19.3	36.4	6.7	31.5	27.9
4. ない	11	115	0	56	185	1.6	16.8	0.0	44.1	12.2
NA	1	3	0	3	7	0.1	0.4	0.0	2.4	0.5
合計	684	685	15	127	1521	100.0	100.0	100.0	100.0	100.0

問2−1 投票所の設置数についてお教え下さい。ここ5年のうちで、市役所内部や市議会で、
投票所の設置数が話題になったことがありますか。（1つだけ○）

	度数					%				
	市区	町村	政令市	行政区	全体	市区	町村	政令市	行政区	全体
1. 話題になったことはない →（問3へ）	313	438	6	75	838	45.8	63.9	40.0	59.1	55.1
2. 話題になったことがある →（問2−2へ）	368	237	9	40	658	53.8	34.6	60.0	31.5	43.3
NA	3	10	0	12	25	0.4	1.5	0.0	9.4	1.6
合計	684	685	15	127	1521	100.0	100.0	100.0	100.0	100.0

問2−2 話題になったことがあるとお答えになった方におたずねします。
どのような立場の方が、どのような提案をされ、その提案は実現したか否かを、
提案1の欄にお答え下さい。
複数の方からの提案があった場合は、それぞれの提案について提案2・3の欄に、
提案者と提案内容、その成否をお答え下さい。（それぞれ1つだけ○）

	提案者	提案内容	成否（実現内容）
提案1	1 市町村長ら役所幹部 2 市町村議会 3 選挙管理委員会事務局 4 その他（　　　　　）	1 増やす 2 減らす 3 その他（　　　　）	1 提案通り実現 2 修正して実現 →修正点（　　　　） 3 実現しなかった
提案2	1 市町村長ら役所幹部 2 市町村議会 3 選挙管理委員会事務局 4 その他（　　　　　）	1 増やす 2 減らす 3 その他（　　　　）	1 提案通り実現 2 修正して実現 →修正点（　　　　） 3 実現しなかった
提案3	1 市町村長ら役所幹部 2 市町村議会 3 選挙管理委員会事務局 4 その他（　　　　　）	1 増やす 2 減らす 3 その他（　　　　）	1 提案通り実現 2 修正して実現 →修正点（　　　　） 3 実現しなかった

【提案1】提案者

	度数					%				
	市区	町村	政令市	行政区	全体	市区	町村	政令市	行政区	全体
1. 市町村長ら役所幹部	29	25	0	1	55	4.2	3.6	0.0	0.8	3.6
2. 市町村議会	86	27	5	11	130	12.6	3.9	33.3	8.7	8.5
3. 選挙管理委員会事務局	200	151	2	20	376	29.2	22.0	13.3	15.7	24.7
4. その他	43	27	2	7	79	6.3	3.9	13.3	5.5	5.2
NA	10	7	0	1	18	1.5	1.0	0.0	0.8	1.2
非該当	316	448	6	87	863	46.2	65.4	40.0	68.5	56.7
合計	684	685	15	127	1521	100.0	100.0	100.0	100.0	100.0

【提案1】提案内容

	度数					%				
	市区	町村	政令市	行政区	全体	市区	町村	政令市	行政区	全体
1. 増やす	105	37	6	22	172	15.4	5.4	40.0	17.3	11.3
2. 減らす	220	180	1	17	420	32.2	26.3	6.7	13.4	27.6
3. その他	33	17	2	1	53	4.8	2.5	13.3	0.8	3.5
NA	10	3	0	0	13	1.5	0.4	0.0	0.0	0.9
非該当	316	448	6	87	863	46.2	65.4	40.0	68.5	56.7
合計	684	685	15	127	1521	100.0	100.0	100.0	100.0	100.0

【提案1】成否（実現内容）

	度数					%				
	市区	町村	政令市	行政区	全体	市区	町村	政令市	行政区	全体
1. 提案通り実現	121	79	5	15	222	17.7	11.5	33.3	11.8	14.6
2. 修正して実現	31	10	1	2	44	4.5	1.5	6.7	1.6	2.9
3. 実現しなかった	171	124	3	18	316	25.0	18.1	20.0	14.2	20.8
NA	45	24	0	5	76	6.6	3.5	0.0	3.9	5.0
非該当	316	448	6	87	863	46.2	65.4	40.0	68.5	56.7
合計	684	685	15	127	1521	100.0	100.0	100.0	100.0	100.0

【提案2】提案者

	度数					%				
	市区	町村	政令市	行政区	全体	市区	町村	政令市	行政区	全体
1. 市町村長ら役所幹部	2	2	0	0	4	0.3	0.3	0.0	0.0	0.3
2. 市町村議会	1	1	0	0	2	0.1	0.1	0.0	0.0	0.1
3. 選挙管理委員会事務局	2	0	1	0	3	0.3	0.0	6.7	0.0	0.2
4. その他	0	0	0	0	0	0.0	0.0	0.0	0.0	0.0
NA	316	448	8	40	649	46.2	65.4	53.3	31.5	42.7
非該当	363	234	6	87	863	53.1	34.2	40.0	68.5	56.7
合計	684	685	15	127	1521	100.0	100.0	100.0	100.0	100.0

資料 2 「全国市区町村選挙管理委員会・事務局調査」コードブック

【提案 2】提案内容

	度数					%				
	市区	町村	政令市	行政区	全体	市区	町村	政令市	行政区	全体
1. 増やす	18	6	2	0	26	2.6	0.9	13.3	0.0	1.7
2. 減らす	25	8	2	1	37	3.7	1.2	13.3	0.8	2.4
3. その他	5	0	1	1	7	0.7	0.0	6.7	0.8	0.5
NA	320	223	4	38	588	46.8	32.6	26.7	29.9	38.7
非該当	316	448	6	87	863	46.2	65.4	40.0	68.5	56.7
合計	684	685	15	127	1521	100.0	100.0	100.0	100.0	100.0

【提案 2】成否（実現内容）

	度数					%				
	市区	町村	政令市	行政区	全体	市区	町村	政令市	行政区	全体
1. 提案通り実現	14	3	3	1	21	2.0	0.4	20.0	0.8	1.4
2. 修正して実現	9	0	0	1	10	1.3	0.0	0.0	0.8	0.7
3. 実現しなかった	21	8	2	0	31	3.1	1.2	13.3	0.0	2.0
NA	324	226	4	38	596	47.4	33.0	26.7	29.9	39.2
非該当	316	448	6	87	863	46.2	65.4	40.0	68.5	56.7
合計	684	685	15	127	1521	100.0	100.0	100.0	100.0	100.0

【提案 3】提案者

	度数					%				
	市区	町村	政令市	行政区	全体	市区	町村	政令市	行政区	全体
1. 市町村長ら役所幹部	1	0	0	0	1	0.1	0.0	0.0	0.0	0.1
2. 市町村議会	4	0	2	0	6	0.6	0.0	13.3	0.0	0.4
3. 選挙管理委員会事務局	1	0	0	0	1	0.1	0.0	0.0	0.0	0.1
4. その他	4	1	0	0	5	0.6	0.1	0.0	0.0	0.3
NA	358	236	7	40	645	52.3	34.5	46.7	31.5	42.4
非該当	316	448	6	87	863	46.2	65.4	40.0	68.5	56.7
合計	684	685	15	127	1521	100.0	100.0	100.0	100.0	100.0

【提案 3】提案内容

	度数					%				
	市区	町村	政令市	行政区	全体	市区	町村	政令市	行政区	全体
1. 増やす	4	0	2	0	6	0.6	0.0	13.3	0.0	0.4
2. 減らす	6	1	0	0	7	0.9	0.1	0.0	0.0	0.5
3. その他	0	0	0	0	0	0.0	0.0	0.0	0.0	0.0
NA	358	236	7	40	645	52.3	34.5	46.7	31.5	42.4
非該当	316	448	6	87	863	46.2	65.4	40.0	68.5	56.7
合計	684	685	15	127	1521	100.0	100.0	100.0	100.0	100.0

【提案3】成否（実現内容）

	度数					%				
	市区	町村	政令市	行政区	全体	市区	町村	政令市	行政区	全体
1．提案通り実現	2	0	0	0	2	0.3	0.0	0.0	0.0	0.1
2．修正して実現	1	0	0	0	1	0.1	0.0	0.0	0.0	0.1
3．実現しなかった	5	1	2	0	8	0.7	0.1	13.3	0.0	0.5
NA	360	236	7	40	647	52.6	34.5	46.7	31.5	42.5
非該当	316	448	6	87	863	46.2	65.4	40.0	68.5	56.7
合計	684	685	15	127	1521	100.0	100.0	100.0	100.0	100.0

問3　ここ5年間で、投票所・開票所・ポスター掲示場の数に変化はありましたか。
（それぞれ1つずつ○）

(1) 投票所

	度数					%				
	市区	町村	政令市	行政区	全体	市区	町村	政令市	行政区	全体
1．増えた	54	11	2	17	84	7.9	1.6	13.3	13.4	5.5
2．かわらない	443	553	7	96	1106	64.8	80.7	46.7	75.6	72.7
3．減った	181	112	4	13	313	26.5	16.4	26.7	10.2	20.6
NA	6	9	2	1	18	0.9	1.3	13.3	0.8	1.2
合計	684	685	15	127	1521	100.0	100.0	100.0	100.0	100.0

(2) 開票所

	度数					%				
	市区	町村	政令市	行政区	全体	市区	町村	政令市	行政区	全体
1．増えた	0	1	2	1	4	0.0	0.1	13.3	0.8	0.3
2．かわらない	673	667	11	122	1483	98.4	97.4	73.3	96.1	97.5
3．減った	6	2	0	1	9	0.9	0.3	0.0	0.8	0.6
NA	5	15	2	3	25	0.7	2.2	13.3	2.4	1.6
合計	684	685	15	127	1521	100.0	100.0	100.0	100.0	100.0

(3) ポスター掲示場

	度数					%				
	市区	町村	政令市	行政区	全体	市区	町村	政令市	行政区	全体
1．増えた	104	31	5	50	190	15.2	4.5	33.3	39.4	12.5
2．かわらない	291	465	0	44	808	42.5	67.9	0.0	34.6	53.1
3．減った	280	178	8	29	497	40.9	26.0	53.3	22.8	32.7
NA	9	11	2	4	26	1.3	1.6	13.3	3.1	1.7
合計	684	685	15	127	1521	100.0	100.0	100.0	100.0	100.0

資料2　「全国市区町村選挙管理委員会・事務局調査」コードブック

問4　選挙期間中の（選挙当日前日までの）業務に関する、他部署からの応援態勢についてお教え下さい。
　　以下の中から、貴自治体のやり方に最も近いものを1つ選び○を付けて下さい。（1つだけ○）

	度数					%				
	市区	町村	政令市	行政区	全体	市区	町村	政令市	行政区	全体
1. 部署ごとに担当する仕事を割り振って、任せている	160	90	0	54	306	23.4	13.1	0.0	42.5	20.1
2. 事務局内に入ってもらい、その人に割り振った業務を担当してもらっている	252	129	3	27	416	36.8	18.8	20.0	21.3	27.4
3. その他	181	168	4	26	380	26.5	24.5	26.7	20.5	25.0
4. 応援は当日以外には頼まない	87	294	7	19	409	12.7	42.9	46.7	15.0	26.9
NA	4	4	1	1	10	0.6	0.6	6.7	0.8	0.7
合計	684	685	15	127	1521	100.0	100.0	100.0	100.0	100.0

◆選挙当日の業務内容などについてお教え下さい。

以下の中で貴自治体の方式に最も近いものを1つ選び○を付けて下さい。

問5　選挙当日の業務に従事する、他部署等からの従事者には、どのように業務内容を教えておられますか。貴自治体のやり方をお教え下さい。（1つだけ○）

	度数					%				
	市区	町村	政令市	行政区	全体	市区	町村	政令市	行政区	全体
1. マニュアルを整備している	185	51	6	13	257	27.0	7.4	40.0	10.2	16.9
2. 説明会を庁内で行っている	421	551	5	91	1075	61.5	80.4	33.3	71.7	70.7
3. 経験者と初心者を組ませるなどして、人づてに伝わるようにしている	35	55	1	1	93	5.1	8.0	6.7	0.8	6.1
4. その他	37	17	1	21	76	5.4	2.5	6.7	16.5	5.0
NA	6	11	2	1	20	0.9	1.6	13.3	0.8	1.3
合計	684	685	15	127	1521	100.0	100.0	100.0	100.0	100.0

問6　投票立会人についておたずねします。貴自治体では、投票立会人をどのようにして選ばれていますか。以下の中から、貴自治体のやり方に最も近いものに○を付けて下さい。（1つだけ○）

	度数					%				
	市区	町村	政令市	行政区	全体	市区	町村	政令市	行政区	全体
1. 地元の町内会に人選を任せている	258	162	8	95	526	37.7	23.6	53.3	74.8	34.6
2. 地元の民生委員などにお願いしている	232	278	3	20	536	33.9	40.6	20.0	15.7	35.2
3. 公募している	30	59	0	2	92	4.4	8.6	0.0	1.6	6.0
4. その他	163	183	2	9	360	23.8	26.7	13.3	7.1	23.7
NA	1	3	2	1	7	0.1	0.4	13.3	0.8	0.5
合計	684	685	15	127	1521	100.0	100.0	100.0	100.0	100.0

問7　案内ハガキ(入場券)を持参した有権者の本人確認の仕方についておたずねします。（1つだけ○）

	度数					%				
	市区	町村	政令市	行政区	全体	市区	町村	政令市	行政区	全体
1. 案内ハガキ(入場券)の提示を求め、年齢・性別等で判断する	492	433	6	55	992	71.9	63.2	40.0	43.3	65.2
2. 案内ハガキ(入場券)の提示と生年月日の告知を求め、年齢・性別等で判断する	29	39	3	31	103	4.2	5.7	20.0	24.4	6.8
3. その他	62	49	2	24	138	9.1	7.2	13.3	18.9	9.1
4. 案内ハガキ(入場券)の提示があれば、特にそれ以上の本人確認はしない	100	161	2	17	282	14.6	23.5	13.3	13.4	18.5
NA	1	3	2	0	6	0.1	0.4	13.3	0.0	0.4
合計	684	685	15	127	1521	100.0	100.0	100.0	100.0	100.0

問8　学業や勤務の関係で遠方に居住している有権者について、おたずねします。（1つだけ○）

	度数					%				
	市区	町村	政令市	行政区	全体	市区	町村	政令市	行政区	全体
1. 事前に該当しそうなものについて、居住実態を確認しておく	27	108	0	0	136	3.9	15.8	0.0	0.0	8.9
2. 投票所において積極的に声をかけ、居住実態を確認する	1	5	0	0	6	0.1	0.7	0.0	0.0	0.4
3. 特にこちらから確認はしないが、聞かれたら投票できない旨、伝える	320	281	7	76	688	46.8	41.0	46.7	59.8	45.2
4. 特に何もしない	307	269	7	42	630	44.9	39.3	46.7	33.1	41.4
NA	29	22	1	9	61	4.2	3.2	6.7	7.1	4.0
合計	684	685	15	127	1521	100.0	100.0	100.0	100.0	100.0

問9－1　投開票業務に従事する人について、おたずねします。今回の総選挙では、投開票業務を職員だけで、されましたか。（1つだけ○）

	度数					%				
	市区	町村	政令市	行政区	全体	市区	町村	政令市	行政区	全体
1. 職員のみで行った（→問10へ）	317	551	0	11	886	46.3	80.4	0.0	8.7	58.3
2. ほぼ職員のみで行った（→問9-2へ）	110	62	0	9	183	16.1	9.1	0.0	7.1	12.0
3. 職員以外の者が少しいた（→問9-2へ）	206	62	7	54	330	30.1	9.1	46.7	42.5	21.7
4. 職員以外の者が多くいた（→問9-2へ）	50	8	6	53	117	7.3	1.2	40.0	41.7	7.7
NA	1	2	2	0	5	0.1	0.3	13.3	0.0	0.3
合計	684	685	15	127	1521	100.0	100.0	100.0	100.0	100.0

資料2 「全国市区町村選挙管理委員会・事務局調査」コードブック

問9－2 職員以外の者がいたとお答えになった自治体におたずねします。その理由をお教え下さい。
以下のうちから、あてはまるものに○を付けて下さい。（いくつでも○）

	度数					%				
	市区	町村	政令市	行政区	全体	市区	町村	政令市	行政区	全体
1. 経費節減	204	31	8	78	323	29.8	4.5	53.3	61.4	21.2
2. 人手不足	244	88	11	83	428	35.7	12.8	73.3	65.4	28.1
3. 若年層への啓発	54	9	3	24	90	7.9	1.3	20.0	18.9	5.9
4. その他	44	28	1	4	77	6.4	4.1	6.7	3.1	5.1
NA	2	1	0	3	6	0.3	0.1	0.0	2.4	0.4
非該当	318	553	2	11	891	46.5	80.7	13.3	8.7	58.6
N	684	685	15	127	1521					

問9－3 投開票業務の人手が不足する場合には、どのようにして解消されますか。あてはまるものに
○を付けて下さい。（いくつでも○）

	度数					%				
	市区	町村	政令市	行政区	全体	市区	町村	政令市	行政区	全体
1. 業者への外部委託	142	19	7	40	210	20.8	2.8	46.7	31.5	13.8
2. ハローワーク等での求人	35	5	1	3	45	5.1	0.7	6.7	2.4	3.0
3. 地域団体等への依頼	24	10	5	47	86	3.5	1.5	33.3	37.0	5.7
4. 住民からの募集	67	39	4	37	147	9.8	5.7	26.7	29.1	9.7
5. その他	138	52	9	27	227	20.2	7.6	60.0	21.3	14.9
NA	24	13	0	3	40	3.5	1.9	0.0	2.4	2.6
非該当	318	553	2	11	892	46.5	80.7	13.3	8.7	58.6
N	684	685	15	127	1521					

問10 貴自治体では、今回の総選挙で投票所の繰上げ閉鎖をされたところがありますか。
その時刻（複数ある場合には、最も早いもの）と理由（自由にお書き下さい）をお教え下さい。
（1つだけ○／具体的に記入）

1 繰上げ閉鎖があった
　　→ 時刻（　　　時　　　分）
　　　理由（　　　　　　　　　　　　　　　　　　　　　　　　　　　　）

2 繰上げ閉鎖はなかった

	度数					%				
	市区	町村	政令市	行政区	全体	市区	町村	政令市	行政区	全体
1. 繰上げ閉鎖があった	312	379	5	10	713	45.6	55.3	33.3	7.9	46.9
2. 繰上げ閉鎖はなかった	370	302	8	115	798	54.1	44.1	53.3	90.6	52.5
NA	2	4	2	2	10	0.3	0.6	13.3	1.6	0.7
合計	684	685	15	127	1521	100.0	100.0	100.0	100.0	100.0

繰下げ閉鎖した時刻
※入力データは訂正せず、時刻が確定できないものを不明とした場合

	度数					%				
	市区	町村	政令市	行政区	全体	市区	町村	政令市	行政区	全体
16時00分	41	28	0	1	71	6.0	4.1	0.0	0.8	4.7
16時30分	1	0	0	0	1	0.1	0.0	0.0	0.0	0.1
17時00分	22	27	0	0	49	3.2	3.9	0.0	0.0	3.2
17時30分	1	0	0	0	1	0.1	0.0	0.0	0.0	0.1
18時00分	136	179	3	6	326	19.9	26.1	20.0	4.7	21.4
19時00分	86	111	0	3	203	12.6	16.2	0.0	2.4	13.3
19時30分	0	1	0	0	1	0.0	0.1	0.0	0.0	0.1
不明、NA	25	33	2	0	61	3.7	4.8	13.3	0.0	4.0
非該当	372	306	10	117	808	54.4	44.7	66.7	92.1	53.1
合計	684	685	15	127	1521	100.0	100.0	100.0	100.0	100.0

※上記不明分のうち、以下の通り入力し直した場合
時間が1〜4とあるものをそれぞれ1時間前〜4時間前→19時〜16時
時間が5、6、7とあるものをそれぞれ17時、18時、19時
時間に数字が入力されており、分が空白となっているものを00分

	度数					%				
	市区	町村	政令市	行政区	全体	市区	町村	政令市	行政区	全体
16時00分	42	29	1	1	74	6.1	4.2	6.7	0.8	4.9
16時30分	1	0	0	0	1	0.1	0.0	0.0	0.0	0.1
17時00分	23	29	0	0	52	3.4	4.2	0.0	0.0	3.4
17時30分	1	0	0	0	1	0.1	0.0	0.0	0.0	0.1
18時00分	145	195	4	6	353	21.2	28.5	26.7	4.7	23.2
19時00分	99	123	0	3	228	14.5	18.0	0.0	2.4	15.0
19時30分	0	1	0	0	1	0.0	0.1	0.0	0.0	0.1
NA	1	2	0	0	3	0.1	0.3	0.0	0.0	0.2
非該当	372	306	10	117	808	54.4	44.7	66.7	92.1	53.1
合計	684	685	15	127	1521	100.0	100.0	100.0	100.0	100.0

資料 2 「全国市区町村選挙管理委員会・事務局調査」コードブック

問 11　今回の総選挙で開票作業に要した時間は、前回総選挙と比べ変りましたか。1 つお選び下さい。(1 つだけ○)

	度数					%				
	市区	町村	政令市	行政区	全体	市区	町村	政令市	行政区	全体
1. たいへん早くなった	78	67	0	10	155	11.4	9.8	0.0	7.9	10.2
2. すこし早くなった	332	338	7	52	735	48.5	49.3	46.7	40.9	48.3
3. かわらない	159	234	4	39	440	23.2	34.2	26.7	30.7	28.9
4. 遅くなった	104	33	2	23	162	15.2	4.8	13.3	18.1	10.7
5. わからない	5	9	0	2	16	0.7	1.3	0.0	1.6	1.1
NA	6	4	2	1	13	0.9	0.6	13.3	0.8	0.9
合計	684	685	15	127	1521	100.0	100.0	100.0	100.0	100.0

問 12　開票作業を見に来られる住民の方の数についてお聞きします。
　　　一般的にいって、どの種類の選挙で、参観住民の数が多いですか。次の各種類の選挙の中から、参観住民の数が平均して多いもの**3つ**について、参観住民が多い順に数字を 1 、 2 、 3 と記入して下さい。

【1 位】

	度数					%				
	市区	町村	政令市	行政区	全体	市区	町村	政令市	行政区	全体
1. 衆議院議員総選挙	12	2	0	24	38	1.8	0.3	0.0	18.9	2.5
2. 参議院議員通常選挙	0	0	0	0	0	0.0	0.0	0.0	0.0	0.0
3. 知事選挙	0	0	0	1	1	0.0	0.0	0.0	0.8	0.1
4. 都道府県会議員選挙	2	0	0	0	2	0.3	0.0	0.0	0.0	0.1
5. 市町村長選挙	66	229	0	5	301	9.6	33.4	0.0	3.9	19.8
6. 市町村議会議員選挙	546	412	6	64	1035	79.8	60.1	40.0	50.4	68.0
NA	58	42	9	33	144	8.5	6.1	60.0	26.0	9.5
合計	684	685	15	127	1521	100.0	100.0	100.0	100.0	100.0

【2 位】

	度数					%				
	市区	町村	政令市	行政区	全体	市区	町村	政令市	行政区	全体
1. 衆議院議員総選挙	37	9	1	21	69	5.4	1.3	6.7	16.5	4.5
2. 参議院議員通常選挙	13	1	0	20	34	1.9	0.1	0.0	15.7	2.2
3. 知事選挙	4	3	0	2	9	0.6	0.4	0.0	1.6	0.6
4. 都道府県会議員選挙	51	8	2	29	92	7.5	1.2	13.3	22.8	6.0
5. 市町村長選挙	461	396	4	18	884	67.4	57.8	26.7	14.2	58.1
6. 市町村議会議員選挙	68	225	0	4	298	9.9	32.8	0.0	3.1	19.6
NA	50	43	8	33	135	7.3	6.3	53.3	26.0	8.9
合計	684	685	15	127	1521	100.0	100.0	100.0	100.0	100.0

【3位】

	度数					%				
	市区	町村	政令市	行政区	全体	市区	町村	政令市	行政区	全体
1. 衆議院議員総選挙	161	148	3	28	341	23.5	21.6	20.0	22.0	22.4
2. 参議院議員通常選挙	19	15	0	19	53	2.8	2.2	0.0	15.0	3.5
3. 知事選挙	23	100	1	4	129	3.4	14.6	6.7	3.1	8.5
4. 都道府県会議員選挙	386	335	3	14	742	56.4	48.9	20.0	11.0	48.8
5. 市町村長選挙	44	2	1	15	64	6.4	0.3	6.7	11.8	4.2
6. 市町村議会議員選挙	7	0	0	15	22	1.0	0.0	0.0	11.8	1.4
NA	44	85	7	32	170	6.4	12.4	46.7	25.2	11.2
合計	684	685	15	127	1521	100.0	100.0	100.0	100.0	100.0

問13 選挙に際して、ミスなく厳正に執行するという重圧(プレッシャー)を強く感じるのは、どこからですか。あてはまるもの全てに○を付けて下さい。(いくつでも○)

	度数					%				
	市区	町村	政令市	行政区	全体	市区	町村	政令市	行政区	全体
1. 都道府県や国	257	284	5	31	582	37.6	41.5	33.3	24.4	38.3
2. 市町村長・役所幹部職員	143	135	5	45	331	20.9	19.7	33.3	35.4	21.8
3. 候補者・政党・支持団体	474	409	8	72	970	69.3	59.7	53.3	56.7	63.8
4. 一般住民	473	424	11	80	995	69.2	61.9	73.3	63.0	65.4
5. マスコミ	496	446	13	92	1054	72.5	65.1	86.7	72.4	69.3
6. その他	35	25	2	11	73	5.1	3.6	13.3	8.7	4.8
NA	14	17	0	7	38	2.0	2.5	0.0	5.5	2.5
N	684	685	15	127	1521					

問14 選挙に際しては、最もミスが起こりやすいのは、どの段階だと思われますか。あてはまるものを**3つまで**選び、○を付けて下さい。(3つまで○)

	度数					%				
	市区	町村	政令市	行政区	全体	市区	町村	政令市	行政区	全体
1. 期日前投票段階	327	266	5	58	661	47.8	38.8	33.3	45.7	43.5
2. 前日までの選挙期間	153	148	3	43	349	22.4	21.6	20.0	33.9	22.9
3. 投票所段階(10時ぐらいまで)	343	283	7	71	709	50.1	41.3	46.7	55.9	46.6
4. 投票所段階(10時から16時ぐらいまで)	86	107	3	15	213	12.6	15.6	20.0	11.8	14.0
5. 投票所段階(16時以降)	133	133	2	20	288	19.4	19.4	13.3	15.7	18.9
6. 移送段階	11	18	1	6	36	1.6	2.6	6.7	4.7	2.4
7. 開票段階	230	221	5	40	502	33.6	32.3	33.3	31.5	33.0
8. 集計段階	348	381	10	68	813	50.9	55.6	66.7	53.5	53.5
9. 当日発表段階	44	61	3	5	113	6.4	8.9	20.0	3.9	7.4
10. 確定結果発表段階	58	54	0	11	123	8.5	7.9	0.0	8.7	8.1
NA	22	18	1	3	44	3.2	2.6	6.7	2.4	2.9
N	684	685	15	127	1521					

資料2　「全国市区町村選挙管理委員会・事務局調査」コードブック

問15　この5年以内に、貴自治体では、ミスはありましたでしょうか。ミスがあった場合、差し支えのない範囲で結構ですので、概要をお聞かせ下さい。（1つだけ○／具体的に記入）

	度数					%				
	市区	町村	政令市	行政区	全体	市区	町村	政令市	行政区	全体
1. ミスはなかった	467	580	1	68	1124	68.3	84.7	6.7	53.5	73.9
2. ミスがあった	209	97	12	53	373	30.6	14.2	80.0	41.7	24.5
NA	8	8	2	6	24	1.2	1.2	13.3	4.7	1.6
合計	684	685	15	127	1521	100.0	100.0	100.0	100.0	100.0

問16　東日本大震災などの大規模災害が対応するための危機管理マニュアルを作られているでしょうか。（協議会などで共有しているものも含む）（1つだけ○）

	度数					%				
	市区	町村	政令市	行政区	全体	市区	町村	政令市	行政区	全体
1. 危機管理マニュアルを作っている	99	61	4	23	187	14.5	8.9	26.7	18.1	12.3
2. 危機管理マニュアルを作っていないが、作成を検討しているところである	152	122	7	30	312	22.2	17.8	46.7	23.6	20.5
3. 危機管理マニュアルを作る予定は今のところない	387	462	2	43	902	56.6	67.4	13.3	33.9	59.3
4. その他	37	23	2	16	78	5.4	3.4	13.3	12.6	5.1
NA	9	17	0	15	42	1.3	2.5	0.0	11.8	2.8
合計	684	685	15	127	1521	100.0	100.0	100.0	100.0	100.0

問17　投開票でのご苦労について、よろしければ、ご自由にお書き下さい。

問18　選挙管理業務にとっての課題は何でしょうか。現在の課題と中長期的な課題について、それぞれご意見をお教え下さい。

【現在の課題】

【中長期的な課題】

◆ **貴自治体の選挙管理委員会の組織体制についておたずねします。**

問 19　貴自治体の現在の選挙管理委員のお名前・性別・年齢・所属党派・任期開始年月・在任期数・就任前の主なお仕事について以下の表にご記入いただけますでしょうか。
（同様の委員会名簿の写しを添付いただきましても結構です）。

【平成　　年　　月　　現在】

お名前	性別	年齢	所属党派	任期開始 年月	在任 期数	就任前の主なお仕事 ※市議・市役所職員・教員・弁護士・ 大学教員・企業経営者・その他
	男・女			年　　月～		
	男・女			年　　月～		
	男・女			年　　月～		
	男・女			年　　月～		

・委員の方のお名前は、差し支えなければお書き下さい。

・年齢について詳しく書くことができない時は、「60歳代」というように10歳刻みでお答え下さい。

・所属党派は、具体的な政党名をお答え下さい。「無所属」の場合は「無所属」とお書き下さい。

・任期開始年月については、現在の任期の開始年月をお知らせ下さい。

その上で、在任期数については、現在、何期目かをお書き下さい。

・就任前の主な仕事は、「市議・市役所職員・教員（大学短大を除く）・弁護士・大学教員・企業経営者・その他（具体的にお答え下さい　　　　　　　　　）」から、お選び下さい。

	度数					%				
	市区	町村	政令市	行政区	全体	市区	町村	政令市	行政区	全体
回答自治体数	665	636	14	112	1435	97.2	92.8	93.3	88.2	94.3
NA自治体数	19	49	1	15	86	2.8	7.2	6.7	11.8	5.7
合計	684	685	15	127	1521	100.0	100.0	100.0	100.0	100.0

（選挙管理委員について回答した自治体（ケース数：1435）のみ対象）

【性別】

	度数					%				
	市区	町村	政令市	行政区	全体	市区	町村	政令市	行政区	全体
男性	2099	2096	50	359	4630	78.9	82.4	89.3	80.1	80.7
女性	522	381	6	81	996	19.6	15.0	10.7	18.1	17.4
NA	39	67	0	8	114	1.5	2.6	0.0	1.8	2.0
合計	2660	2544	56	448	5740	100.0	100.0	100.0	100.0	100.0

資料2 「全国市区町村選挙管理委員会・事務局調査」コードブック

【年齢】

	度数					%				
	市区	町村	政令市	行政区	全体	市区	町村	政令市	行政区	全体
30代	1	6	1	1	9	0.0	0.2	1.8	0.2	0.2
40代	24	24	0	11	59	0.9	0.9	0.0	2.5	1.0
50代	162	212	5	30	410	6.1	8.3	8.9	6.7	7.1
60代	1192	1147	18	182	2556	44.8	45.1	32.1	40.6	44.5
70代	1080	912	16	161	2183	40.6	35.8	28.6	35.9	38.0
80代	87	71	4	26	188	3.3	2.8	7.1	5.8	3.3
90代以上	1	0	0	1	2	0.0	0.0	0.0	0.2	0.0
NA	113	172	12	36	333	4.2	6.8	21.4	8.0	5.8
合計	2660	2544	56	448	5740	100.0	100.0	100.0	100.0	100.0

【所属党派】

	度数					%				
	市区	町村	政令市	行政区	全体	市区	町村	政令市	行政区	全体
自民党	28	3	6	40	77	1.1	0.1	10.7	8.9	1.3
民主党	7	0	5	36	48	0.3	0.0	8.9	8.0	0.8
公明党	34	0	6	50	90	1.3	0.0	10.7	11.2	1.6
共産党	15	0	4	13	32	0.6	0.0	7.1	2.9	0.6
社民党	3	0	0	2	5	0.1	0.0	0.0	0.4	0.1
維新の会	0	0	0	3	3	0.0	0.0	0.0	0.7	0.1
国民新党	1	0	0	0	1	0.0	0.0	0.0	0.0	0.0
みんなの党	0	0	0	1	1	0.0	0.0	0.0	0.2	0.0
無所属	2412	2436	31	251	5162	90.7	95.8	55.4	56.0	89.9
不明	4	8	0	4	16	0.2	0.3	0.0	0.9	0.3
NA	156	97	4	48	305	5.9	3.8	7.1	10.7	5.3
合計	2660	2544	56	448	5740	100.0	100.0	100.0	100.0	100.0

【在任期数】

	度数					%				
	市区	町村	政令市	行政区	全体	市区	町村	政令市	行政区	全体
1期目	1214	1034	42	304	2605	45.6	40.6	75.0	67.9	45.4
2期目	817	718	5	89	1644	30.7	28.2	8.9	19.9	28.6
3期目	285	301	3	18	610	10.7	11.8	5.4	4.0	10.6
4期目	146	188	6	2	344	5.5	7.4	10.7	0.4	6.0
5期目	68	62	0	1	131	2.6	2.4	0.0	0.2	2.3
6期目	25	27	0	1	53	0.9	1.1	0.0	0.2	0.9
7期目	6	15	0	1	22	0.2	0.6	0.0	0.2	0.4
8期目	7	12	0	0	19	0.3	0.5	0.0	0.0	0.3
9期目	5	7	0	0	13	0.2	0.3	0.0	0.0	0.2
10期目	2	2	0	0	4	0.1	0.1	0.0	0.0	0.1
12期目	0	1	0	0	1	0.0	0.0	0.0	0.0	0.0
NA・不明	85	177	0	32	294	3.2	7.0	0.0	7.1	5.1
合計	2660	2544	56	448	5740	100.0	100.0	100.0	100.0	100.0

問 20　貴自治体で委員の選出にあたり、人選を実際に行っているのは、どなたでしょうか。以下の中から1つ選んで○を付けて下さい。（1つだけ○）

	度数					%				
	市区	町村	政令市	行政区	全体	市区	町村	政令市	行政区	全体
1. 市町村長ら役所幹部	94	132	0	2	231	13.7	19.3	0.0	1.6	15.2
2. 市町村議会	381	311	14	91	799	55.7	45.4	93.3	71.7	52.5
3. 選挙管理委員会事務局	169	198	1	21	394	24.7	28.9	6.7	16.5	25.9
4. その他	18	19	0	7	44	2.6	2.8	0.0	5.5	2.9
NA	22	25	0	6	53	3.2	3.6	0.0	4.7	3.5
合計	684	685	15	127	1521	100.0	100.0	100.0	100.0	100.0

問 21　貴自治体では、5年前と比べ、実際に委員の人選を行っている方が変わったでしょうか。（1つだけ○）

	度数					%				
	市区	町村	政令市	行政区	全体	市区	町村	政令市	行政区	全体
1. 変わった	121	174	2	18	317	17.7	25.4	13.3	14.2	20.8
2. 変わっていない	534	491	13	92	1138	78.1	71.7	86.7	72.4	74.8
NA	29	20	0	17	66	4.2	2.9	0.0	13.4	4.3
合計	684	685	15	127	1521	100.0	100.0	100.0	100.0	100.0

問 22　貴自治体では、5年前と比べ、選出される委員について、変化がありましたか。以下のうち、変わったもの全てに○を付けて下さい。（いくつでも○）

	度数					%				
	市区	町村	政令市	行政区	全体	市区	町村	政令市	行政区	全体
1. 性別	139	111	5	33	288	20.3	16.2	33.3	26.0	18.9
2. 年齢層	156	175	4	24	359	22.8	25.5	26.7	18.9	23.6
3. 党派構成	23	2	5	22	52	3.4	0.3	33.3	17.3	3.4
4. 在任期間	79	73	3	5	160	11.5	10.7	20.0	3.9	10.5
5. 出身地域	162	102	3	6	273	23.7	14.9	20.0	4.7	17.9
6. 前職	115	68	5	17	205	16.8	9.9	33.3	13.4	13.5
7. その他	21	22	1	5	49	3.1	3.2	6.7	3.9	3.2
NA	267	320	3	57	657	39.0	46.7	20.0	44.9	43.2
N	684	685	15	127	1521					

資料2　「全国市区町村選挙管理委員会・事務局調査」コードブック

問23　委員の選出に際し、非公式のものも含め、事務局に事前に連絡や相談がありましたか。
　　　以下の中から1つ選んで○を付けて下さい。（1つだけ○）

	度数					%				
	市区	町村	政令市	行政区	全体	市区	町村	政令市	行政区	全体
1. 毎回ある	159	169	2	16	347	23.2	24.7	13.3	12.6	22.8
2. 時々ある	50	54	1	7	112	7.3	7.9	6.7	5.5	7.4
3. そういうこともあった	112	114	1	12	242	16.4	16.6	6.7	9.4	15.9
4. 一切ない	302	282	11	70	671	44.2	41.2	73.3	55.1	44.1
NA	61	66	0	22	149	8.9	9.6	0.0	17.3	9.8
合計	684	685	15	127	1521	100.0	100.0	100.0	100.0	100.0

問24　貴自治体の委員会で、議事以外のことで、席上、よく話題になるのはどのような問題でしょうか。
　　　あてはまるものに○を付けて下さい(複数でも結構です)。（いくつでも○）

	度数					%				
	市区	町村	政令市	行政区	全体	市区	町村	政令市	行政区	全体
1. 投票率について	380	357	8	71	821	55.6	52.1	53.3	55.9	54.0
2. 投開票のあり方について	248	204	4	33	493	36.3	29.8	26.7	26.0	32.4
3. 争訟について	10	6	0	5	21	1.5	0.9	0.0	3.9	1.4
4. その他	77	62	4	18	161	11.3	9.1	26.7	14.2	10.6
5. 特にない	156	200	4	31	394	22.8	29.2	26.7	24.4	25.9
NA	16	17	1	6	40	2.3	2.5	6.7	4.7	2.6
N	684	685	15	127	1521					

◆ **次に事務局の組織と明推協についてお教え下さい。**

問 25 事務局職員の方の職位・担当、選管勤務年数(現在/通算)、兼任の有無(兼任の場合は、その職務内容について)、配属前の業務、常勤/非常勤の別について、以下の表にご記入下さい。
　　　（座席表・職務分担を示す表等がございましたら添付していただけますと助かります）

　　　また、**今回、ご回答していただいた方**をお教え下さい（下の記号 A から J でお答え下さい）。
　　　（_____）

　　　※お名前については、匿名でお願いいたします。
　　　　兼任の場合の職務内容について、例えば、総務課/ 他の行政委員会(公平・監査) などとお答え下さい。

お名前	職位・担当	勤務年数	通算年数	兼任の有無 （兼任の場合の職務内容）	配属前の業務	常 勤／ 非常勤
A さん						常 勤／ 非常勤
B さん						常 勤／ 非常勤
C さん						常 勤／ 非常勤
D さん						常 勤／ 非常勤
E さん						常 勤／ 非常勤
F さん						常 勤／ 非常勤
G さん						常 勤／ 非常勤
H さん						常 勤／ 非常勤
I さん						常 勤／ 非常勤
J さん						常 勤／ 非常勤

資料2 「全国市区町村選挙管理委員会・事務局調査」コードブック

事務局職員について：回答のあった人数

	度数					％				
	市区	町村	政令市	行政区	全体	市区	町村	政令市	行政区	全体
1人	13	82	0	0	95	1.9	12.0	0.0	0.0	6.2
2人	57	101	0	0	159	8.3	14.7	0.0	0.0	10.5
3人	154	124	0	2	282	22.5	18.1	0.0	1.6	18.5
4人	117	115	0	14	248	17.1	16.8	0.0	11.0	16.3
5人	103	80	0	16	199	15.1	11.7	0.0	12.6	13.1
6人	76	50	0	34	161	11.1	7.3	0.0	26.8	10.6
7人	43	30	0	13	87	6.3	4.4	0.0	10.2	5.7
8人	38	18	0	0	57	5.6	2.6	0.0	0.0	3.7
9人	16	11	5	4	36	2.3	1.6	33.3	3.1	2.4
10人	19	21	5	12	58	2.8	3.1	33.3	9.4	3.8
11人	8	3	1	3	15	1.2	0.4	6.7	2.4	1.0
12人	3	2	0	2	7	0.4	0.3	0.0	1.6	0.5
13人	7	0	0	0	7	1.0	0.0	0.0	0.0	0.5
14人	2	0	2	0	4	0.3	0.0	13.3	0.0	0.3
16人	1	1	0	0	2	0.1	0.1	0.0	0.0	0.1
19人	2	0	0	0	2	0.3	0.0	0.0	0.0	0.1
20人	2	1	0	0	3	0.3	0.1	0.0	0.0	0.2
21人	0	0	0	2	2	0.0	0.0	0.0	1.6	0.1
23人	0	0	1	1	2	0.0	0.0	6.7	0.8	0.1
24人	0	0	0	1	1	0.0	0.0	0.0	0.8	0.1
26人	1	0	0	2	3	0.1	0.0	0.0	1.6	0.2
27人	0	1	0	0	1	0.0	0.1	0.0	0.0	0.1
28人	0	0	0	1	1	0.0	0.0	0.0	0.8	0.1
35人	0	0	0	1	1	0.0	0.0	0.0	0.8	0.1
NA	22	45	1	19	88	3.2	6.6	6.7	15.0	5.8
合計	684	685	15	127	1521	100.0	100.0	100.0	100.0	100.0

問25-1 職員の方の人数は、5年前と比べ増えていますか、あるいは減っていますか。
以下の中から1つ選んで○を付けて下さい。（1つだけ○）

	度数					％				
	市区	町村	政令市	行政区	全体	市区	町村	政令市	行政区	全体
1. 明らかに増えた	32	15	0	5	53	4.7	2.2	0.0	3.9	3.5
2. ほとんどかわらない	475	537	8	95	1123	69.4	78.4	53.3	74.8	73.8
3. 明らかに減った	166	122	6	19	314	24.3	17.8	40.0	15.0	20.6
NA	11	11	1	8	31	1.6	1.6	6.7	6.3	2.0
合計	684	685	15	127	1521	100.0	100.0	100.0	100.0	100.0

問25-2　また、近年、大きく変動したことがあれば、それはいつ頃のことでしょうか。（1つだけ○）
　（　　　　　）年ごろに　（　1　増えた　　　　2　減った　）　　3　ほとんどかわらない

	度数					%				
	市区	町村	政令市	行政区	全体	市区	町村	政令市	行政区	全体
1. 増えた	39	21	0	7	68	5.7	3.1	0.0	5.5	4.5
2. 減った	141	74	7	14	237	20.6	10.8	46.7	11.0	15.6
3. ほとんどかわらない	413	479	7	88	995	60.4	69.9	46.7	69.3	65.4
NA	91	111	1	18	221	13.3	16.2	6.7	14.2	14.5
合計	684	685	15	127	1521	100.0	100.0	100.0	100.0	100.0

（職員数の変動：増えた）

	度数					%				
	市区	町村	政令市	行政区	全体	市区	町村	政令市	行政区	全体
2000 年	0	0	0	1	1	0.0	0.0	0.0	0.8	0.1
2002 年	0	1	0	0	1	0.0	0.1	0.0	0.0	0.1
2004 年	0	2	0	0	2	0.0	0.3	0.0	0.0	0.1
2005 年	1	3	0	0	4	0.1	0.4	0.0	0.0	0.3
2006 年	1	2	0	0	3	0.1	0.3	0.0	0.0	0.2
2007 年	1	2	0	0	3	0.1	0.3	0.0	0.0	0.2
2008 年	5	1	0	1	7	0.7	0.1	0.0	0.8	0.5
2009 年	6	2	0	2	10	0.9	0.3	0.0	1.6	0.7
2010 年	10	3	0	1	15	1.5	0.4	0.0	0.8	1.0
2011 年	6	3	0	0	9	0.9	0.4	0.0	0.0	0.6
2012 年	8	1	0	2	11	1.2	0.1	0.0	1.6	0.7
2013 年	1	0	0	0	1	0.1	0.0	0.0	0.0	0.1
NA	0	1	0	0	1	0.0	0.1	0.0	0.0	0.1
合計	39	21	0	7	68	5.7	3.1	0.0	5.5	4.5

（職員数の変動：減った）

	度数					%				
	市区	町村	政令市	行政区	全体	市区	町村	政令市	行政区	全体
2002 年	2	0	0	1	3	0.3	0.0	0.0	0.8	0.2
2004 年	1	2	0	0	3	0.1	0.3	0.0	0.0	0.2
2005 年	3	3	0	0	6	0.4	0.4	0.0	0.0	0.4
2006 年	3	4	0	0	7	0.4	0.6	0.0	0.0	0.5
2007 年	5	5	0	1	11	0.7	0.7	0.0	0.8	0.7
2008 年	22	8	1	1	32	3.2	1.2	6.7	0.8	2.1
2009 年	7	6	1	4	18	1.0	0.9	6.7	3.1	1.2
2010 年	18	9	2	0	29	2.6	1.3	13.3	0.0	1.9
2011 年	29	6	1	3	40	4.2	0.9	6.7	2.4	2.6
2012 年	37	19	1	3	60	5.4	2.8	6.7	2.4	3.9
2013 年	2	0	0	0	2	0.3	0.0	0.0	0.0	0.1
毎年	0	2	0	0	2	0.0	0.3	0.0	0.0	0.1
その他	6	5	1	0	12	0.9	0.7	6.7	0.0	0.8
NA	6	5	0	1	12	0.9	0.7	0.0	0.8	0.8
合計	141	74	7	14	237	20.6	10.8	46.7	11.0	15.6

資料2 「全国市区町村選挙管理委員会・事務局調査」コードブック

問26 明推協についてお教え下さい。貴自治体では明推協を組織されていますか。されている場合、
委員の方の人数・バックグラウンド、主な活動についてお教え下さい。（1つだけ〇／具体的に）

1 組織している

　　（人数：　　　名）

　　（どのような人を選んでいるか：　　　　　　　　　　　　　　　　　　　　　　　　　）

　　（どのような活動をしているか：　　　　　　　　　　　　　　　　　　　　　　　　　）

2 組織していない

	度数					%				
	市区	町村	政令市	行政区	全体	市区	町村	政令市	行政区	全体
1. 組織している	564	371	13	110	1063	82.5	54.2	86.7	86.6	69.9
2. 組織していない	111	289	1	9	415	16.2	42.2	6.7	7.1	27.3
NA	9	25	1	8	43	1.3	3.6	6.7	6.3	2.8
合計	684	685	15	127	1521	100.0	100.0	100.0	100.0	100.0

（明推協委員の人数）

	度数					%				
	市区	町村	政令市	行政区	全体	市区	町村	政令市	行政区	全体
9人以下	44	114	0	11	169	6.4	16.6	0.0	8.7	11.1
10-19人	150	143	7	43	344	21.9	20.9	46.7	33.9	22.6
20-29人	104	45	2	17	168	15.2	6.6	13.3	13.4	11.0
30-39人	63	22	1	4	91	9.2	3.2	6.7	3.1	6.0
40-49人	40	10	0	3	55	5.8	1.5	0.0	2.4	3.6
50-59人	24	5	0	2	32	3.5	0.7	0.0	1.6	2.1
60-69人	28	4	0	4	36	4.1	0.6	0.0	3.1	2.4
70-79人	6	2	0	2	10	0.9	0.3	0.0	1.6	0.7
80-89人	8	1	0	1	10	1.2	0.1	0.0	0.8	0.7
90-99人	8	0	1	2	11	1.2	0.0	6.7	1.6	0.7
100-149人	28	2	0	5	35	4.1	0.3	0.0	3.9	2.3
150-199人	8	0	1	3	12	1.2	0.0	6.7	2.4	0.8
200-299人	8	0	1	6	15	1.2	0.0	6.7	4.7	1.0
300-399人	2	0	0	3	5	0.3	0.0	0.0	2.4	0.3
400-499人	1	0	0	0	1	0.1	0.0	0.0	0.0	0.1
500人以上	4	0	0	0	4	0.6	0.0	0.0	0.0	0.3
その他	2	1	0	0	3	0.3	0.1	0.0	0.0	0.2
NA	36	22	0	4	62	5.3	3.2	0.0	3.1	4.1
非該当	120	314	2	17	458	17.5	45.8	13.3	13.4	30.1
合計	684	685	15	127	1521	100.0	100.0	100.0	100.0	100.0

◆他の自治体との関係や市町村合併などについてお聞きします。

問27　都道府県との接触は、どのようなものでしょうか。以下の表に記入する形でお教え下さい。
　　　　頻度については、以下からお選び下さい。

		頻　度 ※下表より選択	主な内容
平時	先方から		
	こちらから		
選挙時	先方から		
	こちらから		

※頻度
【平　時】①週3回以上　②週1・2回　③月2回程度　④月1回以下　⑤年1回程度　　　⑥なし
【選挙時】①日3回以上　②日1・2回　③週2・3回　④週1回以下　⑤期間中1回程度　⑥なし

【平時：先方から】

	度数					%				
	市区	町村	政令市	行政区	全体	市区	町村	政令市	行政区	全体
1. 週3回以上	13	15	1	1	30	1.9	2.2	6.7	0.8	2.0
2. 週1・2回	122	100	1	6	230	17.8	14.6	6.7	4.7	15.1
3. 月2回程度	209	203	3	16	434	30.6	29.6	20.0	12.6	28.5
4. 月1回以下	211	184	9	16	424	30.8	26.9	60.0	12.6	27.9
5. 年1回程度	29	43	0	24	97	4.2	6.3	0.0	18.9	6.4
6. なし	33	52	0	31	116	4.8	7.6	0.0	24.4	7.6
NA	67	88	1	33	190	9.8	12.8	6.7	26.0	12.5
合計	684	685	15	127	1521	100.0	100.0	100.0	100.0	100.0

【平時：こちらから】

	度数					%				
	市区	町村	政令市	行政区	全体	市区	町村	政令市	行政区	全体
1. 週3回以上	6	7	1	0	14	0.9	1.0	6.7	0.0	0.9
2. 週1・2回	91	74	1	1	168	13.3	10.8	6.7	0.8	11.0
3. 月2回程度	216	161	5	9	395	31.6	23.5	33.3	7.1	26.0
4. 月1回以下	261	239	8	20	532	38.2	34.9	53.3	15.7	35.0
5. 年1回程度	28	48	0	17	93	4.1	7.0	0.0	13.4	6.1
6. なし	25	68	0	44	137	3.7	9.9	0.0	34.6	9.0
NA	57	88	0	36	182	8.3	12.8	0.0	28.3	12.0
合計	684	685	15	127	1521	100.0	100.0	100.0	100.0	100.0

資料2 「全国市区町村選挙管理委員会・事務局調査」コードブック

【選挙時：先方から】

	度数					%				
	市区	町村	政令市	行政区	全体	市区	町村	政令市	行政区	全体
1. 日3回以上	107	141	0	11	261	15.6	20.6	0.0	8.7	17.2
2. 日1・2回	201	201	6	15	424	29.4	29.3	40.0	11.8	27.9
3. 週2・3回	187	146	5	19	361	27.3	21.3	33.3	15.0	23.7
4. 週1回以下	69	43	2	11	126	10.1	6.3	13.3	8.7	8.3
5. 期間中1回程度	41	41	0	23	106	6.0	6.0	0.0	18.1	7.0
6. なし	20	30	0	19	69	2.9	4.4	0.0	15.0	4.5
NA	59	83	2	29	174	8.6	12.1	13.3	22.8	11.4
合計	684	685	15	127	1521	100.0	100.0	100.0	100.0	100.0

【選挙時：こちらから】

	度数					%				
	市区	町村	政令市	行政区	全体	市区	町村	政令市	行政区	全体
1. 日3回以上	72	88	0	4	165	10.5	12.8	0.0	3.1	10.8
2. 日1・2回	179	192	6	8	388	26.2	28.0	40.0	6.3	25.5
3. 週2・3回	265	193	9	24	494	38.7	28.2	60.0	18.9	32.5
4. 週1回以下	70	62	0	10	144	10.2	9.1	0.0	7.9	9.5
5. 期間中1回程度	28	42	0	19	89	4.1	6.1	0.0	15.0	5.9
6. なし	15	28	0	29	72	2.2	4.1	0.0	22.8	4.7
NA	55	80	0	33	169	8.0	11.7	0.0	26.0	11.1
合計	684	685	15	127	1521	100.0	100.0	100.0	100.0	100.0

問28 頻繁に連絡を取られている他の自治体がありましたら、その市町村名をお教え下さい。

	度数					%				
	市区	町村	政令市	行政区	全体	市区	町村	政令市	行政区	全体
頻繁に連絡を取っている自治体がある	194	130	7	12	344	28.4	19.0	46.7	9.4	22.6
ない・NA	490	555	8	115	1177	71.6	81.0	53.3	90.6	77.4
合計	684	685	15	127	1521	100.0	100.0	100.0	100.0	100.0

問29 貴自治体では、この10年以内に合併をしましたか。(1つだけ○)

	度数					%				
	市区	町村	政令市	行政区	全体	市区	町村	政令市	行政区	全体
1. 合併した	351	122	7	35	520	51.3	17.8	46.7	27.6	34.2
2. 合併しなかった	332	557	8	81	983	48.5	81.3	53.3	63.8	64.6
NA	1	6	0	11	18	0.1	0.9	0.0	8.7	1.2
合計	684	685	15	127	1521	100.0	100.0	100.0	100.0	100.0

265

問30　貴自治体の選挙に際し、選挙公報の発行をなさっていますか。（1つだけ○）

	度数					%				
	市区	町村	政令市	行政区	全体	市区	町村	政令市	行政区	全体
1. 市町村長選挙・市町村議会議員選挙の両方とも行っている	579	300	15	92	993	84.6	43.8	100.0	72.4	65.3
2. 市町村長選挙のみ行っている	5	4	0	4	13	0.7	0.6	0.0	3.1	0.9
3. 市町村議会議員選挙のみ行っている	1	1	0	2	5	0.1	0.1	0.0	1.6	0.3
4. 全くしていない	95	372	0	6	475	13.9	54.3	0.0	4.7	31.2
NA	4	8	0	23	35	0.6	1.2	0.0	18.1	2.3
合計	684	685	15	127	1521	100.0	100.0	100.0	100.0	100.0

問31　貴自治体の選挙(当日投票分)では、記号式投票用紙を使用されていますか。使用されておられましたら、その選挙の種類をお教え下さい。直近の選挙でお考え下さい。（いくつでも○）

	度数					%				
	市区	町村	政令市	行政区	全体	市区	町村	政令市	行政区	全体
1. 知事選挙	36	49	0	3	89	5.3	7.2	0.0	2.4	5.9
2. 市区町村長選挙	93	90	0	3	189	13.6	13.1	0.0	2.4	12.4
3. 都道府県議会選挙	0	6	0	1	7	0.0	0.9	0.0	0.8	0.5
4. 市区町村議会選挙	4	8	0	0	12	0.6	1.2	0.0	0.0	0.8
5. その他	15	9	1	4	29	2.2	1.3	6.7	3.1	1.9
NA	571	563	14	119	1273	83.5	82.2	93.3	93.7	83.7
N	684	685	15	127	1521					

問32　常時啓発の手段として、過去5年に貴自治体で実施されたものがあれば、実施されたもの全てに○を付けて下さい。（いくつでも○）

	度数					%				
	市区	町村	政令市	行政区	全体	市区	町村	政令市	行政区	全体
1. 一般市民向け研修会(講演会)の開催	95	12	5	29	141	13.9	1.8	33.3	22.8	9.3
2. 若者向け研修会(講演会)の開催	12	2	4	14	32	1.8	0.3	26.7	11.0	2.1
3. 新成人向けのイベント・冊子等の配布	554	477	11	61	1109	81.0	69.6	73.3	48.0	72.9
4. 学校への投票箱や記載台の貸し出し	522	323	14	87	954	76.3	47.2	93.3	68.5	62.7
5. 小中高への出前授業(模擬投票を含む)	140	27	10	41	220	20.5	3.9	66.7	32.3	14.5
6. 一般市民向けイベントへの参加	81	22	6	47	157	11.8	3.2	40.0	37.0	10.3
7. ポスターや標語等のコンクール	523	282	13	81	905	76.5	41.2	86.7	63.8	59.5
8. 若者のボランティア登用	34	5	4	6	49	5.0	0.7	26.7	4.7	3.2
9. その他	68	38	6	14	127	9.9	5.5	40.0	11.0	8.3
10. 特にしていない	11	96	0	4	112	1.6	14.0	0.0	3.1	7.4
NA	3	14	0	8	25	0.4	2.0	0.0	6.3	1.6
N	684	685	15	127	1521					

資料 2 「全国市区町村選挙管理委員会・事務局調査」コードブック

◆個人としてのご意見をお聞かせ下さい。

ここからは、回答していただいた方の個人としてのご意見ご感想をお聞かせ下さい。なお、回答は集計され統計的に処理されますので、個人としてのご意見が公表されることは一切ありません。

問 A　啓発活動について、あなたのご意見をお聞かせ下さい。以下の中からあてはまるもの 1 つに
　　　○を付けて下さい。（それぞれ 1 つだけ○）

【常時啓発活動の必要性】

	度数					%				
	市区	町村	政令市	行政区	全体	市区	町村	政令市	行政区	全体
1. 必要	266	154	8	44	478	38.9	22.5	53.3	34.6	31.4
2. どちらかというと必要	289	358	5	49	704	42.3	52.3	33.3	38.6	46.3
3. どちらかというと不要	81	125	0	16	222	11.8	18.2	0.0	12.6	14.6
4. 不要	27	40	0	12	80	3.9	5.8	0.0	9.4	5.3
NA	21	8	2	6	37	3.1	1.2	13.3	4.7	2.4
合計	684	685	15	127	1521	100.0	100.0	100.0	100.0	100.0

【臨時啓発活動の必要性】

	度数					%				
	市区	町村	政令市	行政区	全体	市区	町村	政令市	行政区	全体
1. 必要	350	309	7	62	734	51.2	45.1	46.7	48.8	48.3
2. どちらかというと必要	239	290	6	36	573	34.9	42.3	40.0	28.3	37.7
3. どちらかというと不要	58	55	0	15	129	8.5	8.0	0.0	11.8	8.5
4. 不要	16	24	0	8	49	2.3	3.5	0.0	6.3	3.2
NA	21	7	2	6	36	3.1	1.0	13.3	4.7	2.4
合計	684	685	15	127	1521	100.0	100.0	100.0	100.0	100.0

【現在の常時啓発活動の有効性】

	度数					%				
	市区	町村	政令市	行政区	全体	市区	町村	政令市	行政区	全体
1. 効果がある	48	32	2	8	90	7.0	4.7	13.3	6.3	5.9
2. どちらかというと効果がある	290	305	8	59	670	42.4	44.5	53.3	46.5	44.0
3. どちらかというと効果がない	252	266	3	37	558	36.8	38.8	20.0	29.1	36.7
4. 効果がない	67	66	0	15	150	9.8	9.6	0.0	11.8	9.9
NA	27	16	2	8	53	3.9	2.3	13.3	6.3	3.5
合計	684	685	15	127	1521	100.0	100.0	100.0	100.0	100.0

【現在の臨時啓発活動の有効性】

	度数					%				
	市区	町村	政令市	行政区	全体	市区	町村	政令市	行政区	全体
1. 効果がある	111	125	2	20	258	16.2	18.2	13.3	15.7	17.0
2. どちらかというと効果がある	350	390	9	58	814	51.2	56.9	60.0	45.7	53.5
3. どちらかというと効果がない	165	120	2	27	315	24.1	17.5	13.3	21.3	20.7
4. 効果がない	34	36	0	14	86	5.0	5.3	0.0	11.0	5.7
NA	24	14	2	8	48	3.5	2.0	13.3	6.3	3.2
合計	684	685	15	127	1521	100.0	100.0	100.0	100.0	100.0

問 B(1)　貴自治体の投票所の数について、あなたのご意見をお教え下さい(今回の総選挙について
　　　　お答え下さい。以下、同様にお願いします)。以下の中から１つ〇を付けて下さい。（１つだけ〇）

	度数					%				
	市区	町村	政令市	行政区	全体	市区	町村	政令市	行政区	全体
1. 多すぎる(→問 B(2)へ)	223	156	5	14	400	32.6	22.8	33.3	11.0	26.3
2. 適切(→問 C(1)へ)	414	506	8	103	1038	60.5	73.9	53.3	81.1	68.2
3. 少なすぎる(→問 B(2)へ)	7	9	0	3	19	1.0	1.3	0.0	2.4	1.2
4. その他(→問 C(1)へ)	16	5	0	1	23	2.3	0.7	0.0	0.8	1.5
NA	24	9	2	6	41	3.5	1.3	13.3	4.7	2.7
合計	684	685	15	127	1521	100.0	100.0	100.0	100.0	100.0

問 B(2)　投票所の数が多すぎる、あるいは少なすぎるという方にお聞きします。
　　　　その理由はどのようなものでしょうか。（自由回答）

_____

_____

問 C(1)　貴自治体の期日前投票所の数について、あなたのご意見をお教え下さい。以下の中から１つ
　　　　選んで〇を付けて下さい。（１つだけ〇）

	度数					%				
	市区	町村	政令市	行政区	全体	市区	町村	政令市	行政区	全体
1. 多すぎる (→問 C(2)へ)	56	13	3	11	84	8.2	1.9	20.0	8.7	5.5
2. 適切(→問 D へ)	572	652	9	106	1348	83.6	95.2	60.0	83.5	88.6
3. 少なすぎる (→問 C(2)へ)	20	2	0	4	26	2.9	0.3	0.0	3.1	1.7
4. その他(→問 D へ)	7	5	0	0	12	1.0	0.7	0.0	0.0	0.8
NA	29	13	3	6	51	4.2	1.9	20.0	4.7	3.4
合計	684	685	15	127	1521	100.0	100.0	100.0	100.0	100.0

資料2 「全国市区町村選挙管理委員会・事務局調査」コードブック

問 C(2)　期日前投票所の数が多すぎる、あるいは少なすぎるという方にお聞きします。
　　　　その理由はどのようなものでしょうか。（自由回答）

_____

_____

問 D　世間では一部に「投票している姿を見れば、後ろからでも投票先がだいたいわかる」という
　　　見方があるようです。これについて、貴自治体のことではなく一般的に、あなたはどのように
　　　思われますか。以下の中から、1つお選び下さい。（1つだけ○）

	度数					%				
	市区	町村	政令市	行政区	全体	市区	町村	政令市	行政区	全体
1. ありえないと思う	268	255	5	52	586	39.2	37.2	33.3	40.9	38.5
2. ありえないと思うが、そのような見方をする人はいると思う	358	379	8	61	810	52.3	55.3	53.3	48.0	53.3
3. 現在はありえないが、過去にはそのようなことがあったと思う	5	8	0	2	15	0.7	1.2	0.0	1.6	1.0
4. ありうると思う	22	28	0	4	54	3.2	4.1	0.0	3.1	3.6
NA	31	15	2	8	56	4.5	2.2	13.3	6.3	3.7
合計	684	685	15	127	1521	100.0	100.0	100.0	100.0	100.0

問 E　投票日・投票時間や期日前投票期間についてお聞きします。（それぞれ1つだけ○）

(a)　投票時間について、あなたのお考えに最も近いものを1つお選び下さい。

	度数					%				
	市区	町村	政令市	行政区	全体	市区	町村	政令市	行政区	全体
1. 短縮する方が良い	535	513	11	100	1167	78.2	74.9	73.3	78.7	76.7
2. 現状で良い	122	160	2	19	305	17.8	23.4	13.3	15.0	20.1
3. 延長する方が良い	0	0	0	0	0	0.0	0.0	0.0	0.0	0.0
4. わからない	5	5	0	2	12	0.7	0.7	0.0	1.6	0.8
NA	22	7	2	6	37	3.2	1.0	13.3	4.7	2.4
合計	684	685	15	127	1521	100.0	100.0	100.0	100.0	100.0

(b)　期日前投票の期間について、あなたのお考えに最も近いものを1つお選び下さい。

	度数					%				
	市区	町村	政令市	行政区	全体	市区	町村	政令市	行政区	全体
1. 短縮する方が良い	408	447	6	71	940	59.6	65.3	40.0	55.9	61.8
2. 現状で良い	229	214	7	44	495	33.5	31.2	46.7	34.6	32.5
3. 延長する方が良い	7	4	0	0	11	1.0	0.6	0.0	0.0	0.7
4. わからない	13	10	0	6	29	1.9	1.5	0.0	4.7	1.9
NA	27	10	2	6	46	3.9	1.5	13.3	4.7	3.0
合計	684	685	15	127	1521	100.0	100.0	100.0	100.0	100.0

問 F　現在、選挙管理の現場にも効率化を目指す動きが出てきていることと思います。これに関してご意見をお聞かせ下さい。以下の中で、あなたのお考えに最も近いものを1つお選び下さい。
（それぞれ1つだけ○）

(1)開票

	度数					%				
	市区	町村	政令市	行政区	全体	市区	町村	政令市	行政区	全体
1．速くしたい	178	192	2	35	409	26.0	28.0	13.3	27.6	26.9
2．できれば速くしたい	294	279	7	49	633	43.0	40.7	46.7	38.6	41.6
3．現状で十分速い	88	117	2	13	222	12.9	17.1	13.3	10.2	14.6
4．速さを問題にする必要はない	104	90	2	24	222	15.2	13.1	13.3	18.9	14.6
NA	20	7	2	6	35	2.9	1.0	13.3	4.7	2.3
合計	684	685	15	127	1521	100.0	100.0	100.0	100.0	100.0

(2)外注などの民営化をとりいれるべきだと思われますか。

	度数					%				
	市区	町村	政令市	行政区	全体	市区	町村	政令市	行政区	全体
1．積極的に取り入れるべき	42	33	0	16	92	6.1	4.8	0.0	12.6	6.0
2．取り入れ可能なことから取り入れるべき	447	344	10	82	891	65.4	50.2	66.7	64.6	58.6
3．取り入れても特段の効果は見込めない	91	152	2	11	257	13.3	22.2	13.3	8.7	16.9
4．取り入れるべきではない	72	142	1	9	224	10.5	20.7	6.7	7.1	14.7
NA	32	14	2	9	57	4.7	2.0	13.3	7.1	3.7
合計	684	685	15	127	1521	100.0	100.0	100.0	100.0	100.0

(3)効率化全般に関して、正確さと効率性は両立しうると思われますか。

	度数					%				
	市区	町村	政令市	行政区	全体	市区	町村	政令市	行政区	全体
1．両立する	80	88	1	16	185	11.7	12.8	6.7	12.6	12.2
2．ある程度は両立する	465	467	10	78	1026	68.0	68.2	66.7	61.4	67.5
3．両立するのはやや難しい	89	87	2	17	199	13.0	12.7	13.3	13.4	13.1
4．両立するのは難しい	30	31	0	10	71	4.4	4.5	0.0	7.9	4.7
NA	20	12	2	6	40	2.9	1.8	13.3	4.7	2.6
合計	684	685	15	127	1521	100.0	100.0	100.0	100.0	100.0

資料2 「全国市区町村選挙管理委員会・事務局調査」コードブック

問G 公職選挙法について、あなたのお考えをお聞かせ下さい。次の意見の中から、あなた個人の
お考えに最も近いものを1つお選び下さい。（それぞれ1つだけ○）

(1)【公職選挙法は、複雑すぎる】

	度数					%				
	市区	町村	政令市	行政区	全体	市区	町村	政令市	行政区	全体
1. 複雑すぎる	351	314	7	51	728	51.3	45.8	46.7	40.2	47.9
2. どちらかというと複雑すぎる	280	304	6	58	652	40.9	44.4	40.0	45.7	42.9
3. それほど複雑でない	26	47	0	9	83	3.8	6.9	0.0	7.1	5.5
4. 複雑ではない	3	6	0	2	11	0.4	0.9	0.0	1.6	0.7
NA	24	14	2	7	47	3.5	2.0	13.3	5.5	3.1
合計	684	685	15	127	1521	100.0	100.0	100.0	100.0	100.0

(2)【電子投票は、今後普及させるべきだ】

	度数					%				
	市区	町村	政令市	行政区	全体	市区	町村	政令市	行政区	全体
1. 賛成	145	146	3	48	343	21.2	21.3	20.0	37.8	22.6
2. どちらかというと賛成	294	312	5	46	664	43.0	45.5	33.3	36.2	43.7
3. どちらかというと反対	149	172	5	21	348	21.8	25.1	33.3	16.5	22.9
4. 反対	63	38	0	6	108	9.2	5.5	0.0	4.7	7.1
NA	33	17	2	6	58	4.8	2.5	13.3	4.7	3.8
合計	684	685	15	127	1521	100.0	100.0	100.0	100.0	100.0

(3)【戸別訪問を認めるべきだ】

	度数					%				
	市区	町村	政令市	行政区	全体	市区	町村	政令市	行政区	全体
1. 賛成	58	43	5	6	113	8.5	6.3	33.3	4.7	7.4
2. どちらかというと賛成	98	92	0	11	204	14.3	13.4	0.0	8.7	13.4
3. どちらかというと反対	228	305	2	41	578	33.3	44.5	13.3	32.3	38.0
4. 反対	273	232	6	61	576	39.9	33.9	40.0	48.0	37.9
NA	27	13	2	8	50	3.9	1.9	13.3	6.3	3.3
合計	684	685	15	127	1521	100.0	100.0	100.0	100.0	100.0

(4)【インターネット(ホームページ、ブログ、ツイッター)を用いた選挙運動は認めるべきだ】

	度数					%				
	市区	町村	政令市	行政区	全体	市区	町村	政令市	行政区	全体
1. 賛成	241	196	11	42	492	35.2	28.6	73.3	33.1	32.3
2. どちらかというと賛成	289	302	1	55	653	42.3	44.1	6.7	43.3	42.9
3. どちらかというと反対	83	126	1	18	229	12.1	18.4	6.7	14.2	15.1
4. 反対	44	50	0	6	101	6.4	7.3	0.0	4.7	6.6
NA	27	11	2	6	46	3.9	1.6	13.3	4.7	3.0
合計	684	685	15	127	1521	100.0	100.0	100.0	100.0	100.0

(5)【電子メールを用いた選挙運動は認めるべきだ】

	度数					%				
	市区	町村	政令市	行政区	全体	市区	町村	政令市	行政区	全体
1．賛成	119	66	6	17	209	17.4	9.6	40.0	13.4	13.7
2．どちらかというと賛成	173	158	2	25	362	25.3	23.1	13.3	19.7	23.8
3．どちらかというと反対	218	270	4	41	536	31.9	39.4	26.7	32.3	35.2
4．反対	144	180	1	38	365	21.1	26.3	6.7	29.9	24.0
NA	30	11	2	6	49	4.4	1.6	13.3	4.7	3.2
合計	684	685	15	127	1521	100.0	100.0	100.0	100.0	100.0

(6)【より在外投票しやすい環境を整えるべきだ】

	度数					%				
	市区	町村	政令市	行政区	全体	市区	町村	政令市	行政区	全体
1．賛成	121	96	3	23	243	17.7	14.0	20.0	18.1	16.0
2．どちらかというと賛成	332	368	6	52	765	48.5	53.7	40.0	40.9	50.3
3．どちらかというと反対	138	146	2	27	315	20.2	21.3	13.3	21.3	20.7
4．反対	61	62	2	17	143	8.9	9.1	13.3	13.4	9.4
NA	32	13	2	8	55	4.7	1.9	13.3	6.3	3.6
合計	684	685	15	127	1521	100.0	100.0	100.0	100.0	100.0

問 H　近年、市民向けの政治教育について言及されることが増えています。これに関し、どのようにお考えでしょうか。あなたのお考えに最も近いもの 1 つをお選び下さい。（1 つだけ○）

	度数					%				
	市区	町村	政令市	行政区	全体	市区	町村	政令市	行政区	全体
1．大いに推進すべきだ	153	95	4	32	286	22.4	13.9	26.7	25.2	18.8
2．推進してよいが慎重にすべきだ	275	335	4	65	684	40.2	48.9	26.7	51.2	45.0
3．余裕があれば推進しても良いと思う	186	202	5	18	414	27.2	29.5	33.3	14.2	27.2
4．推進する必要はない	27	17	0	3	47	3.9	2.5	0.0	2.4	3.1
NA	43	36	2	9	90	6.3	5.3	13.3	7.1	5.9
合計	684	685	15	127	1521	100.0	100.0	100.0	100.0	100.0

問 I　最後に、選挙管理委員会にとって最重要任務は何だとお考えですか。

_____

_____

資料2 「全国市区町村選挙管理委員会・事務局調査」コードブック

長時間にわたり、ご協力いただき、誠にありがとうございました。
みなさまから頂いた回答を分析し、今後の選挙管理行政研究に活かしてまいります。
最後に、よろしければ、以下の事柄についてアドバイスを頂けますと幸いです。
よろしくお願いいたします。

◆選挙管理行政の研究を進める際に、調べておくべきこと、あるいは調べてほしいことについて
　ご提案あるいはご意見がございましたらお教え下さい。

_____

_____

◆貴自治体で行われている、選挙管理の特色ある取り組みがあれば、お教え下さい。

_____

_____

ご協力、誠にありがとうございました。

都道府県	市区	町村	政令市	行政区	不明	計
北海道	30	107	1	10		148
青森	9	29				38
岩手	13	16				29
宮城	9	14	1	5		29
秋田	10	6				16
山形	12	18				30
福島	10	31				41
茨城	28	9				37
栃木	13	11				24
群馬	11	20				31
埼玉	34	17	1	9		61
千葉	30	15	1	6		52
東京	39	7				46
神奈川	14	10	2	24		50
新潟	18	9	1	6		34
富山	10	4				14
石川	10	7				17
福井	9	5				14
山梨	10	8				18
長野	16	40				56
岐阜	20	18				38
静岡	17	11	1	7		36
愛知	32	12	1	14		59
三重	13	13				26

都道府県	市区	町村	政令市	行政区	不明	計
滋賀	12	5				17
京都	12	6	1			19
大阪	28	8	2	23		61
兵庫	25	11	1	2		39
奈良	8	13				21
和歌山	9	14				23
鳥取	4	8				12
島根	6	7				13
岡山	14	10	1	4		29
広島	12	6		3		21
山口	9	5				14
徳島	8	10				18
香川	5	9				14
愛媛	9	7				16
高知	9	11				20
福岡	20	24	1	9		54
佐賀	9	9				18
長崎	12	5				17
熊本	9	25		5		39
大分	12	4				16
宮崎	7	12				19
鹿児島	18	17				35
沖縄	10	22				32
不明					10	10
合計	684	685	15	127	10	1521

注:各集計表の全体欄には、「不明」分が含まれる。

人名索引

あ 行

アーノルド，D.　81
秋野諭　135, 145
アルヴァレス，M.　7
アンダーソン，C.　214
イーストン，D.　220
飯田健　126
伊藤正次　58
イレボグル，Y.　210
ウェザーフォード，S.　212
上ノ原秀晃　101
エイヴリィ，J.　212
大西裕　77, 157, 172
大畠菜穂子　59
岡田佐織　59
岡本哲和　152, 156, 158
オッペンハイマー，D.　214

か 行

カーペンター，D.　191
片山善博　152
カッツ，J.　78
カレーラス，M.　210
河村和徳　153, 171, 172, 174, 206
清原聖子　152
クロージャー，M.　214
クロスニック，J.　214
桑原英明　17, 58
ケレヴェル，Y.　210, 211
小島勇人　131, 145, 170
高選圭　172, 174
小林哲郎　214

さ 行

サラ，B.　78
ジェイムズ，T.　157
シェドラー，A.　207
シッパン，C.　78
品田裕　33, 58, 87, 101, 108, 197
清水大資　145, 170
シュワルツ，T.　78
善教将大　212, 215
曽我謙悟　164, 210

た 行

ツヴァドヴァ，Y.　214
テスラー，M.　209
デナード，J.　78
ドミンゲス，J.　210

な 行

中尾忠昭　131
ノリス，P.　5, 102, 209, 211, 213
ノル，R.　78, 191

は 行

バーチ，S.　210
ハイド，S.　7
パストール，R.　10, 11
パットナム，R.　214
ハンチントン，S.　214
ハンマー，M.　7
樋口耕一　108
ヒックス，W.　157
ヒューバー，J.　78
フーバー，G.　191, 192, 197, 202, 204

ファー, S.　214
ファーラー, M.　78
フェノ, R.　78
フッド, C.　190
ブライス, A.　221
ボウラー, S.　225
ホール, T.　7

ま　行

マッカビンズ, M.　78, 191
マッカンナ, J.　210
松林哲也　126, 157
三浦麻子　214
三浦保徳　173
三船毅　161
村上祐介　59
村山皓　209, 224

メイヒュー, D.　78
モザファー, S.　207

や　行

安本康浩　153
山内和夫　17, 58, 62, 174
湯淺墾道　172, 174
吉田幸彦　131

ら・わ　行

リプセット, S.　212
ロッチャ, R.　157
ロビンズ, M.　209
ロペス-ピントール, R.　9, 13, 171, 189
ロング, S.　122
ワインゲスト, B.　191
綿貫譲治　214

事項索引

※「選挙ガバナンス」「選挙管理委員会」などは頻出するため省略した。

あ 行

阿久根町　98

安土町　1, 24, 99

意識調査　214

一般化線型モデル　218, 221, 224

因果メカニズム　207, 210, 211

浦安市　180

エージェンシータイプ　190

おいらせ町　170

応答性　212

か 行

間接効果　218, 219, 224

擬似相関　220, 221

期日前投票　2, 16, 114, 115, 134, 135, 173

――所　83, 85, 86, 88, 90, 91, 97, 170, 173

規模　67, 70, 72

行政委員会　172

行政法　191

緊急時対応マニュアル　173-179

繰上投票　172

繰延投票　172, 180

公職選挙法　37, 74, 156, 172

――違反　131

拘束名簿方式　134

公平性　57, 60, 212, 224

戸別訪問　120, 122, 125, 193

混合モデル　10, 12-14, 171, 172, 189

さ 行

在外投票，在外選挙制度　2, 15, 16, 120, 121, 125, 134

財政力指数　45

参加経験　216, 217, 221-224

参議院議員通常選挙

第19回　134

第21回　170

第23回　131

三位一体改革　197

自署式投票　137

事前投票　16

市長　91, 97

市町村議会　81

実施部門　9, 10, 12, 189

司法的アプローチ　10

衆議院議員総選挙

第41回　133

第44回　170

第46回　170, 173

第47回　131

18歳選挙権　2

首長　20, 21, 62, 77-83, 98, 162-164, 190, 193, 194, 197, 199, 201, 204

首都直下地震　174, 177, 178

――緊急対策区域指定市区町村　176

常時啓発　3, 5, 8, 70, 72, 83, 86, 88-91, 96, 97

小選挙区比例代表制　133

情報技術　161

情報セキュリティ　182

自律性　60-62, 64, 66, 67, 70, 72, 74

政策・監視部門　9-11, 189, 196

政治的正統性　212, 224

政治への信頼　209

正統性　29, 206, 212, 216, 217, 221, 223

政府内アプローチ　10

277

政府モデル　10, 13, 14, 171, 172, 179, 189, 196

世界価値観調査（WVS）　210, 218

積極的投票権保障　7, 15, 16, 20, 22, 78, 101-103, 107, 112-115, 117-122, 124-126, 187, 188, 192, 193, 200, 201

選管業務の効率性（効率化）　113-121, 124, 125

選挙管理委員　19, 30-35, 51, 77, 158

選挙管理委員会事務局　19, 35, 58, 77, 78, 80-83, 87-89, 91, 97, 98, 104

選挙管理機関　3, 4, 7-9, 13, 14, 16, 23, 190

選挙管理の広域化　54

選挙管理への信頼（の低下）　206, 207, 209, 215, 224, 225

選挙啓発事業　162

選挙検定　145

選挙権年齢の引き下げ　8

選挙公営　6, 152

選挙公報　21, 72, 73, 151-164

選挙サイクル　5

選挙制度実務研究会　145, 146

選挙制度の応答性　215

選挙人団　3

選挙の管理執行上問題となったケース　1

選挙への信頼　206, 207, 215

選挙（管理）ミス　1, 21, 131-146

全国市区選挙管理委員会連合会　145

仙台市　131, 138, 144, 146-148, 207

　　――選挙事務不適正処理再発防止委員会 （再発防止委員会）　131, 132, 138, 139, 144

専任職員　62-65, 87, 105, 136, 195, 201

専門家アプローチ　11

専門性　60, 61, 64, 66, 67, 70, 87, 105, 106, 204

戦略的な中立性　191

総務省（選挙部）　9, 22, 37, 187, 193, 197, 203

総務省自治行政局選挙部選挙課長通知　153, 156

た　行

代議制の安定性　206, 207, 210, 212, 224

大規模地震防災・減災対策大綱　174

台風　170

高松市　131, 147, 208

地方議会　77, 79, 162, 196, 204

地方自治法第182条第1項　159

地方政治　191, 197, 204

地方分権一括法　188, 192, 197

地方分権改革　9

中央選挙管理会　4, 8

中央防災会議　174

中間型　19, 40-44, 47, 48, 50, 51

中選挙区制　133

直接効果　213, 218, 219, 224

チリ地震　170

定員割れ　54

テキストマイニング　103

電子投票　16, 110, 120, 207

東海地震　174, 178

党派性　87

投票参加　206, 210, 216, 217, 221, 223, 224

投票時間　85, 86, 89, 91, 96, 97, 114

投票所　79-81, 83, 85-89, 96, 97, 114, 115

　　――の繰り上げ閉鎖　41, 42, 70, 73, 193, 197-199

　　――の減少　41, 54

　　――の増設　39, 40

投票増減罪　131

投票当日投票所投票主義　173

投票用紙の二重交付　144

投票率　78, 79, 81-83, 86, 91, 96, 98, 162

東北地方太平洋沖地震　169, 170, 173

得票率　82, 86, 89, 90, 98

独立モデル　9, 10, 13, 14, 171, 172, 179, 189

都道府県選挙管理委員会連合会　145

トラスティーシップタイプ　190-192, 204

トラスティーシップモデル　190

な　行

内容分析　20

名古屋市　1, 24, 99

南海トラフ地震　176-179

　　──防災対策推進地域指定市町村　176

新潟県中越沖地震　170, 180

二重投票（の防止）　134, 146, 173

ネット選挙（解禁）　7, 101, 156

能力　60, 61

は　行

媒介分析　218

媒介変数　207, 210, 211, 215, 218, 219, 224

白票処理　131

阪神・淡路大震災　180

東日本大震災　151, 152, 160, 169, 171, 173,
　　174, 177, 178, 180

非拘束名簿方式　134

被災3県（岩手県，宮城県，福島県）　174,
　　176-178

一人一票の原則　101

ヒヤリ・ハット　133

福島第1原子力発電所　169

複数政党的アプローチ　10

不在者投票　16, 144

本人─代理人理論　190

ま　行

宮城県　173, 174

無投票　54

名士型　19, 30, 33, 36, 38-45, 47, 48, 54

元政治家型　19, 30, 33, 36-48, 50-53

や・ら　行

有権者　78, 81

有効性　212

有効政党数　45, 46

洋上投票制度　134

臨時啓発　3, 5, 6, 83, 86, 88-91, 96, 97

欧　文

ACE　9, 12, 13, 15, 189

ICT（情報通信技術）　146, 172

KH Coder　107

satisficer　214

SNTV（単記非移譲式投票法）　53

執筆者紹介（執筆順，＊は編者）

＊大西　裕　（おおにし・ゆたか）　はしがき，序章，第8章，あとがき
　　編著者紹介欄参照。

品田　裕　（しなだ・ゆたか）　第1章
　1963年　京都府生まれ。
　1987年　京都大学法学部卒業。
　現　在　神戸大学大学院法学研究科教授。
　著　作　「衆議院の都道府県間の配分について──なぜアダムズ方式なのか」『法律時報』88巻5
　　　　　号，2016年。
　　　　　「2009年総選挙における選挙公約」『選挙研究』26-2号，2014年。
　　　　　「2005年総選挙を説明する──政党支持類型から見た小泉選挙戦略」『レヴァイアサン』
　　　　　39号，2006年。

曽我謙悟　（そが・けんご）　第2章
　1971年　兵庫県生まれ。
　1994年　東京大学法学部卒業。
　現　在　京都大学大学院法学研究科教授。
　著　作　『現代日本の官僚制』東京大学出版会，2016年。
　　　　　『行政学』有斐閣，2013年。
　　　　　『ゲームとしての官僚制』東京大学出版会，2005年。

藤村直史　（ふじむら・なおふみ）　第3章
　1979年　兵庫県生まれ。
　2009年　京都大学大学院法学研究科後期博士課程指導認定退学。
　2010年　京都大学博士（法学）。
　現　在　神戸大学大学院法学研究科准教授。
　著　作　"Re-election Isn't Everything: Legislators' Goal-Seeking and Committee Activity in Japan,"
　　　　　Journal of Legislative Studies, 22 (2): 153-174 (2016).
　　　　　"The Influence of Electoral Institutions on Legislative Representation: Evidence from
　　　　　Japan's Single Non-Transferable Vote and Single-Member District Systems," *Party
　　　　　Politics*, 21 (2): 209-221 (2015).
　　　　　"Electoral Incentives, Party Discipline, and Legislative Organization: Manipulating
　　　　　Legislative Committees to Win Elections and Maintain Party Unity," *European Political
　　　　　Science Review*, 4 (2): 147-175 (2012).

秦　正樹　（はた・まさき）　**第4章**

1988年　広島県生まれ。
2016年　神戸大学大学院法学研究科博士課程後期課程修了。博士（政治学）。
現　在　北九州市立大学法学部政策科学科講師。
著　作　Has the 3.11 Disaster Brought about Conservatism in Japan : An Application of a Terror Management Theory,"共編著，Springer, 2017.
　　　　「なぜ「わからない」が選択されるのか——サーベイ実験による情報提示がDKに与える影響の分析」共著，『年報政治学』2017-1号，2017年。
　　　　「"新しい有権者"における政治関心の形成メカニズム——政治的社会化の再検討を通じて」『選挙研究』32巻2号，2016年。

河村和徳　（かわむら・かずのり）　**第5章，第7章**

1971年　静岡県生まれ。
1998年　慶應義塾大学大学院法学研究科博士課程単位取得退学。
現　在　東北大学大学院情報科学研究科准教授。
著　作　『被災地選挙の諸相——現職落選ドミノの衝撃から2016年参院選まで』共著，河北新報出版センター，2017年。
　　　　『東日本大震災と地方自治——復旧・復興における人々の意識と行政の課題』ぎょうせい，2014年。
　　　　『被災地から考える日本の選挙——情報技術活用の可能性を中心に』編著，東北大学出版会，2013年。

岡本哲和　（おかもと・てつかず）　**第6章**

1960年　大阪府生まれ。
1990年　関西大学大学院法学研究科博士後期課程単位修得後退学。博士（法学）。
現　在　関西大学政策創造学部教授。
著　作　『日本のネット選挙——黎明期から18歳選挙権時代まで』法律文化社，2017年。
　　　　『現代日本の政治——持続と変化』共著，法律文化社，2016年。
　　　　『アメリカ連邦政府における情報資源管理政策——その様態と変容』関西大学出版部，2003年。

善教将大　（ぜんきょう・まさひろ）　**第9章**

1982年　広島県生まれ。
2011年　立命館大学大学院政策科学研究科博士課程後期課程修了。博士（政策科学）。
現　在　関西学院大学法学部准教授。
著　作　『日本における政治への信頼と不信』木鐸社，2013年。
　　　　「都構想はなぜ否決されたのか」『レヴィアサン』第59号，2016年。

《編著者紹介》

大西　裕（おおにし・ゆたか）

1965 年　兵庫県生まれ。
1993 年　京都大学大学院法学研究科博士後期課程中途退学。博士（法学）。
現　在　神戸大学大学院法学研究科教授。
著　作　『選挙ガバナンスの実態　世界編──その多様性と「民主主義の質」への影響』編著，
　　　　ミネルヴァ書房，2017 年。
　　　　『先進国・韓国の憂鬱──少子高齢化，経済格差，グローバル化』中公新書，2014 年。
　　　　『選挙管理の政治学──日本の選挙管理と「韓国モデル」の比較研究』編著，有斐閣，
　　　　2013 年。
　　　　『韓国経済の政治分析──大統領の政策選択』有斐閣，2005 年。

選挙ガバナンスの実態　日本編
──「公正・公平」を目指す制度運用とその課題──

2018 年 3 月 30 日　初版第 1 刷発行　　　　　　　　　　　〈検印省略〉

定価はカバーに
表示しています

編　著　者　　大　西　　　裕
発　行　者　　杉　田　啓　三
印　刷　者　　大　道　成　則

発行所　株式会社　ミネルヴァ書房
607-8494　京都市山科区日ノ岡堤谷町 1
電話代表　　(075)581-5191
振替口座　　01020-0-8076

©大西裕ほか，2018　　　　　　　　　　　　　　　太洋社・新生製本

ISBN978-4-623-08163-9
Printed in Japan

大西　裕 編著 　　　　　　　　　　　　　　　　　A 5 判・316頁
選挙ガバナンスの実態　世界編 　　　　　　　本　体 5500円
　　──その多様性と「民主主義の質」への影響

白鳥　浩 編著 　　　　　　　　　　　　　　　　四六判・354頁
政権交代選挙の政治学 　　　　　　　　　　　本　体 3500円
　　──地方から変わる日本政治

白鳥　浩 編著 　　　　　　　　　　　　　　　　四六判・390頁
二〇一二年衆院選　政権奪還選挙 　　　　　本　体 3500円
　　──民主党はなぜ敗れたのか

白鳥　浩 編著 　　　　　　　　　　　　　　　　四六判・392頁
二〇一三年参院選　アベノミクス選挙 　　本　体 3500円
　　──「衆参ねじれ」はいかに解消されたか

西平重喜 著 　　　　　　　　　　　　　　　　　四六判・280頁
世論をさがし求めて 　　　　　　　　　　　本　体 4000円
　　──陶片追放から選挙予測まで

河田潤一編 著 　　　　　　　　　　　　　　　　A 5 判・352頁
汚職・腐敗・クライエンテリズムの政治学 　本　体 6000円

R・D・パットナム編著／猪口孝訳 　　　　　A 5 判・466頁
流動化する民主主義 　　　　　　　　　　　本　体 4800円
　　──先進 8 カ国におけるソーシャル・キャピタル

吉田　徹 編著 　　　　　　　　　　　　　　　　A 5 判・288頁
野党とは何か 　　　　　　　　　　　　　　本　体 6000円
　　──組織改革と政権交代の比較政治

梅津實・森脇俊雅・坪郷實・後房雄・大西裕・山田真裕 著 　A 5 判・290頁
新版　比較・選挙政治 　　　　　　　　　　本　体 2800円
　　──21世紀初頭における先進 6 カ国の選挙

坪郷　實 編著 　　　　　　　　　　　　　　　　A 5 判・304頁
比較・政治参加 　　　　　　　　　　　　　本　体 3200円

─────────── ミネルヴァ書房 ───────────
http://www.minervashobo.co.jp